厦门大学国学研究院资助出版丛书 ◎ 之五十三

舜帝与孝道的历史传承及当代意义

陈支平　陈世哲　主编

厦门大学出版社　国家一级出版社
XIAMEN UNIVERSITY PRESS　全国百佳图书出版单位

图书在版编目(CIP)数据

舜帝与孝道的历史传承及当代意义/陈支平,陈世哲主编.—厦门:厦门大学出版社,2019.2
(厦门大学国学研究院资助出版丛书)
ISBN 978-7-5615-7108-8

Ⅰ.①舜… Ⅱ.①陈…②陈… Ⅲ.①舜—人物研究—文集
②孝—传统文化—中国—文集 Ⅳ.①K827-1②B823.1-53

中国版本图书馆 CIP 数据核字(2018)第 223861 号

出版人	郑文礼
责任编辑	薛鹏志
美术编辑	张雨秋
技术编辑	朱 楷

出版发行 厦门大学出版社

社 址	厦门市软件园二期望海路 39 号
邮政编码	361008
总编办	0592-2182177 0592-2181406(传真)
营销中心	0592-2184458 0592-2181365
网 址	http://www.xmupress.com
邮 箱	xmup@xmupress.com
印 刷	厦门集大印刷厂

开本 889 mm×1 194 mm 1/32
印张 11
插页 2
字数 280 千字
印数 1～1 300 册
版次 2019 年 2 月第 1 版
印次 2019 年 2 月第 1 次印刷
定价 54.00 元

本书如有印装质量问题请直接寄承印厂调换

厦门大学出版社
微信二维码

厦门大学出版社
微博二维码

目 录

1　陈　来　坚定文化自信　传承弘扬中华优秀传统文化

6　葛剑雄　传统文化的现代转换
　　　　　　——以孝道为例

14　徐　泓　大舜之孝："窃负而逃,遵海滨而处"

24　陈谦平　虞舜与孝道文化的产生

33　孙铁刚　由舜蠡测中华文化的底蕴

41　朱鸿林　帝舜何以能成大孝

50　王子今　论帝舜"巡狩"

71　段　彬　德孝教化、古史考据与九嶷、鸣条舜帝陵之争论
　　胡阿祥

84	胡阿祥	舜帝孝道与天下陈姓
102	陈　锋	陈氏族谱中的孝德传承
112	王先明	孝道的社会规范建设 ——传统时代的乡贤与乡村社会建设
122	陈　玲	简论唐郑氏《女孝经》
135	陈　峰	从经筵讲读制度看宋代对孝道的重视及其成效
143	陈支平	真德秀的孝道思想与民间社会管理理念
166	田　澍	"孝"观念的深入与张居正夺情的冲突
192	虞和平	民国时期孝道的传承与转变
207	方宝川	略论儒家孝道之衍化 ——以清代太谷学派孝悌观为中心
218	于逢春	同种异花 ——儒家"孝""忠"观念的流布及其在中日两国的分野
242	陈庆元	舜帝后裔在金门 ——金门陈氏源流及其宗祠墓庐与人物
261	陈益源	清代越南使节笔下的孝感及其孝感孝子故事

284 王琛发　南洋华人先民礼俗的忠孝传承
　　　　　　——围绕着马来亚历史与民俗现象的重新确认

315 陈华发　好家风须有好舵手
　　　　　　——以浮山陈氏书亭公支脉为例

337 陈世哲　孝道 App

坚定文化自信
传承弘扬中华优秀传统文化

陈 来

习近平总书记在谈到坚持道路自信、理论自信、制度自信时指出:"最根本的还要有一个文化自信,要从弘扬优秀传统文化中寻找精气神。"这说明,文化自信很重要的一个方面是对优秀传统文化的自信、是对中华民族的历史文化的自信。观察思考当代中国的问题,不能就事论事,必须有历史的眼光、民族的眼光、文化的眼光,没有这样的眼光就不能真正理解中国的现实和发展,就不能在世界文化激荡中坚持自己的话语权。对于中华文化的自信是其他自信的总源头,坚持文化自信是坚持其他"三个自信"的基础。文化自信的提出是习近平总书记关于中华文化重要论述的一部分,体现了党中央在新时期治国理政实践中对传承与弘扬中华文化的高度重视。

从几千年中华文化的传承发展中,才能深刻地理解中国特色社会主义道路、理论、制度的历史缘由和历史合理性,及其文化基础与价值基础。习近平总书记明确指出,中华文化是中国特色社会主义的沃土,是中国特色社会主义的历史渊源,中国特色社会主义要植根在中华优秀传统文化之中。他以土与根、源与流来说明中华优秀传统文化对于中国特色社会主义的基础意义,把中国特色社会主义作为中华优秀传统文化发展长河的内在延伸。总书记的论述深刻揭示了:中国特色不是外在于中华优秀传统文化的历史发展,而是中华优秀传统文化自身发展的产物,中国特色社会主义与中华优秀传统文化有着内在的承接关系。充分吸收中华优秀传统文化的营养,中国特色社会主义才能更好地成长发展;坚定文化自信,才能更好地坚定中国特色社会主义道路自信、理论自信、制度自信。这是弘扬中华优秀传统文化的直接现实意义。

从几千年中华文化的基因传承中,才能深刻地理解中华民族的精神特质。博大精深的中华文化所蕴含的思想理念和精神追求,已经成为中华民族区别于其他民族的独特标识,其中的核心观念如"天人合一""忠恕之道""和而不同""群己合一"等,构成了中国人的精神世界,积淀为中华民族的基本基因,延续为中华民族的精神命脉。可以说,中华民族与中华优秀传统文化互为一体,离开了中华民族就不会有中华优秀传统文化;同样,离开了中华优秀传统文化,也就谈不到中华民族。中国人之所以为中国人的特性,中华民族之所以为中华民族的特性,不是生理的,而是文化的、精神的,没有中华优秀传统文化,中国人就不成其为中国人,中华民族就不成其为中华民族。坚定文化自信,传承弘扬好中华文化,才能树立和坚持正确的民族观和国家观,增强中国人的骨气和底气。

从几千年中华文化的价值体系中,才能深刻地理解当代中国的价值追求。中华文化的价值观是中华文化的核心,价值观自信是文化自信的核心。中华文化有着自己明确的、独特价值体系,其突出特点是责任优先、义务优先、群体优先、和谐优先,这是一切传统道德规范、道德感情、道德原则、道德美德的基础,它贯穿于治国理政、社会文化、个人行为等一切方面,是中华文化最基本的内核。再进一步讲,中华文化的价值观又集中表现为中华文化的美德体系,如仁义礼智信五常、孝悌忠信礼义廉耻八德等。中华美德是中华文化的精髓,蕴含丰富的道德资源,体现在各种各样的文化载体中,不论在历史上还是在现实中,都有其重要的价值。这是中华民族在漫长发展历程中生生不息的主要支撑,也成为社会主义核心价值观的基础、根脉。坚定文化自信,传习和继承我国人民在长期实践中形成的美德,对推进社会主义道德建设,涵养社会主义核心价值观,对全面从严治党,推进党风廉政建设,都具有十分重要的意义。

可以说,坚定文化自信,传承发展中华文化就更有底气,传承发展好中华文化,文化自信就能更加坚定。把中华文化传承好、弘扬好,是中国特色社会主义实践的需要,是中华民族永续发展的需要,是实现中华民族伟大复兴的需要。

文化的传承,就是对中华优秀传统文化精华予以吸纳、延续。中华文化经过数千年生生不息的发展,积淀了许多文化精华,不仅为我们今天的文化建设提供了"民族形式",更提供了极其丰富的内容。比如,历代仁人志士的爱国情怀,从屈原"虽九死其犹未悔"到范仲淹"忧乐情怀",到文天祥"留取丹心照汗青",虽经历悠长历史仍不褪本色,可直接继承为核心价值和时代精神。又如,中国文化倡导"敬业乐群""无信不立""讲信修睦""仁者爱人""与人为善"等圣贤古训,体现了中华民族讲仁爱、重民本、守诚信、崇正义、尚和合、求大同等价值观念,仍有其现实价值。这些优秀传统文化精华不仅被社会主义核心价值观直接吸收,而且成为涵养中华民族的重要精神食粮。

需要说明的是,在如何继承传统文化遗产的问题上,在一个很长时期内沿用了"五四"对科学和民主的强调,强调科学的、大众的文化,用以区别封建性和民主性的标准。其实,把民主和科学作为文化继承的标准,是不够全面的。中国传统的道德文化和道德美德、唐诗宋词的美学价值、中和辩证的实践智慧、治国理政的经验总结等等,都包含着超越时代的普遍性文化精髓,不能仅在这种科学民主的标准下被肯定。

另一种常见的误区,是认为农业文明时代发展出来的文化已经全部过时,其实这是犯了机械决定论的错误,不能认识到人类任何时代都可能创造出超越时代的文化内容,都应当以科学礼敬的态度对待优秀传统文化。

文化的弘扬,就是把承接下来的文化传统发扬光大,实现创造性转化和创新性发展。文化自信绝不等同于固守其成、裹足不前,也不等于自高自大、盲目排外,恰恰相反,自信从来都是在兼收并蓄、动态前进中实现的,中华优秀传统文化之所以博大精深、充满活力,正在于其以开放包容的心胸积极吸纳来自各时代各方面的优秀元素。

以历史的眼光来看,每一代人都是历史的"纽结",既"承上"又"启下"。这必然要求我们不能仅仅满足于对已有文化的简单复制和机械传递,而应当在继承传统的基础上,写出新的文化篇章。这是我们坚定文化自信的题中应有之义。比如,"天下兴亡匹夫有责",其文字语句的形式是可以传承的,但应当从推进中国特色社会主义伟大事业的现实出发,赋予其新的意义内涵、新的理解。再如,中国古代形成了根深蒂固的民本思想,这与现代民主在精神上是相通的,但古代的以民为本的价值观也需要在现代社会落实、转化为一套民主制度的建设和社会意识的培养。

另外,从文化交流的视角来看,中华民族自古就与外来世界交往密切,张骞出使西域、郑和七下西洋等等,都说明中华民族从不缺乏学习和吸纳外来文化的胸襟。今天我们强调坚定文化自信,也必然内含着中华文化在与其他文化的交流互鉴中强健自身肌体,在全球文化图景中展现独特魅力,与各国文化一道推动人类文明发展进步。

传统文化的现代转换

——以孝道为例

葛剑雄

要完成中国的文化复兴,实现中国梦需要集中一切资源,调动一切积极因素,而传统文化就是一项主要的资源,也最有利于调动国人的积极因素。但传统文化也有其局限,如果不深入探究其精神实质,不区别精华与糟粕,一味模仿复古,就只会起消极作用。如果不注意创造性转化,也不能适应现代社会的需要。

一、为什么传统文化必须实现现代转换

恩格斯在马克思墓前的演说中指出:"马克思发现了人类历史的发展规律,即历来被繁茂芜杂的意识形态所掩盖着的一个事实:人们首先必须吃、喝、住、穿,然后才能从事政治、科学、艺术、宗教等等。"任何一种文化,都是一个群体在自己的生产、生活、生存的过程中形成和发展的,都离不开某种特定的生产、生活和生存方式。一旦这些方式发生变化,特别是整个社会整体性的变化,必然导致相应的物质生活和精神生活的变化,经济基础的变革必然导致上层建筑的变革。

中国的传统文化产生、发育、完善于以小农经济为主的农业社会,由于这一社会长达两三千年,传统文化也得到长期延续。但当中国进入工业社会后,传统文化在很大程度上已经不再适应。即使是其中某些依然能起积极作用的精神因素,其物质层面和具体内容也不得不进行转换。在后工业社会、信息社会迅速成为现实时,如不进行这种转换,传统文化与当代文化之间的断层将无法填补,必定造成传统文化的迅速消失。

其次,中国的传统文化存在脱离社会大众、脱离实际的先天不足。以其主体儒家文化为例,一向主要作用于精英和统治阶层,而不是草根和大众;注重观念和理论,而不是社会实践;局限于华夏(汉族),而不包括"蛮夷"。实际上,很多儒家的理论和观念即使在当初也没有完成或实现与现实的结合。特别是在儒家学说取得独尊地位后,儒家学者习惯于将符合主流意识的社会现象和民间一切美德都归功于儒家的教化,越来越强调精神层面,更加忽略了这些观念的社会功能。如对孝道,片面强调父为子纲,倡导愚孝,甚至制造出虚伪、愚昧的"二十四孝"。

所以,今天我们不仅需要正确理解传统文化的精神实质,肯定它在历史上曾经起过的积极作用,还要考虑如何使它适应现实的需要,使之形成社会实践。一旦转换成功,就能在中国产生巨大的效益,解决其他文化无法解决的难题。

二、孝道的本质

孟子在评价舜结婚的事情时说:"不孝有三,无后为不告而娶，为无后也，君子以为犹告也。"①这段话的意思很明白，所以君子认为他做得对，保证有后比事先告知父母更重要。舜结婚前虽然没有告知父母，是因为怕不结婚会无后，这样做等于告知了父母。可见孝道就是要保证家庭有后，而无后就是最大的不孝，这是当时君子们的共识。这是因为在先秦时代，由于生产力不发达，人口普遍营养不良，医疗保健水平很低，妇女婚龄晚，人口有偶率低，产妇和婴儿死亡率高，产妇哺乳期长，人口平均预期寿命短等各方面的不利因素，要保证每个家庭都有后很不容易，要使一个家族人口繁衍更加困难。

《易传》称"有万物，然后有男女。有男女，然后有夫妇。有夫妇然后有父子，有父子，然后有君臣。有君臣，然后有上下"。也是将家庭及其生育繁衍作为君臣关系的前提和基础。而《说文解字》将"孝"字解释为："善事父母者。从老省，从子，子承老也。"更多是从文字结构的角度出发，因而只是应用了孝道的普遍要求之一，属表层现象，而非精神实质。另一方面也应该看到，到了《说文解字》问世的东汉时代，随着物质条件的进步和人口总量的增加，无后的矛盾已不如春秋战国时那么尖锐，因而社会对孝道的要求更多注重于精神层面。

汉朝标榜"以孝治天下"，不仅皇帝的谥号都带"孝"字，更表现在采取了一系列政策奖励、保证百姓有后。如汉高祖七年（前200年）就下令："民产子，复勿事二岁。"②即免除家里生了孩子的户主两年徭役，作为对增加人口者的奖励。汉惠帝六年（前189年）又下令"女子年十五以上至三十不嫁，五算"③；对三十岁

---

① 《孟子·离娄上》。
② 《汉书》卷一，《高帝纪》。
③ 《汉书》卷二，《惠帝纪》。

还不出嫁的妇女征收五倍的人头税作为惩罚。东汉章帝元和二年(公元85年)下诏:"令云'人有产子者复,勿算三岁'。今诸怀妊者,赐胎养谷人三斛,复其夫,勿算一岁,著以为令。"①即在原有对生育家庭给予三年免人头税的基础上,再增加奖励孕妇三斛谷子,丈夫免除一年人头税,条件比西汉初更加优惠,奖励的力度更大。对生育的奖励措施一直为历代统治者所沿用,如唐贞观三年(629年)曾下诏:"妇人正月以来产子者粟一斛。"②

另一方面,为了使妇女能早婚早育,法定婚龄定得很低。北周建德三年(574年)、唐开元二十二年(734年)和北宋天圣年间都曾将法定婚龄降至男十五岁、女十三岁③,自南宋至清代的法定婚龄都是男十六岁、女十四岁。

在特殊情况下,统治者甚至会采取极端措施,而不顾某些伦理道德标准。如西晋武帝规定,女子年满十七岁父母还不嫁的,由官府配婚④。北齐后主竟下令将"杂户"中二十岁以下、十四岁以上的未嫁女子统统集中起来配婚,家长敢隐匿就处死⑤。唐太宗贞观元年(627年)曾颁布《令有司劝勉庶人婚聘及时诏》,规定"宜命有司,所在劝勉,其庶人之男女无家室者,并仰州县官人,以礼聘娶,皆任同类相求,不得抑取。男年二十,女年十五以上,及妻丧达制之后,孀居服纪已除,并须申以媒媾,命其好合"。"刺史、县令以下官人,若能使婚姻及时,鳏寡数少,量准户

---

① 《后汉书》卷三,《章帝纪》。
② 《新唐书》卷二,《太宗纪》。
③ 《周书》卷三,《武帝纪》;《新唐书》卷五二,《食货志》;《玉海》卷六五。
④ 《晋书》卷三《武帝纪》:泰始九年"冬十月辛巳,制女年十七父母不嫁者,使长吏配之"。
⑤ 《北齐书》卷八,《后主纪》武平七年二月。

口增多，以进考第。如其劝导乖方，失于配偶，准户减少，以附殿失。"①不仅要求对符合条件的男女强制婚配，还作为官员政绩考核的重要内容。

早在汉代，对一些地方普遍存在的杀婴现象，有的地方官已采取严厉措施，严禁杀婴，甚至规定与杀人同罪②。宋代也曾多次制定法令严禁民间"生子弃杀"，高宗时甚至还规定"杀子之家，父母、邻保与收生之人，皆徒刑编置"。③

由于孝道必须保证"有后"的观念深入人心，成为社会的共识，甚至可以打破种族与政治的界限。张骞首次出使西域时被匈奴扣留了十余年，他始终忠于国家，"持汉节不失"，但并不拒绝匈奴配给他的妻子，并且"有子"④。另一位汉使苏武出使匈奴，被扣押十九年，历尽艰辛，坚贞不屈，多次以死抗争，但也娶了匈奴妻子。归汉后苏武的儿子因罪被杀，丧失了继承人。汉宣帝怜悯，问左右："（苏）武在匈奴久，岂有子乎？"可见汉人滞留匈奴而娶妻在当时很正常。苏武报告："前发匈奴时，胡妇适产一子通国，有声问来。"请求用金帛赎回，得到宣帝批准。以后苏通国随使者来归，被封为郎⑤，成为苏武的合法继承人和苏氏家族的传人。

在天翻地覆、国破家亡之际，总是将家族的延续放在重要地位，当作尽孝的实际行动。在研究中国人口史时我发现，往往每当战乱一结束，就会迎来人口迅速增长，原因之一就是在战乱之

---

① 宋敏求编：《唐大诏令集》卷一一○，北京：商务印书馆，1959年。
② 如《后汉书》卷七七《酷吏传·王吉》：为沛相，"生子不养，即斩其父母"。又见《后汉书》卷六七，《党锢传·贾彪》。
③ 《历代名臣奏议》卷八，《论举子钱米疏》，《四库全书》本。
④ 《汉书》卷六一，《张骞传》。
⑤ 《汉书》卷五四，《苏武传》。

中、颠沛流离之际,育龄妇女的生育并未停止,甚至为了保证有后而加紧生育,多生育。即使个人因忠于国家而无法尽孝,也会通过家族的努力或特殊手段争取忠孝两全。例如南宋的忠臣文天祥,自己舍生取义,杀身成仁,为宋朝尽忠,但允许其弟文璧出仕元朝,为家族尽孝,保证文氏家族的绵延。①

早在公元初,汉朝已经拥有6000万人口,以后多次遭遇天灾人祸,人口数量曾急剧下降,但每次都能得到恢复,并且不断增加,在12世纪初北宋末年的人口突破1亿,17世纪初的明代人口接近2亿,在1853年超过4.3亿。中国有人口数量始终在世界人口中占有很高的百分比,汉族一直是世界上人口最多的民族,虽然有多方面的原因,但孝道无疑起着独特而重要的作用。孝道的本质是维系家族的精神支柱,保证家族和社会的繁衍,所以才有"不孝有三,无后为大"的说法。孝道的继承和弘扬,使先民一代又一代,自觉或不自觉地尽可能生育,尽最大努力抚养后代,还积极与外族通婚,争取外族的同化和融合。

三、孝道的现代转换

今天现代化国家和发达地区都面临着生育率降低、人口数量下降、老龄化加剧的难题,随着国民收入的提高,社会保障的稳定,信息交流的便捷,职业竞争的激化,家庭观念的淡薄,这种现象日益严重,找不到解决的办法。一些国家企图通过经济和法律手段加以缓解,但事实证明,经济手段作用有限,对衣食无忧的中产阶层更无计可施。而法律只能保护已有的生命,却无

---

① 何隽:《文天祥首肯文璧降元及其原因》,《文献》1995年第1期,第99~104页。

法强制人们生育。

今天中国也面临着这样的难题,在一些发达地区和城市,人口已多年处于负增长。晚婚晚育、不婚不育、丁克家庭已占相当比例,并有扩大的趋势。如果仅仅讲物质因素和现实需要,这类现象是很难改变的。例如,如果说生育是"养儿防老",随着社会保障体系的建立,养老服务的社会化,人均寿命的延长,老人健康条件的改善,人际交流的便捷,文化生活的丰富,的确已经没有必要。如果计算生育和抚养一个孩子的直接和间接的成本,在绝大多数情况下,总是无法得到政府和社会的补偿。即使生育和抚养的成本全部由社会承担,甚至再给予额外补贴,对只考虑个人的自由、身材的健美、生活的舒适、职场的竞争、成功的追求的人也无济于事。

如果将传统的孝道转化为现代的价值观念,即保证家庭和社会的繁衍是每一个人的义务,更是青年不可推卸的责任。如果我们的后代从小就受到这样的教育和熏陶,将孝道融入逐渐确立的基本价值观念,以后就会将家庭和睦、生儿育女、尊老爱幼看作人生不可或缺的内容和应尽的职责,不会仅仅从个人的幸福考虑,或者从物质方面斤斤计较。那么这种孝道就能在中国发挥独特的巨大作用,有望解决现代化过程中至今无法解决的难题。

传统的孝道也有其历史性的局限,需要在转换过程中摒弃,并且在实践中继续消除其影响。

一是"无后"的"后"原来只指男性,而不包括女性。所以如果生了女婴,无论连生了几个,非但不能被当成"后",而且会被视为不吉不祥,当成家族的不幸或遭受的惩罚。富贵人家往往因此而溺杀女婴,以隐瞒真相。贫困家族则为了保证未来的男婴能得到供养而溺杀并不需要的女婴。无男性"后"也是休妻和纳妾的合法理由。由此造成中国人口长期存在的高性别比,实际上降低了人口的有偶率、生育率和净繁殖率,成为中国人口增长率始终不高的原因之一。

在实施计划生育政策阶段,这一陈旧的观念依然在起作用,特别是在农村和贫困地区,多数家族往往要生到有男孩子为止,成为一孩政策的最大阻力。如果这一观念不改变,连续生育两个女孩的家庭也会坚持生第三胎,对女孩和女性的歧视也难以消除。

二是将生育和抚养的责任全部推给女方。在传统社会,不能生育的责任一般都由女方承担,既有医学知识的局限,也有男尊女卑观念的影响。所以即使在当代,一些男性还不愿共同承担起生育的责任,在遇到障碍时不积极配合,轻易放弃生育的可能性。

传统社会对男性的要求只是负经济供养和教育之责,而将抚养子女的重担完全交给女性。在女性基本留在家庭内的农业社会,这样的分工有一定的合理性。到了现代社会,特别是在女性与男性拥有同样的职业选择和社会地位时,这样的分工既不合理,也不人性,必须改变。

大舜之孝:"窃负而逃,遵海滨而处"

徐 泓

一、桃应难题[①]

古圣贤王大舜,为人所称道者,除了禅让之外,便是"孝感动天"位于《二十四孝》之首,为至孝典范。大舜至孝,其为"尽事亲之道",[②]对于父亲瞽叟与后母及弟象之"父顽母嚚象傲",并不

---

① 相关研究有如陈弘学:《儒家伦理与现代法治社会衔转的可能性探析——以"直躬案例"与"桃应难题"为 主要考察对象》,《成大中文学报》2015年第51期,第1~40页。彭永海:《试论〈孟子〉中舜与瞽叟的父子关系:以"亲亲""尊尊"为视角》,《中北大学学报(社会科学版)》2014年第4期。刘伟:《论政治生活的有限性:以孟子"窃负而逃"为核心的考察》,《现代哲学》2014年第5期。巴文泽:《孟子仁政思想管窥:以"背法匿父"为例》,《许昌学院学报》2012年第4期。

② 《孟子·离娄上》。焦循著,沈文倬点校:《孟子正义》,北京:中华书局,2017年,第575页。

怨怼,仍能"克谐以孝""顺适不失子道,兄弟孝慈"。①而所谓的瞽叟杀人,舜弃天子之位,"窃负而逃,遵海滨而处",更是经常为人议论,以显其大孝。《孟子·尽心》云:

> 桃应问曰:"舜为天子,皋陶为士,瞽叟杀人,则如之何?"孟子曰:"执之而已矣。""然则舜不禁与?"曰:"夫舜恶得而禁之?夫有所受之也。""然则舜如之何?"曰:"舜视弃天下犹弃敝蹝也。窃负而逃,遵海滨而处,终身欣然,乐而忘天下。"②

桃应,孟子的弟子,他问孟子:舜作为一位深受百姓爱戴的君王,如果父亲瞽叟犯了杀人之罪,作为天子的舜会怎样处理?皋陶职任士官,是负责拘执有罪之人的刑官之长,会怎么办?舜为天子,就不阻止他所任命的法官来拘执天子的父亲吗?孟子认为皋陶既然受天子命令而执法,当然就会去拘执瞽叟,拘执瞽叟是士官职责所在,舜怎么可以阻止呢?而身为人子的舜就眼睁睁地看着父亲被他所任命的士官皋陶拘执了吗?处于二难之间,身兼天子与人子的舜该如何是好。孟子帮他想了一个两全之法,就是舜不以天子之位为个人私产,而"视弃天下,犹弃敝蹝",于是舜会"窃负而逃,遵海滨而处",并且能够做到"终身欣然,乐而忘天下"。

二、破解二难

对于《孟子·尽心》"窃负而逃,遵海滨而处"这个论题,历代

---

① 《孟子·万章上》;焦循:《孟子正义》,北京:中华书局,2017年,第657~692页;《史记》卷一,北京:中华书局,1959年,第32~34页。
② 《孟子·尽心上》;焦循:《孟子正义》,北京:中华书局,2017年,第1002~1005页。

学者为之疏通诠解者甚夥。首先,朱子认为桃应的问题是一假设性问题,《孟子集注》云:

> 桃应,孟子弟子也。其意以为舜虽爱父,而不可以私害公。皋陶虽执法,而不可以刑天子之父。故设此问,以观圣贤用心之所极,非以为真有此事也。①

司马光则认为舜既为天子,如何可以窃负而逃?又如何可能在皋陶拘执行动中偷偷地逃亡成功?于情于理,都难令人信服;因此判定这个故事不过是"委巷之言",不足为信。司马光《疑孟》篇云:

> 所贵乎舜者,为其能以孝和谐其亲,使之进进以善自治,而不至于恶也。如是,则舜为子,瞽瞍必不杀人矣。若不能止其未然,使至于杀人,执于有司,乃弃天下,窃之以逃,狂夫且犹不为,而谓舜为之乎?是特委巷之言也,殆非孟子之言也。且瞽瞍既执于皋陶矣,舜乌得而窃之,使负而逃于海滨,皋陶外虽执之以正其法,而内实纵之以予舜,是君臣相与为伪以欺天下也,乌得为舜与皋陶哉。②

苏辙也认为孟子回答弟子桃应所假设的问题,极不合理,不过是"野人之言":

> 孟子曰:舜为天,皋陶士。瞽叟杀人,皋陶则执之,舜则窃负而逃于海滨。吾以为此野人之言,非君子论也。舜事亲,烝烝义,不格奸,何至于杀人而负之以逃哉?且天子之

---

① 朱熹:《四书章句集注》,高雄:复文图书出版社,1990年,第360页。
② 司马光:《疑孟》,《传家集》,《文渊阁四库全书》集部第33册,台北:商务印书馆,1968年,第666页。

亲,有罪议之,孰谓天子之父杀人而不免于死乎?①

他们均以否定前提的方式,破此两难式论断,即舜乃大孝圣王,其"尽事亲之道",遂能感化顽劣的,由不乐而至于乐;则瞽叟怎么可能杀人,而舜也就不必要"窃负而逃,遵海滨而处"了。

三、舜为孝亲弃天子位仍须守法

虽然大家都说这不是真的历史事件,但就如朱子所说的,孟子师徒二人"故设此问,以观圣贤用心之所极";这的确是一个值得讨论的议题。尤其对孟子所说舜为天子却不能阻止皋陶执法,学者多所发挥。上引苏辙之言,即曰:"天子之亲,有罪议之,孰谓天子之父杀人而不免于死乎?"《朱子语类》亦云:"瞽叟杀人,在皋陶则只知有法,而不知有天子之父;在舜则只知有父,而不知有天下。"虽然朱子想用天理之说化解皋陶与舜的公私两难,但也不能不承"盖法者,天下公共,在皋陶亦只得执之而已"。②

清初学者惠士奇就从天子不能自坏法及为臣必须执法立论,其《春秋说》云:

---

① 苏辙:《栾城后集》,收入《四部丛刊初编》集部第53册,北京:商务印书馆,1967年,第548页。吴叔桦:《尊孔非孟乎:论苏辙〈论语拾遗〉、〈孟子解〉之深层义蕴》,第二届青年经学学术研讨会,高雄师范大学,2006年。

② 黎靖德编:《朱子语类》卷六〇,北京:中华书局,1986年,第1450页。朱子答语中"法者,天下公共"一语,出于西汉张释之对汉文帝所说:"法者,天子所与天下公共也。"见《史记》卷一〇二,《张释之冯唐列传第四十二》,第2754页。参见黄俊杰:《东亚近世儒者对"公""私"领域分际的思考:从孟子与桃应的对话出发》,收入江宜桦编:《公私领域新探:东方与西方观点之比较》,台北:台湾大学出版中心,2005年。

> 夫有所受之也,恶乎受之?曰受之舜。杀人者死,天之道也。皋陶既受之尧,而舜复禁之,是自坏其法也。自坏其法,不可以治一家,况天下乎?且受之舜犹受之天,受之天者,非谆谆然命之也,谓其法当乎天理,合乎人心而已。①

由于法是受之于天,法即当乎天理,杀人是违犯天道。尧也好,舜也好,皋陶也好,均替天行道,不能坏法。坏法者不但不能治家,更不能治国、治天下。尤其舜为天子,更必须守法,不能"自坏其法"。可是舜又是孝子,以孝弟为仁,遂在天子之位与保全父亲之间,选择了弃天子之位,而就尽孝之道。但舜也知窝藏杀人犯助其逃亡是大罪,尤其天子更不能作坏榜样,利用特权,包庇罪犯;所以舜一定会先辞天子之位,然后以平民之身,"窃负而逃"。近人胡毓寰《孟子本义》云:

> 所以弃位远逃者,以窃逸罪人,本属犯罪行为;天子犯此,其罪更大,故必先异天子位,以平民资格为之,庶罪稍少焉尔。②

但舜私下乘人不知负其父瞽叟远逃,"遵海滨而处",就可以不受法律制裁吗?何谓"海滨"?阎若璩《四书释地·序》云:

> 滨,水涯也。古者海之滨便为政令所不及,故舜窃父处此。③

也就是说海滨乃不受王法管辖的化外之地。但孟子忘了他自己说过的"普天之下莫非王土,率土之滨莫非王臣",而且法乃天下之法,犯法者无所逃于天地之间。皋陶以士官职责所在,仍然要追到海滨,拘执一介平民舜的杀人犯父亲瞽叟。瞽叟与舜

---

① 焦循:《孟子正义》,北京:中华书局,2017年,第1002页。
② 胡毓寰:《孟子本义》,台北:正中书局,1958年,第501页。
③ 阎若璩:《四书释地·序》(皇清经解本)。

父子,大概很难像孟子所说的"终身欣然,乐而忘天下"。袁枚《读孟子》云:

> 皋陶能执瞍,即能执舜。彼海滨者,何地耶?瞍能往,皋亦能往。因其逃而赦之,不可谓执;听其执而逃焉,不可谓孝;执之不终逃而无益,不可谓智;皋陷舜为逋逃主,舜容皋为不共戴天之人,不可谓仁。中国无帝,皋将空天下而无君乎?以子之矛,陷子之盾,孟子穷矣。①

在袁枚看来,孟子的设想过分一厢情愿,公法与私情冲突时,是不可能两者兼得的。孟子为舜设想的解决之道,不过是稍慰父子之情,以平民资格为之,其罪稍少而已。

四、解应桃难题

(一)亲属容隐

孟子为舜设想的"窃负而逃,遵海滨而处"之困境,倒是明代杂剧作家吕天成在《齐东绝倒》替孟子解了套。杂剧中说皋陶依法判处瞽瞍死罪,舜帝不肯枉法,但又不愿父亲被杀,就背着瞽瞍逃到海滨。朝中失去天子,因而大乱,官员们公议恭请舜帝回朝,赦免瞽瞍死罪。于公私两全,圆满收场。② 其实这不是没根据的,自古以来,历代均有亲属兼容隐的伦理与法律,更有因"亲亲""尊尊"而减刑或免刑的律令。《论语·子路》载:

> 叶公语孔子曰:吾党有直躬者,其父攘羊,而子证之。

---

① 袁枚:《读孟子》,载袁枚著,周本淳标校:《小仓山房诗文集》四,上海:上海古籍出版社,1988年,第1653~1655页。
② 沈泰:《盛明杂剧》,北京:国家图书馆出版社,2011年。

孔子曰:吾党之直者,异于是,父为子隐,子为父隐,直在其中矣。①

这种亲属兼容隐的伦理思想,秦汉以后便落实于法律制度。睡虎地秦简《法律答问》规定父母有罪,子女告到官府,官府不予受理。② 但是父母却不能对子女的罪行加以隐瞒。汉宣帝地节四年(前66年)五月正式颁布了"亲亲得相首匿"的诏令:

> 父子之亲,夫妇之道,天性也。虽有患祸,犹蒙死而存之。诚爱结于心,仁厚之至也,岂能违之哉!自今子首匿父母、妻匿夫、孙匿大父母,皆勿坐。其父母匿子、夫匿妻、大父母匿孙,罪殊死,皆上请。廷尉以闻。③

这一诏令首次从人性的角度解释了亲属相隐制度的立法理由,并扩大了亲属相隐的范围:子为父、妻为夫、孙为祖父母隐匿罪行,皆勿坐,不承担刑事责任;同时尊长隐匿卑幼所犯罪行,虽须承担刑事责任,但可上报,由廷尉报请天子裁决,则拥有部分的相隐权。唐律对亲属相隐制度完备。在总则《名例律》中规定亲属相隐的总原则,范围较前代扩大:不论有服或无服,同居的亲属皆可相隐。不同居的大功以上亲属也可以相隐;部分不是大功的亲属如孙媳、夫之兄弟、兄弟妻及外祖父母、外孙也可相隐;其他不同居的小功以下亲属隐匿罪行的,减凡人罪三等从轻处罚。明清法律的范围,而且扩大到妻家亲属,连岳父母和女婿,也一并列入,不但谋匿犯罪的亲属,便是漏泄其事,或通风报

---

① 黄怀信:《论语汇校集释》下册,上海:上海古籍出版社,2008年,第1194页。武树臣等:《中国传统法律文化》,北京:北京大学出版社,2000年,第192页。

② 于振波:《从"公室告"与"家罪"看秦律的立法精神》,《湖南大学学报》2005年第5期。

③ 《汉书》卷八,《宣帝本纪》,北京:中华书局,1962年。

信给罪人,使之逃亡,也是无罪的。法律既容许亲属容隐,也就不要亲属出庭作证,尤其于律得容隐的亲属皆不得令其为证,官吏违者有罪须杖责。① 据此,舜若生于汉唐以后,不告发其父瞽叟杀人之罪,是法律容许的。

(二)八议轻重

至于对"亲亲""尊尊"而减刑或免刑,《周礼·秋官·小司寇》:

> 以八辟丽邦法附刑罚。一曰议亲(皇亲国戚)之辟,二曰议故(皇帝的故交旧友)之辟,三曰议贤(有德行的人)之辟,四曰议能(有大才能的人)之辟,五曰议功(有功勋的人)之辟,六曰议贵(高官显贵)之辟,七曰议勤(为国服务特别勤劳的人)之辟,八曰议宾(前朝皇帝子孙)之辟。

贾公彦疏:

> 案《曲礼》云:"刑不上大夫。"郑注云:"其犯法,则在八议轻重,不在刑书。"若然,此八辟为不在刑书,若有罪当议,议得其罪,乃附邦法而附于刑罚也。

八辟正式入律在曹魏。自《唐律疏义》确立议亲、议故、议贤、议能、议功、议贵、议勤、议宾的"八议"制度以来,一直到《大清律例》,"八议"之法便成为皇亲国戚、功贤故旧、贵族官僚等八议之人逃避和减轻法律制裁的护身符,八议之人犯罪,虽然有谋反、大逆、谋叛、恶逆、不道、大不敬、不孝、不睦、不义、内乱等"十

---

① 瞿同祖:《中国法律与中国社会》,台北:里仁书局,1982年,第58~63页。胡谦、张文华:《论古代的亲属容隐制度》,《广西社会科学》2002年第5期。丁志:《我国亲属容隐制度的历史发展及其分析》,《法制与经济》2011年第272期。

恶不赦"之限制,仍可依法享有"议、请、减、当、免"的特权。如果瞽叟生于曹魏之后,当然可以"议亲"之条,赦免死罪,甚至减刑或免除刑罚。①

五、公私两全,可谓"大孝"

《孟子·尽心》应桃难题,假设瞽叟杀人,舜不能禁止皋陶拘执其父,乃先辞天子之位,窃负瞽叟而逃,遵海滨而处。历代学者议论舜应如何是好,均肯定舜的孝行,但也肯定舜与皋陶之守法,不用特权。虽然孟子以为舜重视孝亲,为孝亲而弃天子之位,"视弃天下犹弃敝蹝"。"窃负而逃,遵海滨而处,终身欣然,乐而忘天下。"焦循《孟子正义·尽心》乃曰:

《章指》言:奉法承天,政不可枉,大孝荣父,遗弃天下。虞舜之道,趋将如此,孟子之言,揆圣意也。②

但舜与瞽叟仍然不可能逃避皋陶依法通缉,进而拘提。解决难题之道,其为后世法律之"亲属容隐"与"八议"入律,舜可依律不必主动将父亲送官,而且可以"议亲"减免父亲死罪。公私两全,可谓"大孝"。近来,学界因讨论法律特权与家庭伦理,而重论《孟子·尽心》应桃难题,或从法律不外情理立论,或从消灭特权着眼,有人因此而称舜因孝亲而将伦理凌驾于司法之上,明

---

① 瞿同祖:《中国法律与中国社会》,台北:里仁书局,1982年,第276~284页。
② 焦循:《孟子正义》,北京:中华书局,2017年,第1005页。

显以私害公。① 但如从康有为所论,"桃应难题"中孟子已发春秋三世的"升平世"之义,皋陶可执天子之父,而天子不能禁,借此凸显"司法权"的独立,行政权不得干预司法权。舜窃负而逃,则是极言孝子心意,但舜即使贵为天子,终不能恃天子之势而行操控法律之实。② 近代中国衰弱,要解救民族危机,论者多主张学习近代西方民主法治,而贬斥传统中国没有民主与法治。其实传统中国文化,以法治而论,颇富司法独立及法律平等和公私分明精神,从《孟子·尽心》应桃难题及其后相关论述可知。蒋伯潜评曰:"孟子把国法私情分得很明白,天子的父亲犯了法,亦不能禁司法官之拘捕,实具有近世法律平等之精神。"③

古人之重法治与平等和公私分明,比照当今之世,毫不逊色。先师爱新觉罗毓鋆有感而曰:"看这段,可知中国古时法治的观念。皋陶执法是受舜的命令而执法,看看舜那个时代,中国守法的观念,今天办到了吗?"④

① 郭齐勇编:《儒家伦理争鸣集——以"亲亲互隐"为中心》,长沙:湖北教育出版社,2004年。郭齐勇:《"亲亲相隐""容隐制"及其对当今法治的启迪——在北京大学的演讲》,《社会科学论坛(学术评论卷)》2007年第8期。吴冠宏:《舜之两难的抉择:情法、群己、性命——〈孟子〉"桃应问曰"章试诠》,《孔孟学报》2000年第9期。邓晓芒:《再议"亲亲相隐"的腐败倾向》,《学海》2007年第1期。丁为祥:《孔子"父子互隐"与孟子论舜三个案例的再辨析:邓晓芒〈再议"亲亲相隐"的腐败倾向〉一文简评》,《学海》2007年第2期。龚建平的〈逻辑是否可以取代仁德:答邓晓芒先生对儒家"亲亲"伦理的质询〉,《学海》2007年第2期。黄光国:《儒家思想与东亚现代化》,台北:巨流图书公司,1988年。俞荣根:《儒家法思想通论》,南宁:广西人民出版社,1998年。

② 康有为:《孟子微》,台北:台湾商务印书馆,1987年。

③ 蒋伯潜:《语译广解孟子读本》,上海:启明书局,1941年,第335～336页。

④ 许晋溢、蔡宏恩:《毓老师讲孟子》,台北:中华奉元学会,2016年,第270～271页。

虞舜与孝道文化的产生

陈谦平

中华文明传承五千年,中华民族的发展是多民族融合的结果,中华文化亦是由多民族文化融合形成的。不过,由于远古时代的文字史料迄今没有发现,因此,中华文明的起源迄今没有得到清晰的梳理。

美国杰出社会科学家摩尔根(Lewis H. Morgan)断言:"人类一切部落,在野蛮社会以前都曾有过蒙昧社会,正如我们知道在文明社会以前有过野蛮社会一样。人类历史的起源相同,经验相同,进步相同。"[①]摩尔根认为,在蒙昧阶段后期和整个野蛮阶段中,人类"一般都是按氏族、胞族和部落而组织的。在整个古代社会,这些组织到处流行,遍及各大陆;它们是古代社会赖以构成、赖以团结的手段"。"这些组织的结构,这些组织作为一系列有机体的组成部分而存在的相互关系,以及氏族成员、胞族和部落成员所具有的权利、特权与义务,都是足以说明人类思想

[①] (美)摩尔根著:《古代社会》(上册),序言,第1页,北京:商务印书馆,1977年。

中政治观念发展的例证。"摩尔根因此强调:"人类的各种主要制度都起源于蒙昧社会,发展于野蛮社会,而成熟于文明社会。"①马克思、恩格斯对摩尔根的研究成果相当推崇,马克思曾打算用唯物史观来阐释《古代社会》一书,但未能如愿。而恩格斯正是依据马克思的《摩尔根〈古代社会〉一书摘要》,写出了《家庭、私有制和国家的起源》这本经典著作,使摩尔根的研究成果得到了马克思主义的科学阐释。

中国古代神话中有大量关于人类起源传说,如盘古开天地、女娲补天等。殷商以来的文字资料证明,大致在5000年前,广袤的中国大地上居住着以不同动物或植物为图腾的氏族和部落,所谓"东夷""西戎""北狄""南蛮"等等。而考古发掘逐渐印证了这些传说的可靠性。"这些传说有一个共同的特点,即认为那时的一些血缘氏族和部落集团,都分别出于各自的一个想象的祖先,而且这种想象的祖先又往往是神话式的人物。"②太史公在《史记》之开篇,以"五帝本纪"记述了神农、伏羲、黄帝、炎帝、九黎(蚩尤)、共工等氏族部落间的征战,最终融合的历史,这些氏族与部落,是为中华民族的重要源头。

司马迁的史观是正统史观,除了五帝华族外,其他各氏族和部落都被列在正统之外。《五帝本纪》记载,黄帝轩辕是"生而神灵,弱而能言,幼而徇齐,长而敦敏,成而聪明"③的天才,也是华族的部落联盟领袖。由于炎帝神农氏的势力衰弱,诸侯开始相

---

① (美)摩尔根著:《古代社会》(上册),序言,第2页,北京:商务印书馆,1977年。

② 郭沫若主编:《中国史稿》第一册,北京:人民出版社,1976年,第108页。

③ (汉)司马迁撰:《史记》卷一,《五帝本纪第一》,第1页。

互侵伐,暴虐百姓。于是轩辕"乃习用干戈,以征不享,诸侯咸来宾从"。轩辕"修德振兵,治五气,蓺五种,抚万民,度四方,教熊罴貔貅䝙虎,以与炎帝战于阪泉之野。三战,然后得其志。蚩尤作乱,不用帝命。于是黄帝乃征师诸侯,与蚩尤战于涿鹿之野遂禽杀蚩尤。而诸侯咸尊轩辕为天子,代神农氏,是为黄帝。天下有不顺者,黄帝从而征之,平者去之,披山通道,未尝宁居"。①这些记载说明大约在这一时期,居住在东亚大陆的多数氏族和部落已经处于从母系氏族社会向父系氏族社会的转变过程中。

而近期的考古发现已经将中华文明的历史提前1000~2000年。2018年1月,中国考古学界认定济南市章丘区的焦家遗址应是迄今为止考古发现的海岱地区年代最早的城市遗址。该遗址发现的215座大汶口文化时期的墓葬,表现出鲜明的地域和时代特色,并显现出5000年前鲁北地区的社会分化和等级差别已经产生并不断强化。作为大型中心聚落遗址,焦家遗址也为以城子崖为代表的龙山文化找到了重要的源头。

已经发掘了80余年的良渚文化遗址是距今5300~4300年的中华早期文明。世界著名考古学家已经明确认定中国早在5000多年前的良渚社会就已进入了早期国家文明,这一考古发掘以考古学科学的证据将中华文明史提前了1000多年。除了在2010年确认良渚古城遗址是虞文化的都城,并具有宫城、王城和外廓外,新近的考古发掘又确认良渚古城外围存在一个庞大的水利系统,比大禹治水的传说还要早1000年,并是世界上最早的拦洪水坝系统。②

---

① (汉)司马迁撰:《史记》卷一,《五帝本纪第一》,第3页。
② 王宁远:《良渚古城及外围水利系统的遗址调查与发掘》,《遗产与保护研究》2016年第5期,第102页。

上述考古发现至少证明5000年前,在长江流域和中原地区并存着先进的人类文明。良渚古城遗址证明,这里或许曾是有虞文化的发源地,是虞王朝的都城。甚至让我们对裴骃、司马贞等《史记》的集解和索隐产生质疑。据考证,江苏无锡舜柯山一带也有不少虞舜时代的遗迹。这里发现过不少据说是舜使用过的石锅、石斧、石犁等。考古发现证明,早在5000年至4000年前,太湖流域就已经存在比较先进的农耕文明,稻谷是主要农产品。这同被奉为华夏农耕文明鼻祖的神农氏有无关系?值得史学工作者重新考证。传说中的虞舜宽厚仁爱,他曾在舜柯山一带指导民众如何插秧种稻。

其二,良渚文化遗址发现的十一座水坝和城内五十一条古河道,确认了中华文明的起源同水利有关,中华文明的特色是"治水文明",中华帝国的内涵是"治水国家"。尧问四岳[①]:"汤汤洪水滔天,浩浩怀山襄陵,下民其忧,有能使治者?"[②] 四岳推荐鲧,鲧治水"九年而水不息,功用不成"。[③]舜帝即位后,用鲧之子夏禹继续治水。《史记》中关于鲧与禹父子治水的记载,现在看来完全不是神话传说,而是可信的历史事实。

其三,焦家文化遗址所显现出的5000年前鲁北地区社会分化和等级差别的产生,表明这一时期的华夏文明已经进入父系氏族社会。实际上,黄帝、颛顼、帝喾、唐尧、虞舜和夏禹时代正是华夏文明由原始社会向奴隶社会转型的时期,家庭和私有制开始起源,尤其是母系氏族社会的只知其母而不知其父的社会

---

① 即齐、吕、申、许四大部落。参见郭沫若主编:《中国史稿》第一册,北京:人民出版社,1976年,第110页。
② (汉)司马迁撰:《史记》卷一,《五帝本纪第一》,第20页。
③ (汉)司马迁撰:《史记》卷一,《五帝本纪第一》,第50页。

家庭境况。郭沫若认为炎帝是西北古羌人氏族和部落的宗神,该部落主要从事农业。传说中的共工部落就是炎帝的后裔,后来发展壮大成九个氏族,号称"九州"。他认为四岳也是共工氏族的后裔,甚至于所有的氐人和羌人都同共工部落有关系。[①]伏羲氏发源于淮河流域,是东夷和淮夷的先祖,有九部,合称"九夷"。而"九黎"的首领则是"蚩尤",相传该氏族有兄弟八十一人,应该有八十一个部落。[②]

由此可见,随着部落首领势力的强大,部落间的战争导致被征服的部落民众沦为奴隶,而被征服部落的女人则成为征服部落奴隶主个人的性工具,为他们生儿育女。由母系氏族社会较混杂的走婚转变成较固定或稳定的婚姻形式。家庭的出现,使得统治阶级或阶层必须构建以家庭为主体的社会体系,而"忠孝""孝道"则成为维系这种社会秩序的最为重要的宗法体系。

据《尚书》《史记》等史料记载,虞舜名重华,为黄帝轩辕氏第九世孙,颛顼高阳氏第七世孙,与唐尧同为黄帝后裔,具有血缘关系。颛顼高阳的父亲为黄帝次子昌意,帝喾高辛的祖父为黄帝长子玄嚣。而帝尧则为帝喾之嫡孙。唐尧年老,因嫌其子丹朱"顽凶",向四岳提出继任人选问题,四岳一致推荐舜。为什么要推荐虞舜呢?除了因为他也是黄帝后裔外,更重要的是虞舜品德高尚,"舜年二十以孝闻"。[③]四岳说,虞舜为"盲者子。父

[①] 参见郭沫若主编:《中国史稿》第一册,北京:人民出版社,1976年,第110~111页。

[②] 参见郭沫若主编:《中国史稿》第一册,北京:人民出版社,1976年,第112~113页。

[③] (汉)司马迁撰:《史记》卷一,《五帝本纪第一》,第33页。

顽，母嚚，弟傲，能和以孝，烝烝治，不至奸"。①"于是尧乃以二女妻舜以观其内，使九男与处以观其外。"结果"舜居妫汭，内行弥谨。尧二女不敢以贵骄事舜亲戚，甚有妇道。尧九男皆益笃"。尤其是"舜耕历山，历山之人皆让畔；渔雷泽，雷泽上人皆让居，陶河滨，河滨器皆不苦窳。一年而所居成聚，二年成邑，三年成都"。因此，尧帝乃"赐舜絺衣，与琴，为筑仓廪，予牛羊"。②

不过，舜得到了尧帝这些赏赐，其父瞽叟和同父异母的弟弟象却非常眼红，他们合谋，试图杀掉虞舜，霸占帝尧赏赐的这些财物。瞽叟"使舜上涂廪，瞽叟从下纵火焚廪。舜乃以两笠自扞而下，去，得不死。后瞽叟又使舜穿井，舜穿井为匿空旁出。舜既入深，瞽叟与象共下土实井，舜从匿空出，去。"瞽叟和象以为舜已死，乃商议分舜财产。决议"舜妻尧二女，与琴，象取之。牛羊仓廪予父母"。尽管发生了这种谋财害命的事情，舜也不放在心上，"复事瞽叟爱弟弥谨"，一如既往，孝顺父母，友于兄弟，而且比过去更加诚恳谨慎。③

为什么瞽叟和象要这样对待舜呢？原来舜的亲生母亲握登氏在舜很小的时候就过世，其父又是盲人（故称"瞽叟"），无德无能。娶的后母为人阴毒（嚚），她在生下儿子象之后，便处心积虑地想害死舜。舜后来逃到山西，就是为了不让父亲为难。后来，即便虞舜"代尧践帝位"凡三十九年，仍"载天子旗，往朝父瞽叟，夔夔唯谨，如子道。封弟象为诸侯"。因此，虞舜所展现的孝悌为后世所称道。

摩尔根将远古社会的家族分为五种，每一种形态都有其独

---

① 嚚，奸诈。（汉）司马迁撰：《史记》卷一，《五帝本纪第一》，第21页。
② （汉）司马迁撰：《史记》卷一，《五帝本纪第一》，第33~34页。
③ （汉）司马迁撰：《史记》卷一，《五帝本纪第一》，第34页。

特的婚姻制度。即血婚制家族(由嫡亲的和旁系的兄弟姐妹集体相互婚配而建立的)、伙婚制家族(亦译群婚制家族,由若干嫡亲的和旁系的姊妹集体地同彼此的丈夫婚配而建立的,同伙的丈夫们彼此不一定是亲属,也可以由若干嫡亲的和旁系的兄弟集体地同彼此的妻子婚配而建立的)、偶婚制家族(由一对配偶结婚而建立,但不专限与固定的配偶同居)、父权制家族(由一个男子与若干妻子结婚而建立)和专偶制家族(亦译一夫一妻制家族,由一对配偶结婚而建立,专限与固定的配偶同居)。① 尧舜禹所处的时代,大约处于血婚制向父权制家族过渡阶段。而虞舜或许就是盲人瞽叟和握登女子血婚或走婚的产物,抑或瞽叟就不是虞舜的亲生父亲。史籍记载"姚氏纵华感枢",即握登姚氏女子"感枢星之精而生舜重华"。② 这类传说与记载至少传递了这样一种信息:公元前2000年前后,华夏社会正在实行从母权氏族社会向父权氏族社会的转变。

因此,《二十四孝》中的第一孝讲的就是舜的故事:

> 虞舜,瞽瞍之子。性至孝。父顽,母嚚,弟象傲。舜耕于历山,有象为之耕,鸟为之耘。其孝感如此。帝尧闻之,事以九男,妻以二女,遂以天下让焉。③

实际上,我们从远古的史料(传说中)了解到父系氏族社会人际间关系的紧张。别说邻里乡亲,别说后母,即便是父子、兄弟间亦是人心叵测,境遇凶险。不过,到底瞽叟和象有没有像传说中的那样多次合谋谋害舜?这些记载实际无从考证,但至少

---

① (美)摩尔根著:《古代社会》(下册),北京:商务印书馆,1977年,第382页。
② 《尚书纬·帝命验》,郑玄注。
③ (元)郭居敬:《全相二十四孝诗选》。

这是当时社会人际关系的一个缩影。

舜帝所赞美的"父义""母慈""兄友""弟恭""子孝"五种常法,后来成为儒家文化所倡导的"仁"的核心。儒家所要建立的是贵贱、尊卑、长幼各有行为规范等级秩序。而儒家倡导"忠孝""仁爱""信义""和平"与"君君""臣臣""父父""子子",就是要奠定一种稳定和谐的社会秩序。孔子一再强调孝悌之于仁的重要性,"孝悌也,其为仁之本与","弟子入则孝,出则悌,谨而信,泛爱众,而亲仁"。①孔子认为曾子"能通孝道,故授之业,作《孝经》"。②在《孝经》开宗明义,孔子指出:"夫孝,德之本也,教之所由生也。""身体发肤,受之父母,不敢毁伤,孝之始也。立身行道,扬名于后世,以显父母,孝之终也。夫孝,始于事亲,中于事君,终于立身。"③《孝经》后来成为儒家文化的重要经典。儒家思想认为孝道是一切德行和道德规范的根本,而统治阶层对百姓的一切教化都是从孝道中产生。"人主孝,则明章荣,下服听,天下誉;人臣孝,则事君忠,处官廉,临难死;士民孝,则耕芸疾,守战固,不罢北。夫孝,三皇五帝之本务,而万事之纲纪也。"④

因此,社会和谐基于家庭关系的和睦与稳定,"孝悌"便成为中华传统文化的核心。没有"忠孝"和"孝悌",社会必将充满内斗和残杀。虞舜用他的人格形象,为中华孝道文化树立了典范。因此,孟子极力推崇舜的孝行,倡导人们做舜那样的孝子。他说:"舜,人也,我,亦人也。舜为法于天下,可传于后世,我由未

---

① 《论语·学而》。
② (汉)司马迁撰:《史记》卷六十七,《仲尼弟子列传第七》,第2205页。
③ (唐)李隆基注、(宋)邢昺疏:《孝经注疏》,开宗明义章第一,上海:上海古籍出版社,2009年。
④ 许维遹:《吕氏春秋集释》,孝行览第二,北京:中华书局,2009年。

免为乡人也,是则可忧也。忧之如何？如舜而已矣。若夫君子所患,则亡矣。非仁无为也,非礼无行也。如有一朝之患。则君子不患矣。"①

---

① 《孟子·离娄下》第二十八章。

由舜蠡测中华文化的底蕴

孙铁刚

源远流长且绵延不断是中华文化最重要的一个特征,地球上找不到第二个文明可与中华文化并驾齐驱。中华文化的渊源通常追溯到五千年前的黄帝,但从现今的考古成果看,当应追溯到六千年前的庙底沟文化①。河南西部的陕县、陕西华山附近的华阴横阵村、华县泉护村都有庙底沟文化的遗址。庙底沟文化中的彩陶有许多花瓣纹②。"华"字的本义就是花,先秦时只有"华"字而没有"花"字,魏晋以后出现"花"字,从此花字专用为"花朵",而"华"字多表示为引申义的光彩、光辉。华族就是以花为图腾崇拜的一群人,这群人就把他们生活区域雄伟壮丽的大山叫华山。所以说中华文化可追溯到六千年前的庙底沟文化时代。从庙底沟文化起,中华文化就不曾中断,不停演进。中华文

---

① 官本一夫著,吴菲译:《从神话到历史:神话时代夏王朝》,桂林:广西师范大学出版社,2014年。

② 韩建业:《早期中国——中国文化圈的形成与发展》,上海:上海古籍出版社,2015年。

化除源远流长之外,还有哪些特征?这篇论文就是要从"舜"的身上窥测中华文化的底蕴。

舜是出身寒微的东夷人。舜曾在历山耕田,在雷泽打鱼,在黄河滨制作陶器,说得上是"少也贱,多能鄙事"的青年。舜母亲早死,瞎眼的父亲娶了后母,后母生下弟弟象。父亲是个眼瞎心也瞎的糊涂老头,后母是个偏心而又嘴巴刻薄骂街的泼妇,弟弟象也时常想害死舜。在这种状况下,舜还是孝顺父母,友爱老弟。舜的行为引起乡人的称赞,孝顺的名声远播。当尧要找继承人时,四方诸侯之长全都推荐他。尧要考察舜,第一件事把两个女儿嫁给他,要他女儿就近观察,同时也看舜治家的能力。通过这样考察之后,尧任命舜担任各部门的职务"百揆时序",各部门事务有条不紊。这一关通过之后,尧又任命舜"宾于四门",让舜做接待各国国宾的差事,结果"四门穆穆",各国的宾客都肃然起敬。最后,尧把舜"纳于大麓",让舜走进深山茂林之中"烈风雷雨弗迷",大风大雨不迷路。舜经过这些考验,尧把帝位让给舜,舜不接受,只代理行政。

正月吉日舜在尧太祖庙接受职务,祭祀上帝、天地、四时、山川群神,接见各地诸侯,往各地巡行。二月至泰山祭祀,五月至南岳(衡山)祭祀,八月至西岳(华山),十月至北岳(恒山)。五年巡行一次,期间四年,东、南、西、北四方诸侯轮流上朝,发表建言,考察绩效,赏赐车马。设置十二州,疏导河流,公布常法,处置共工、驩兜、三苗、鲧四大罪犯。

舜前后摄政二十八年,帝尧驾崩,百姓如丧考妣,天下为尧守丧,三年之间停止了音乐。舜正式继尧登基,行天子之事。舜因其子商均不成材,乃预荐禹于天。当他南巡行,崩于苍梧,禹因此继承了舜的天子之位。①

根据前面叙述舜的一生,可以观察到:

(一)禅让政治

尧让位舜,舜让给禹。禅让政治的核心,是把天子之位让给贤能之人,而且早早把继承人选定。尧让给舜,舜是经历三十年的锻炼和十年的考验方才继位。舜也因子商均不成材,早早把禹选为继承人,当舜过世之后,禹就顺理成章,继承顺位。禅让就是得让继承人早早就位。尧舜禅让到禹就断了。所以万章问孟子"至禹而德衰,不传于贤,而传于子",有没有这回事?孟子竭力为禹辩论说:"禹崩,三年而丧毕,益避禹之子于箕山之阴。朝觐讼狱者不之益而之启,曰,吾君之子也。"②孟子只为尊者讳。孟子也明白尧舜为什么能禅让成功,而禹就不能让益成功,因为孟子说:"舜之相尧,禹之相舜也,历年多,施泽于民久。而益之相禹也,历年少,施泽于民未久。"③禹并不是真心诚意要传位给益,所以当时对禹的批评是对的。从此也看出当时人对于禅让的认识,传贤是公天下,传子是家天下。虽然"至禹德衰"传子不传贤,但传贤的思想一直流传下去。战国时期秦孝公也有传位给商鞅的念头,商鞅推辞不接受,传位之事不了了之,却造成商鞅日后五马分尸。燕王桧传位子之,造成燕国大乱,齐宣王出兵燕国,燕国几乎灭亡。西汉时期,禅让学说盛行,王莽就因禅让之说盛行而代汉。从王莽之后,在中国历史上就不断上演禅让的戏码,从曹丕建魏到赵匡胤黄袍加身,期间改朝换代都经

---

① 《孟子译语》,北京:中华书局,2013年。
② 《孟子·万章》。
③ 《孟子·万章》。

历了禅让的演出。元明清三朝,由与各自前朝不同的民族君临天下,所以没行禅让之礼。辛亥革命建立民国,是禅让?还是革命?这就得看从什么角度来看。站在满人的角度看是禅让,隆裕皇太后下了《逊位诏书》①,清人自称"逊清"。站在汉人的角度看是革命,清朝覆亡。因此民国建立可以说实际上是革命,形式上是禅让。这种禅让制度有什么意义呢?正如隆裕皇太后《逊位诏书》上所说:"彼此相持,相辁于道,士露于野,徒以国体一日不决,民生一日不安。"禅让可以减少战争,政权移转后,国家社会得以安定,平民百姓生活恢复正常。禅让学说的核心意义是什么?是汉儒谷永对汉宣帝所说:"天下乃天下人之天下也,非一人之天下。"

(二)阶级意识

任何社会都有阶级,也都有阶级意识。有的社会虽有意识,但阶级意识不重,阶级的鸿沟不深,阶级可以上下流动。有的社会阶级意识很重,阶级几乎不可流动,像印度的阶级意识很重,形成种姓制度。和其他各民族比较,自古以来中国人的阶级能够流动,就是因为阶级意识不重。中国何以能够阶级意识不重,自然是受舜的影响。舜由平民登天子之位。颜渊就曾勉励人:"舜何?人也。予何?人也。有为者亦若是。"②舜是什么?舜是个人。我是什么?我是个人。有为的话也应该像他一样。舜出身寒微,却能登天子之位,平民能成为天子,这是多么伟大的事情,对于历来中国人有很深刻的影响。中国历史上,对于平民能当上皇帝的,最显著的是刘邦和朱元璋。像南北朝宋朝的武

---

① 《逊位诏书》。
② 《孟子·滕文公》。

帝刘裕出身贫寒,南北朝时陈武帝陈霸先起初为乡里的小吏,五胡十六国的后赵高祖石勒出身奴隶,五代十国的后梁太祖朱温为同乡富人做佣人,宋太祖赵匡胤也非出身贵胄之家。中国历史上出身寒微而当上皇帝的不只是这几个开国之君。这些都是平民当皇帝,在中国历史上可以说是司空见惯,这证明中国人的阶级意识不深。因阶级意识不深,所以阶级可以流动,社会是活的,不断有新血补充。因此社会能活动、有活力,这和中国历史绵长有莫大的关系。

中国的科举取士,不认为阶级是不可逾越的鸿沟,给予地位低的人一个盼望,只要有所作为就能出人头地。中国的阶级对立不那么严重,不怕阶级低,就怕不努力,这也是中国进步的动力。人和人是一样的,只要努力就有所报酬,不是见不得别人好,不制造阶级的对立。中国这种阶级观念是多么的伟大。

(三)民族观念

"民族"是一个很复杂的观念,一个民族大致说来是生存在一个地域有共同语言、血统、生活习惯的一群人。"民族"有一个特点,就是具有排他性,用最典型的一句话来说"非我族类,其心必异"。民族主义负面上来说排他性很强,上天下地唯我独尊。中国的民族观念不可说没有排他性,但中国自古以来的民族观念大致上来说是包容的。中国的核心中原地区就有许多民族统治过、占领过,但都融合在一起。今天所说的汉人,实在不能称之为汉人,称中华民族之人比较妥当,因为其中蛮、夷、戎、狄、匈奴、鲜卑、突厥、契丹、女真、蒙古、色目等等的血统。为什么这么多民族能融合在一起?因为中国人自古能包容。

中国自古以来的民族观念与近代西方的民族观念不同。中国的民族观念是包容,近代西方的民族观念是"排他"、"自我中心"。中国的民族观念不能说完全没有排他,但那是稀松的,主要是包容。先秦时代除了华夏融入蛮、夷、戎、狄,到了汉代融入匈奴,魏晋南北朝融入鲜卑、突厥,宋代融入契丹、女真,元代又有蒙古、色目,清代又有满洲人。

包容是中国民族思想的特点。世界各地有犹太人,犹太人保存他们的血统与文化。在宋代犹太人也到过中国,但他们完全融入了中国,在开封仍可找到犹太文化的一些遗迹。从前朝鲜、日本、越南受中国文化影响,都用汉字书写历史。朝鲜、越南还都建立孔庙。日本人受中国文化影响极深,明治维新大臣西乡隆盛曾写了下一首脍炙人口的诗:"男儿立志出相关,学不成名死不还,埋骨何须桑梓地,人生无处不青山。"可见中国文化对日本的影响。二战时日本战犯临刑前的绝命辞,大多是用汉字书写。

中国人为什么会有容人之量的民族观念,这要追溯到尧舜时代。舜就是以东夷之身份入主中国的。当时君临中国的尧选择了东夷的舜作为继承人,没有狭隘的民族观念。从舜以后,中国发展出"以天下为一家,以中国为一人"①的民族思想,"夷狄进中国则中国之"。② 不像近代西方的民族主义造成民族对抗。

(四) 孝　道

孝道是中华文化的一个特征。中华民族讲求孝道。孔子说:"夫孝,德之本也,教之所由生也。"③有子说:"孝悌也者,其

---

① 《礼记·礼运》。
② 韩愈:《原道》。
③ 《孝经》。

为仁之本也。"①这是春秋末年的孝道思想。汉朝以"孝治天下",《孝经》一书在整个中国历史上作用极大。所谓"所谓百善孝为先","忠臣必出于孝子之门"。然而孝道要上溯到舜。舜就是因为有孝行名声远播,才得到"四岳"的举荐。尧也因舜的孝行才禅让天子位。

中华民族之所以延绵不断、历久常新,跟中华文化的底蕴息息相关。中华文化中存在许多有利发展的因子,禅让制度就是一种选贤举能、天下为公的制度。虽然两千多年是皇帝制度,但皇帝治国还是要用贤能之人,战国时代招贤纳士的国君比比皆是。两汉的荐举制度,魏晋南北朝的九品官人法,隋唐至明清的科举制度都是为了选拔治理国家的人才。这不能不说是禅让制度对中国文化的影响。

传统中国虽有阶级,但阶级有渠道流通。秦汉之际,项羽见到秦始皇就说:"彼可取而代之。"②刘邦见到秦始皇就说:"大丈夫当若是。"中国历史没有喊出"平等"的口号,但舜能由平民成为天子。舜是人,我也是人,只要有作为也能和舜一样的理念深深沉淀在民族的集体意识之中。一个平等的社会能放出较大的能量,从此来看舜在中国历史上的影响不言而喻。

再说中华文化的民族观念与近代西方的民族主义有很大不同。从舜是东夷之人能君临中国开始,就造就了中国"以天下为一家,以中国为一人","夷狄进中国则中国之"的民族思想,这也可以看出中国人的胸襟与气魄。就拿中国人和日本人相对照,近代世界毫无疑问的是西方领先,在这种情势下,日本人往脱亚入欧的方向发展,把自己包装成黄皮肤的西方白种人。中

---

① 《论语·学而》。
② 《史记·项羽本纪》。

国一崛起,提出"一带一路"的发展方向,引领世界潮流。

和世界其他文化相比,中华文化重视家庭。孝道是维系中国家庭发展的基础。春运动辄数以亿计,就为的是回家过年,千里迢迢,栉风沐雨,不辞辛苦。这种现象在西方社会少见。我三十年前,曾在美国波士顿游学,正值圣诞节,我的房东老太太骄傲地拿出一张圣诞卡,说她儿子给她寄了一张圣诞卡。她感到骄傲,我却有一丝丝寒意,如果哪一天中国的孝道文化消失,我想春运繁忙的景象就会消失。舜为中国孝道文化做出榜样,让其子孙可以模仿,巩固了家庭的基础,社会得以发展。

简而言之,中华文化在政治上要求选贤举能,天下为公。在社会上认为人人一样,阶级不是铁板一块,而是可以上下流动的。对其他民族是包容而非排他。没有近代西方民族主义的排他、以自己为中心的观念。在家庭上提倡孝道,建立起以父母为中心的家庭,安定社会。而这种种都奠基在尧舜时代。舜在中华文化上的作用真是"大矣哉",希望"舜日尧年"再现,让我们这个古老的民族发出新的生命,正所谓"周邦虽旧,其命唯新"。

帝舜何以能成大孝

朱鸿林

帝舜是经典记载中第一位以孝著称的人子和圣王,也是千秋以来的模范孝子。《二十四孝》故事的首篇便是他的《孝感动天》故事。舜的孝行《尚书》和《孟子》都有记载,从历史的时序性着眼,两书所载出现不协的情况甚为明显,只有《史记·五帝本纪》所载比较完整顺畅,那是司马迁串联前此典籍所载对事情发展合理化后所致。《孟子》对于舜孝行的价值评论和是非论断颇多,所以关于舜的孝道问题,可以讨论也有不少。

但要讨论舜的孝道问题并不容易。典籍所载不管是否属实,舜之所为就是舜之所为,他对自己行为的感受是第一身的,其中况味只有他自己知。和舜的行为直接关联者,是他的父母以及弟弟,他们各自乃至集体对舜行为的感受也是第一身的。舜当时的人,如向帝尧推荐舜的四岳以及帝尧自己,他们对舜行为的感受是第二身的。后代听了帝舜孝道故事的人,包括我们在内,是第三身的。我们对这故事的感受,受了时空的影响,和孟子等前人的未必相同。要之,我们的感受和认识最终透露的是我们对这故事乃至对后人对这故事的观感的意见,是我们对事情——更准确地说,只是记载下来的事情——的诠释,而且主要还是我们原于自己的思维模式以及思想、价值作用的诠释。

就这个意义上说,从舜的孝道故事借题发挥地寻找或者演绎出一些什么教训,我也不能例外。孟子说:"尧舜之道,孝弟而已矣。"(《孟子·告子下》)这一言道尽了"孝"在尧舜治理国家和社会的思想、行为、理想的整体意义。以下我拟讨论的是,从《尚书》《孟子》《论语》等几部儒家基本典籍所见的记载和论说,我们可以看到想到令舜成为大孝圣人的因素有哪些,以及这些因素的表达方式是怎样的。我献拙的不是经史考证文字,也不是经史议论,而是愚见所及为我们今天弘扬传统孝道文化提供一些行动参考的思考。

《尚书·尧典》载,尧年老,欲传位于公举的贤能,询于四岳众臣,四岳等贡献意见,说鳏夫姚舜可以考虑。因为舜是"瞽子,父顽,母嚚,(弟)象傲;克谐以孝,烝烝乂,不格奸"。于是"帝曰:'我其试哉!女于时,观厥刑于二女。'厘降二女于妫汭,嫔于虞。帝曰:'钦哉!'"此外还有如《史记·五帝本纪》所载,帝尧还"使九男与处以观其外"。结果是"试"得成功,"尧二女不敢以贵骄事舜亲戚,甚有妇道。尧九男皆益笃"。于是舜更被任以其他国家事务,二十年后为尧摄政,最终获尧传以帝位。

这段著名的历史记载,为舜的"孝道"阐说了两事。一是,舜的孝行成功,为人所欣赏,并且因而广泛闻名,高至帝尧也有所闻,而且不敢轻视。为了慎重,尧下嫁二女于舜,命其九男与舜相处,来看舜是否能够成功处理父子兄弟关系之外的重要人伦,从而能否更胜君临天下,治理臣民的大任。二是,舜行孝有效的证明,是能以"和谐"之道使对他绝对不爱的父母和弟弟改变态度,不至为恶(虽然以后还有作恶害舜之事)。总而言之,舜的孝道是善处父母与兄弟与妻子之属,使家庭和谐,从而顺利发展事业。我们要问的是,舜是怎样能够成功?这点《尚书》和《孟子》都没有直接交代,但其记载都能对问题的答案有所启发,有助于我们的推理。

让我从将舜孝故事高度凝练的《二十四孝·孝感动天》篇所载作为引子说起。该篇说:

> 舜,姓姚,名重华。父瞽瞍顽,母握登贤而早丧。后母嚚,弟象傲,常谋害舜。舜孺慕号泣,如穷人之无所归。负罪引慝,孝感动天。尝耕于历山,象为之耕,鸟为之耘。帝尧闻之,妻以二女,历试诸艰。天下大治,因禅焉。

从这个叙述可以演绎的是,舜之所以能孝感动天,是因为尽管"父顽,母嚚,弟傲",舜却只是"负罪引慝",只问自己做错了什么,才不见容于父母弟弟。正是舜的自我检讨和自反之心感动了天,所以才有象为他耕,鸟为他耘,成就了他有实在内容的孝名,从而有闻于世,最终获的帝尧禅让帝位。这点能帮助我们进一步思考的是:从人子的整体来说,事亲行孝之道最重要的是一个"自反"之道,反省自己所有与父母有关的事情,包括彼此的行为与思想、心灵需要。

《孟子》多处说舜之所为是本于天性(如《尽心上》第三十章说:"尧舜,性之也。"《尽心下》第三十三章说:"尧舜,性者也。"《滕文公上》第一章说:"孟子道性善,言必称尧舜。"),所以舜之能够行孝也是原于其天性。但能孝不等于成孝,出发点的用心与事情发展的预期结果不必吻合,所以成孝应该有个"功夫"成分。综合诸书所见,我觉得:舜的孝,除了天性因素,还有"感动"和"自反"两个因素。感动他人是可以有意的或无意的,自反则必定是自己有意识的,而感动又是原于自反。这两者之构成,在感动上靠的是"知"和"能"——认识事情的智能和知识,以及将事情做出的能力;在自反上靠的是"爱"和"敬"——天生的、无条件的爱心,以及行为上的诚意表达。帝舜如果没有伟大的知能和爱敬的内蕴,应该做不出记载所见的孝道事情,而这一切的起点,是舜深至于哭泣问天的自反。

爱和敬在舜来说是天性,可以不必多谈。《孟子·万章上》第一章所载足以概括其情:

> 万章问曰:"舜往于田,号泣于旻天,何为其号泣也?"孟子曰:"怨慕也。"万章曰:"父母爱之,喜而不忘;父母恶之,劳而不怨。然则舜怨乎?"曰:"……帝使其子九男二女,百官牛羊仓廪备,以事舜于畎亩之中。天下之士多就之者,帝将胥天下而迁之焉。为不顺于父母,如穷人无所归。天下之士悦之,人之所欲也,而不足以解忧;好色,人之所欲,妻帝之二女,而不足以解忧;富,人之所欲,富有天下,而不足以解忧;贵,人之所欲,贵为天子,而不足以解忧。人悦之、好色、富贵,无足以解忧者,惟顺于父母,可以解忧。人少,则慕父母;知好色,则慕少艾;有妻子,则慕妻子;仕则慕君,不得于君则热中。大孝终身慕父母。五十而慕者,予于大舜见之矣。"

舜的这份爱慕父母之心,正是从自少至老不变之情见到,这是至性的表现。文中"怨慕"一词的"怨"字,指的不是舜怨父母不爱自己,而是舜怨自己为何做得不顺父母之意,得不到父母之欢爱。这自怨正是自反的表现,父子之间无论谁对谁错时,人子先设定错在自己的表现。

以下我专从《孟子》等书所载来看舜的知能与其孝行的关系。《孟子·万章上》第二章有如下长篇,我们加以设问分析,便可见舜的"孝"与其"知"实分不开:

> 万章问曰:"《诗》云:'娶妻如之何?必告父母。'信斯言也,宜莫如舜。舜之不告而娶,何也?"孟子曰:"告则不得

娶。男女居室,人之大伦也。如告,则废人之大伦,以怼父母,是以不告也。"万章曰:"舜之不告而娶,则吾既得闻命矣;帝之妻舜而不告,何也?"曰:"帝亦知告焉则不得妻也。"万章曰:"父母使舜完廪,捐阶,瞽瞍焚廪。使浚井,出,从而揜之。象曰:'谟盖都君咸我绩。牛羊父母,仓廪父母,干戈朕,琴朕,弤朕,二嫂使治朕栖。'象往入舜宫,舜在床琴。象曰:'郁陶思君尔。'忸怩。舜曰:'惟兹臣庶,汝其于予治。'不识舜不知象之将杀己与?"曰:"奚而不知也?象忧亦忧,象喜亦喜。"曰:"然则舜伪喜者与?"曰:"否。昔者有馈生鱼于郑子产,子产使校人畜之池。校人烹之,反命曰:'始舍之,圉圉焉,少则洋洋焉,攸然而逝。'子产曰:'得其所哉!得其所哉!'校人出,曰:'孰谓子产智?予既烹而食之。'"曰:"得其所哉?得其所哉。故君子可欺以其方,难罔以非其道。彼以爱兄之道来,故诚信而喜之,奚伪焉?"

此章说的有两事:第一件事说的是舜不告父而娶妻。孟子认为舜在当时的环境下行权是对的:"告则不得娶。男女居室,人之大伦也。如告,则废人之大伦,以怼父母,是以不告也。"(《孟子离娄上》也说:"不孝有三,无后为大。舜不告而娶,为无后也。君子以为犹告也。")孟子又认为尧也是这样看的。这样,舜之所为是对的,并非不孝。我们可以这样看,其实这正是舜的"大知"的表现。娶妻是为生子传宗接代,延续父亲以及祖先的血脉,在父亲来说,最终是要承认事情的重要性而接受事实的,因为其中的利害其实与他攸关。所以舜不告而娶是一时之事,是表面不孝而实在大孝之事。如果当时告了父亲,而因不获准许而怨恨父亲,那反而成了双重不孝。所以"不告而娶"表现出的是高端的知识、彻底的认识。

第二件事说的是,舜成功脱离了顽父听从傲弟对其施以捐阶焚廪、浚井掩之的加害,然后信傲弟"郁陶思君"的忸怩之态为真心表现,而命之治理自己的臣庶。舜能够成功脱险,并非邀天之幸,而从什么角度来看,此事都是充分具备知识和具有高度智能的表现。舜之委任于弟,撇除孝友的天性作用之外,也是智慧的表现。顺水推舟,安了傲弟也安了顽父,一举两得。

关于舜任用傲弟象一事,《孟子·万章上》第三章接着有所论辩:

> 万章问曰:"象日以杀舜为事,立为天子,则放之,何也?"孟子曰:"封之也,或曰放焉。"万章曰:"舜流共工于幽州,放驩兜于崇山,杀三苗于三危,殛鲧于羽山,四罪而天下咸服,诛不仁也。象至不仁,封之有庳。有庳之人奚罪焉?仁人固如是乎?在他人则诛之,在弟则封之。"曰:"仁人之于弟也,不藏怒焉,不宿怨焉,亲爱之而已矣。亲之欲其贵也,爱之欲其富也。封之有庳,富贵之也。身为天子,弟为匹夫,可谓亲爱之乎?""敢问或曰放者,何谓也?"曰:"象不得有为于其国,天子使吏治其国,而纳其贡税焉,故谓之放,岂得暴彼民哉?虽然,欲常常而见之,故源源而来。'不及贡,以政接于有庳',此之谓也。"

这里万章问的真是切问,所牵涉的是一个公私道德问题。照孟子的解释看,这里的"封"和"放"实质上也没有多大分别。舜做到的,是在亲爱弟所以亲爱父母的认识下,同时做到不损爱亲的孝道,也不害及无辜人民的仁道,只有大知之人才能这样两全其美地处理其事。

舜的智慧还从下列的孔孟所论可见。《中庸》第六章引孔子曰:"舜其大知也与!舜好问而好察迩言;隐恶而扬善。执其两端,用其中于民,其斯以为舜乎!"《孟子·离娄下》第十九章孟子曰:"舜明于庶物,察于人伦,由仁义行,非行仁义也。"这两处所说可以互发。舜能明白政情事务,细心认识伦理关系生出的事情,纯本仁爱之心和合理的做法来处理事情(譬如处理家庭伦理事情表现出的孝弟慈),而不是借此来推行或示范什么是所谓仁义。换言之,仁义是他为政的原则而不只是手段。在处理具体事务上,舜对于人情世故好掌握其情实,尤其留心身边人说的话,而在这当中,尽量说正面的,给负面的一个自然改正机会。在施政上,不走极端,持平适中,使人民能够做得到政令的要求,从而乐于听命行事。这从行孝者的心行而言,便是要对父母身心内外的一切留心认识,然后做一些温和的、父母能接受的事情,令到父母处之感到愉悦。就上述娶妻不告父母、脱险不仇父母的言行而言,舜无疑是兼备了知识和智能之美。

　　舜在政治上最大的智慧是没有成见,唯善是从,将成就与参与者共享,令人家有参与感和成就感,更加乐意贡献。《孟子·公孙丑上》第八章孟子曰:"大舜有大焉:善与人同,舍己从人,乐取于人以为善;自耕稼陶渔以至为帝,无非取于人者。取诸人以为善,是与人为善者也。"这样的唯善是尚,取人之善以为己善,结果是善越来越多,人也乐于贡献更多善言善行。

　　这样的智慧使舜能够秉持公心,善于知人用人,而不用自己营作一切事情。《论语·颜渊》第十二篇有一章很有启发性:樊迟问知。孔子曰:"知人。"樊迟未达。子曰:"举直错诸枉,能使枉者直。"樊迟还不明白,子夏给他解释说:"富哉言乎!舜有天下,选于众,举皋陶,不仁者远矣。汤有天下,选于众,举伊尹,不仁者远矣。"这里可见,舜的智慧就是在根据公论、有足够的知识背景下,选拔适当的人才,针对性地把事情办好,同时能使其他不当不称者产生戒备。这也解释了《论语·卫灵公》第十五篇孔子所说"无为而治者,其舜也与? 夫何为哉,恭己正南面而已矣",以及《论语·泰伯》第八篇孔子所说"舜有臣五人而天下治"

两处的意思。舜先是能够知人,在众中选用有具体推荐意见的专才来分职治事,自己只做榜样,做人们的依归,听断大事而已,所以才能在位而不需亲自操办具体业务,靠少数的重臣做成国家大事。舜所用而得人的五臣,《孟子·滕文公上》第四章有很好的记载。他们是"当尧之时,天下犹未平,洪水横流,泛滥于天下。草木畅茂,禽兽繁殖,五谷不登,禽兽偪人,兽蹄鸟迹之道,交于中国"的环境中,在舜的领导之下做事诸人。他们是掌火、烈山泽而驱禽兽的益;治水疏九河注诸海,使中国可得而食的禹;教民稼穑、树艺五谷的后稷;教民以人伦的契;治恶掌刑罚的皋陶。舜和他们一起做到了尧(放勋)所期待对人民"劳之,来之;匡之,直之;辅之,翼之;使自得之;又从而振德之"的治民之道。

孟子总括说君天下的"圣人之忧"是能否为天下得人。他认为"分人以财谓之惠,教人以善谓之忠,为天下得人者谓之仁。是故以天下与人易,为天下得人难"。而舜在这点上的特大成就就是佐尧而得禹等多人。孟子又引孔子赞舜曰:"君哉舜也!巍巍乎有天下而不与焉!"可见舜的伟大之处便是秉持公心,为而不有,只知道尽力于自己的职责,做好给予人民养、教、治的政事而已。

舜的智慧和能力还表现在"知务"上,亦即在判断事情的大小缓急和适时果断行动上。《孟子·尽心上》第四十六章曰:"知者无不知也,当务之为急;仁者无不爱也,急亲贤之为务。尧舜之知而不遍物,急先务也;尧舜之仁不遍爱人,急亲贤也。"尧舜的大知体现于知道事情的重要性和迫切性之所在,所谓"知务"而惟"当务之为急"。舜的当务之急包括为政上以"孝弟"为急,因为这个家庭伦理处理得好,一切事情便都能够办得顺利。在施政上要人才尽用,野无遗贤,但当务之急是亲近贤人,使其任职凑功,如上文所见的任五臣而成平成天地之功。《孟子·尽心上》第十六章孟子曰:"舜之居深山之中,与木石居,与鹿豕游,其所以异于深山之野人者几希。及其闻一善言,见一善行,若决江河,沛然莫之能御也。"这样的果断勇往将事情付诸行动,反映的也正是舜的真知。

从以上的浅说可见,帝舜孝行得以成功之道,是在直接事亲之事上凡事自反,以亲心为己心。对父母有终身之爱慕,而无一夕之宿怨。对同为父母分体的兄弟要绝对友爱,并要使其免于犯过而能亲近自己。行事上,有必要时要能守经行权,而要做的事,则要果断地做去。在事情的具体做法上,要能够广邀众论而从中取其善见,付诸实行。推而广之,是要让父母兄弟和妻子人等都能有成就感地参与到促成孝道以和谐家庭的事业。

论帝舜"巡狩"*

王子今

炎黄神话体现交通发明对文明进步的影响。在这种文明史的基础上,帝舜"巡狩"的传说记录,也保留了反映交通行为与早期国家形成之关系的宝贵信息。"巡狩"故事,可以看作体现交通实践与执政能力之关系的历史记忆。秦汉时期经儒学学者经典化了的帝舜"巡狩"传说,其实可能部分反映了远古交通进步的真实历史。秦始皇的"巡""行""游",有人以"古者帝王巡狩"相比拟。宋儒对帝舜"巡狩"真实性的质疑,在一定程度上反映了交通理念的历史变化。考古发现的早期交通遗迹虽然存留信息有限,但是对于说明交通进步之历史的文化意义十分重要。今后考古工作的新收获,将证明交通条件对于早期国家形成的重要作用,并将不断充实并更新我们对早期交通史与早期文明史进程的认识。

---

* 基金项目:中国人民大学科学研究基金(中央高校基本科研业务费专项资金资助)项目"中国古代交通史研究"成果(项目编号:10XNL001)

一、炎黄交通实践:帝舜"巡狩"的历史先声

炎帝有"连山氏"称号。《史记》卷一,《五帝本纪》:"轩辕之时,神农氏世衰。"张守节《正义》引《帝王世纪》:炎帝"又曰'连山氏'"。① 早期易学亦有称作《连山》或《连山易》的文献。② 人们自然会考虑到将"又曰'连山氏'"的炎帝与《连山》一书的著作权联系起来。"连"和"联"可以通假。③ 推想所谓"连山"名号的含义,或许与经历山地交通实践时心理感受的历史记忆有某种关系。"连山"的"连"字,其实原本就有与交通相关的意义。《说文·辵部》:"连,负连也。"段玉裁以为"负连"应正之为"负车"。以为"'连'即古文'辇'也"。则"连"字与交通方式和交通行为相关之古义得以揭示。我们看到汉代画像中连续挽车的形式,有助于"负车"的理解。段玉裁还解释说:"《周礼·乡师》'輂辇',故书'辇'作'连'。大郑读为'辇'。'巾车连车',本亦作'辇

---

① 《史记》,北京:中华书局,1959年,第3~4页。
② 李学勤《周易溯源》就"三兆""三梦"各有讨论,他说:"所谓三兆之法,孙诒让《周礼正义》认为是三种卜法的占书,是有道理的。""三梦之法,可能也是三种梦占的书。""三易",则是《连山》《归藏》《周易》。李学勤说:"《连山》《归藏》《周易》,和三兆、三梦一样,是三种不同的占书。"李学勤:《周易经传溯源》,长春:长春出版社,1992年,第30~37页;《周易溯源》,长春:长春出版社,2006年,第40~47页。
③ 如《周礼·天官·太宰》:"三曰官联。"郑玄注:"郑司农云:'联读为连。'古书'连'作'联'。"高亨纂著,董治安整理:《古字通假会典》,济南:齐鲁书社,1989年,第212页。

车'."①指出"连"与"辇"的关系的,还有高亨《古字通假会典》。②

"连"字"从辵车",《说文》归于《车部》:"连,负车也。"段玉裁注:"云'连,负车也'者,古义也。"③所谓"'连,负车也'者,古义也",使人联想到"连山"名号出现的时代,人们很可能频繁经历着艰苦的交通实践。

炎帝曾经历长途远行。对于这种交通实践的历史记忆在上古文献中有所保留。④

---

① (汉)许慎撰,(清)段玉裁注:《说文解字注》,上海:上海古籍出版社,1981年10月影印经韵楼藏版,第73页。
② 其中凡举四例,除《周礼·地官·乡师》"正治其徒役与其辇辇",郑玄注:"故书'辇'作'连',郑司农云:'连读为辇'"之外,又有三例:(1)《周礼·春官·巾车》:"辇车组挽。"《释文》:"'辇'本作'连'。"(2)《战国策·赵策四》:"老妇恃辇而行。"汉帛书本"辇"作"连"。(3)《庄子·让王》:"民相连而从之。"《释文》:"司马云:'连读曰辇。'"高亨:《古字通假会典》,济南:齐鲁书社,1989年,第212页。
③ 段玉裁注:"'连'即古文'辇'也。""'负车'者,人挽车而行,车在后,如负也。""'联''连'为古今字,'连''辇'为古今字,假'连'为'联',乃专用'辇'为'连'。大郑当云'连'今之'辇'字,而云读为'辇'者,以今字易古字,令学者易晓也。许不于《车部》曰'连'古文'辇',而入之于《辵部》者,小篆'连'与'辇'殊用。故云'联,连也'者,今义也;云'连,负车也'者,古义也。"(汉)许慎撰,(清)段玉裁注:《说文解字注》,第73页。
④ 如屈原《远游》:"指炎神而直驰兮,吾将往乎南疑。览方外之荒忽兮,沛罔象而自浮。祝融戒而还衡兮,腾告鸾鸟迎宓妃。""直驰"句,王逸注:"将候祝融,以谘谋也。南方丙丁,其帝炎帝,其神祝融。"对于"南疑"句,王逸解释:"过衡山而观九疑也。"(宋)洪兴祖撰:《楚辞补注》,北京:中华书局,1983年,第172页。所谓"指炎神而直驰兮",一作"指炎帝而直驰兮"。(宋)朱熹:《楚辞集注》卷五,文渊阁四库全书本。又(明)陈第:《屈宋古音义》卷一、卷二,文渊阁四库全书本。屈原笔下"炎帝"或者"炎神""直驰","往乎南疑"而"览方外之荒忽",正是远古先王交通行为的文化映象。王子今:《神农"连山"名义推索》,《炎黄文化研究》第11辑,郑州:大象出版社,2010年。

传说黄帝以"轩辕氏"为名号。《史记》卷一,《五帝本纪》:"黄帝者,少典之子,姓公孙,名曰轩辕。"①"轩辕",其实原义是指高上的车辕。《说文·车部》:"辕,輈也。""輈,辕也。""轩,曲輈藩车也。"段玉裁《说文解字注》:"谓曲輈而有藩蔽之车也。""小车谓之輈,大车谓之辕。""于藩车上必云曲輈者,以輈穹曲而上,而后得言轩。凡轩举之义,引申于此。曲輈所谓'轩辕'也。"②以"曲輈"解释"轩辕",正符合早期高等级车辆"曲輈"形制的考古学知识。"轩辕氏"以及所谓"轩皇""轩帝"被用来作为后人以为中华民族始祖的著名帝王黄帝的名号,暗示交通方面的发明创制,很可能是这位传说时代的部族领袖诸多功业之中最突出的内容之一。《文选》卷一班固《东都赋》写道:"分州土,立市朝,作舟舆,造器械,斯乃轩辕氏之所以开帝功也。""舟舆"等交通工具的创造,被看作"轩辕氏之所以开帝功"的重要条件。交通事业的成就,也被理解为帝业的基础。李善注引《周易》曰:"黄帝、尧、舜氏刳木为舟,剡木为楫。"③也将交通工具的发明权归于黄帝等先古圣王。④ 可见,"作舟舆","作车服",很可能是

---

　　① 所谓"轩辕"得名缘由,一说"居轩辕之丘,因以为名,又以为号"。司马贞《索隐》引皇甫谧云。《史记》,第1~2页。一说"作轩冕之服,故曰轩辕"。泷川资言《史记会注考证》:"博士家本《史记异字》引邹诞生音云:'作轩冕之服,故曰轩辕。'"(汉)司马迁撰,(日)泷川资言考证,(日)水泽利忠校补:《史记会注考证校补》,上海:上海古籍出版社,1986年,第1页。
　　② (汉)许慎撰,(清)段玉裁注:《说文解字注》,第725页,第720页。
　　③ (梁)萧统编,(唐)李善注:《文选》,北京:中华书局,1977年,第31页。
　　④ 传屈原所作《楚辞·远游》中,可见"轩辕不可攀援兮"句,王逸在注文中也有比较明确的解释:"黄帝以往,难引攀也。轩辕,黄帝号也。始作车服,天下号之,为轩辕氏也。"(宋)洪兴祖撰:《楚辞补注》,第166页。

黄帝得名"轩辕氏"的主要缘由。

　　黄帝传说往往与"雷"的神话有关。例如,所谓"黄帝以雷精起"①,"轩辕,主雷雨之神也"②,"轩辕十七星在七星北,如龙之体,主雷雨之神"③等说法,也反映了这样的事实。《淮南子·览冥》说,先古圣王"乘雷车"④,《淮南子·原道》又说:"电以为鞭策,雷以为车轮"⑤,雷声,正是宏大车队隆隆轮声的象征。司马相如《上林赋》:"车骑雷起,隐天动地"⑥,又张衡《周天大象赋》:"车府息雷毂之声"⑦,以及《汉书》卷八七上,《扬雄传上》和班固《封燕然山铭》所谓"雷輶"⑧,焦氏《易林》所谓"雷车"⑨等,同样

---

　　① 《艺文类聚》卷二,引《河图帝纪通》,(唐)欧阳询撰,汪绍楹校:《艺文类聚》,上海:上海古籍出版社1965年,第34页。

　　② 《太平御览》卷五,引《春秋合诚图》,(宋)李昉等撰:《太平御览》,中华书局用上海涵芬楼影印宋本1960年2月复制重印本,第26页。

　　③ 《太平御览》卷六,引《大象列星图》,(宋)李昉等撰:《太平御览》,第29页。《史记》卷二七,《天官书》:"轩辕,黄龙体。"张守节《正义》:"轩辕十七星,在七星北。黄龙之体,主雷雨之神。"第1299页。

　　④ 笺释:"陶方琦云:《御览》九百三十引正文作'乘云车',引许注作'云雷之车'。"张双棣撰:《淮南子校释》,北京:北京大学出版社,1997年,第678页,第689页。

　　⑤ 高注:"雷,转气也,故以为车轮。"张双棣撰:《淮南子校释》,第18页,第28页。

　　⑥ 《史记》,第3033页。

　　⑦ (明)张溥辑:《汉魏六朝百三家集》卷一四,《张衡集》,文渊阁《四库全书》本。

　　⑧ 《汉书》,北京:中华书局,1962年,第3536页。《北堂书钞》卷一一七,引班固《封燕然山铭》,中国书店据光绪十四年南海孔氏刊本1989年7月影印本,第446页。

　　⑨ 如《焦氏易林》卷三,《否·困》:"白日阳光,雷车避藏。云雨不行,各自止乡。"台北:艺文印书馆,1970年,第83页。

也可以看作例证。

《史记》卷一,《五帝本纪》写道:"轩辕之时,神农氏世衰。诸侯相侵伐,暴虐百姓,而神农氏弗能征。于是轩辕乃习用干戈,以征不享,诸侯咸来宾从。"黄帝战胜炎帝、战胜蚩尤,"而诸侯咸尊轩辕为天子,代神农氏,是为黄帝。天下有不顺者,黄帝从而征之,平者去之,披山通道,未尝宁居。东至于海,登丸山,及岱宗。西至于空桐,登鸡头。南至于江,登熊、湘。北逐荤粥,合符釜山,而邑于涿鹿之阿。迁徙往来无常处"。于是,"置左右大监,监于万国。万国和,而鬼神山川封禅与为多焉"。① 所谓"监于万国"、"万国和"的局面的形成,有"诸侯咸来宾从"、"诸侯归轩辕"、"合符釜山"等交通活动以为条件。而"轩辕""抚万民,度四方","天下有不顺者,黄帝从而征之,平者去之,披山通道,未尝宁居","迁徙往来无常处"的交通实践,当然也为早期国家的形成准备了最重要的基础。黄帝不惮辛劳,游历四方,行踪十分遥远,他曾经东行至于海滨,登丸山与泰山;又西行至于空桐山,登鸡头山;又南行至于长江,登熊山、湘山;又向北方用兵,驱逐游牧部族荤粥的势力。非常的交通经历,成为体现执政能力的优越资质。②

二、尧对舜的交通能力测试

《史记》卷一,《五帝本纪》记述,帝尧"就之如日,望之如云"

---

① 《史记》,第3页,第6页。
② 参看王子今:《交通史视角的早期国家考察》,《历史研究》2017年第5期。

之名望与权威的形成,与"彤车乘白马"的交通形式有关。① 他选用帝舜作为执政权力继承人,首先注意到他的交通能力:"尧使舜入山林川泽,暴风雷雨,舜行不迷。尧以为圣,召舜曰:'女谋事至而言可绩,三年矣。女登帝位。'""舜入于大麓,烈风雷雨不迷,尧乃知舜之足授天下。"②

所谓"使舜入山林川泽","入于大麓",直接理解,实际上是一种对于交通能力的测试。所谓"山林",司马贞《索隐》:"《尚书》云'纳于大麓',《榖梁传》云'林属于山曰麓',是山足曰麓,故此以为入山林不迷。孔氏以麓训录,言令舜大录万几之政,与此不同。"③显然《榖梁传》和《史记》的理解是正确的,而"孔氏""以麓训录","令舜大录万几之政"之说未可信从。

据《抱朴子·登涉》,抱朴子曰:"大华之下,白骨狼藉。"言行走山林,其境险恶。"山无大小,皆有神灵。山大即神大,山小即神小也。入山而无术,必有患害,或被疾病及刺伤,及惊怖不安;或见光影,或闻异声;或令大木不风而自摧折,岩石无故而自堕落,打击煞人,或令人迷惑狂走,堕落坑谷;或令人遭虎狼毒虫……"这些严重威胁交通安全的诸多因素,使得"古中国人把无论远近的出行认为一桩不寻常的事"。他们"对于过分新奇过分不习见的事物和地方,每生恐惧之心"。在他们看来,"对我必怀有异心的人们而外,虫蛇虎豹,草木森林,深山幽谷,大河急流,暴风狂雨,烈日严霜,社稷丘墓,神鬼妖魔,亦莫不欺我远人"。④在原始时代,对种种阻碍交通的"神灵""患害"的克服,可以为当

---

① 《史记》,第15页。
② 《史记》,第22页,第38页。
③ 《史记》,第23页。
④ 江绍原:《中国古代旅行之研究:侧重其法术的和宗教的方面》,上海:商务印书馆,1934年,第5页,第56页。

时社会"以为圣",甚至被看作具有"足授天下"的资质,是符合早期交通史和早期文明史的实际的。

三、帝舜"巡狩"传说

《文献通考》卷二六〇,《封建考一·上古至周封建之制》继黄帝事迹后说帝舜"巡守":"二月东巡守,至于岱宗。""五月南巡守,至于南岳,如岱礼。八月西巡守至于西岳,如初。十有一月朔巡守至于北岳,如西礼。"又写道:"按封建莫知其所从始也,三代以前,事迹不可考,召会征讨之事,见于《史记·黄帝纪》,巡守朝觐之事见于《虞书·舜典》,故摭其所纪以为事始。"①则以为黄帝"召会征讨之事"与帝舜"巡守朝觐之事"有类同之处。

在帝尧在位期间,已经令帝舜主持行政。而执政的重要方式,是交通行为"巡狩":"尧老,使舜摄行天子政,巡狩。"②关于"巡狩"的具体形式,《五帝本纪》有所记述:

> 于是帝尧老,命舜摄行天子之政,以观天命。舜乃在璇玑玉衡,以齐七政。遂类于上帝,禋于六宗,望于山川,辩于群神。揖五瑞,择吉月日,见四岳诸牧,班瑞。岁二月,东巡狩,至于岱宗,柴,望秩于山川。遂见东方君长,合时月正日,同律度量衡,修五礼五玉三帛二生一死为挚,如五器,卒乃复。五月,南巡狩;八月,西巡狩;十一月,北巡狩:皆如初。归,至于祖祢庙,用特牛礼。五岁一巡狩,群后四朝。徧告以言,明试以功,车服以庸。

裴骃《集解》:"郑玄曰:'巡狩之年,诸侯见于方岳之下。其

---

① (元)马端临撰:《文献通考》,北京:中华书局,1986年,第2059页。
② 《史记》,第38页。

间四年,四方诸侯分来朝于京师也。'"①也就是说,"巡狩"与"来朝",是"天子"与"诸侯"自"京师"与"方岳之下"彼此交替的交通行为。对于"巡狩"四方的意义,张守节《正义》说:"王者巡狩,以诸侯自专一国,威福任己,恐其壅遏上命,泽不下流,故巡行问人疾苦也。""巡狩",是一种政治交通实践,通过这样的交通行为,使天下四方真正可以归为一统。

"尧老,使舜摄行天子政,巡狩",以及"帝尧老,命舜摄行天子之政",于是"岁二月,东巡狩⋯⋯五月,南巡狩;八月,西巡狩;十一月,北巡狩"的记载,是执行"天子"行政使命的程序性操作模式。《五帝本纪》记载:"尧立七十年得舜,二十年而老,令舜摄行天子之政,荐之于天。尧辟位凡二十八年而崩。"又说:"舜得举用事二十年,而尧使摄政。摄政八年而尧崩。"②大致此"二十八年"间,推行着"五岁一巡狩,群后四朝"的制度。

帝舜的"巡狩"是有直接成效的。《史记》卷二,《夏本纪》记载:"当帝尧之时,鸿水滔天,浩浩怀山襄陵,下民其忧。尧求能治水者,群臣四岳皆曰鲧可。尧曰:'鲧为人负命毁族,不可。'四岳曰:'等之未有贤于鲧者,愿帝试之。'尧听四岳,用鲧治水。九年而水不息,功用不成。于是帝尧乃求人,更得舜。舜登用,摄行天子之政,巡狩。行视鲧之治水无状,乃殛鲧于羽山以死。天下皆以舜之诛为是。于是舜举鲧子禹,而使续鲧之业。"③"巡狩"而"行视⋯⋯"促成了影响"天下""下民"生存安危的重大决策。

帝舜的生命竟然结束于"巡狩"途中:"舜年二十以孝闻,年

---

① 《史记》,第24页,第27页。
② 《史记》,第30页,第38页。
③ 《史记》,第50页。

三十尧举之,年五十摄行天子事,年五十八尧崩,年六十一代尧践帝位。践帝位三十九年,南巡狩,崩于苍梧之野。葬于江南九疑,是为零陵。"①

四、舜的继承者:
"禹行"九州,"东巡狩,至于会稽而崩"

传说中接受帝舜的委命"续鲧之业"的"鲧子禹",治水大业的成功,与辛劳奔走的交通实践联系在一起。《史记》卷二,《夏本纪》记载:"禹乃遂与益、后稷奉帝命,命诸侯百姓兴人徒以傅土,行山表木,定高山大川。禹伤先人父鲧功之不成受诛,乃劳身焦思,居外十三年,过家门不敢入。……陆行乘车,水行乘船,泥行乘橇,山行乘檋。左准绳,右规矩,载四时,以开九州,通九道,陂九泽,度九山。"国家经济管理与行政控制的交通规划也因此成就:"食少,调有余相给,以均诸侯。禹乃行相地宜所有以贡,及山川之便利。"②

由此我们或许可以说,早期国家的经济地理与行政地理格局的形成,是以交通地理知识以为基础的。

前引"禹乃行相地宜所有以贡,及山川之便利",这一"行"的举动,《史记》卷二,《夏本纪》引《禹贡》这样记述了其路线:"禹行自冀州始。冀州……;沇州……;青州……;徐州……;扬州……;荆州……;豫州……;梁州……;雍州……""道九山","道九川","于是九州攸同,四奥既居,九山栞旅,九川涤原,九泽既

---

① 《史记》卷一,《五帝本纪》,第44页。
② 《史记》,第51页。

陂,四海会同。"①据裴骃《集解》引孔安国曰,"四奥既居","四方之宅已可居也","九山栞旅","九州名山已槎木通道而旅祭也","九川涤原","九州之川已涤除无壅塞也","九泽既陂","九州之泽皆已陂障无决溢也"。② 这些成就,首先有益于社会经济秩序与国家行政控制的稳定。而这一局面的实现,又有交通建设的保障。"东渐于海,西被于流沙,朔、南暨:声教讫于四海。于是帝锡禹玄圭,以告成功于天下。天下于是太平治。"③政治的"成功","天下"的"太平治",因交通实践的努力成就了基础。

人们自然会注意到,"禹行"遵循的方向,正大略与帝舜"摄行天子政,巡狩"时"东巡狩……;南巡狩……;西巡狩……;北巡狩……"的路线,即现今通常所谓顺时针的方向一致。

禹的功业与执政能力得到承认,竟然主要由于他通过交通实践表现出来的勤恳。

特别值得注意的,是禹也在"巡狩"的行程中结束了他的人生。《史记》卷二,《夏本纪》记载了他政治生涯亦可谓交通生涯的结束:

> 十年,帝禹东巡狩,至于会稽而崩。④

这是明确言"帝禹""巡狩"的记录。"崩"于"巡狩"途中的帝王,除了帝舜、帝禹外,后世还有继承者。

---

① 《史记》,第52页,第54～56页,第58页,第60～65页,第67页,第69页,第75页。
② 《史记》,第75页。
③ 《史记》,第77页。
④ 《史记》,第83页。

五、帝舜"巡狩"行为的延续:周秦执政者的仿效

《诗·周颂·时迈》序:"时迈,巡守告祭柴望也。"郑玄注:"巡守告祭者,天子巡行邦国,至于方岳之下而封禅也。《书》曰:岁二月东巡守至于岱宗,柴望秩于山川,徧于群神远行也。"孔颖达疏:"武王既定天下,巡行其守土诸侯,至于方岳之下,作告至之,祭柴祭昊天,望祭山川,安祀百神,乃是王者盛事。周公既致太平,追念武王之业,故述其事而为此歌焉。"①如果此说成立,则周天子以"巡守"行为继承了"帝禹"的行政方式。有关周天子"巡狩"途中去世事,见于《史记》卷四,《周本纪》的记载:"昭王南巡狩不返,卒于江上。"②

随后,周穆王"周行天下"的事迹见于《左传·昭公十二年》。③《史记》卷五,《秦本纪》:"造父以善御幸于周缪王,得骥、温骊、骅骝、騄耳之驷,西巡狩,乐而忘归。"④《史记》卷四三,《赵世家》:"缪王使造父御,西巡狩,见西王母,乐之忘归。"⑤都明确称"西巡狩"。对于周穆王"西征"行迹,有不同的说法。有以为

---

① 《毛诗正义》,(清)阮元校刻:《十三经注疏》,北京:中华书局,1980年,第588页。

② 《周本纪》记述:"其卒不赴告,讳之也。"张守节《正义》:"《帝王世纪》云:'昭王德衰,南征,济于汉,船人恶之,以胶船进王,王御船至中流,胶液船解,王及祭公俱没于水中而崩。其右辛游靡长臂且多力,游振得王,周人讳之。'"《史记》,第134~135页。

③ 《春秋左传集解》,上海:上海人民出版社,1977年,第1357页。

④ 《史记》,第175页。

⑤ 《史记》,第1779页。

西王母活动于青海的认识。① 或说周穆王所至昆仑即今阿尔泰山。② 或说周穆王所至"玄池"即"咸海"。而《穆天子传》随后说到的"苦山""黄鼠山"等,则更在其西。③ 或说西王母所居在"条支"。④ 也有学者认为,周穆王已经到达了波兰平原。⑤ 尽管对

---

① 《汉书》卷二八下,《地理志下》:金城郡临羌县,"西北至塞外,有西王母石室、仙海。盐池北则湟水所出,东至允吾入河,西有须抵池,有弱水、昆仑山祠"。第1611页。《史记》卷一二三,《大宛列传》:"太史公曰:《禹本纪》言河出昆仑。昆仑其高二千五百余里,日月所相避隐,为光明也。其上有醴泉、瑶池。"第3179页。

② 余太山说:"穆天子西征的目的地是'昆仑之丘'⋯⋯《穆天子传》所见昆仑山应即今阿尔泰山,尤指其东端。"又指出,"《穆天子传》所载自然景观和人文、物产与欧亚草原正相符合"。《早期丝绸之路文献研究》,北京:商务印书馆,2013年,第6页,第8页。

③ 对于《穆天子传》中"天子西征至于玄池"的文句,刘师培解释说,"玄池"就是今天位于哈萨克斯坦和乌兹别克斯坦之间的咸海:"玄池即今咸海。《唐书》作雷翥海。""今咸海以西,波斯国界也。"《穆天子传补释》,《刘师培全集》,北京:中共中央党校出版社,1997年,第546页。

④ 《史记》卷一二三,《大宛列传》:"传闻条枝有弱水、西王母,而未尝见。"第3162~3163页。

⑤ 顾实推定,周穆王出雁门关,西至甘肃,入青海,登昆仑,走于阗,登帕米尔山,至兴都库什山,又经撒马尔罕等地,入西王母之邦,即今伊朗地方。又行历高加索山,北入欧洲大平原。在波兰休居三月,大猎而还。顾实认为,通过穆天子西行路线,可以认识上古时代亚欧两大陆东西交通之孔道已经初步形成的事实。《穆天子传西征讲疏·读穆传十论》,北京:中国书店出版社,1990年,第24页。

周穆王西征抵达的地点存在争议①,但是这位周天子曾经经历西域地方,是许多学者所认同的。② 不过,《史记》中虽《秦本纪》和《赵世家》说到这位帝王的"西巡狩"经历,但是在《周本纪》中却没有看到相关记载。

秦始皇实现统一,继秦王政时代的三次出巡之后,曾有五次出巡。不过,《史记》有关秦史的记录中称"巡",称"行",称"游",不称"巡狩"。这应当是依据《秦记》的文字。③

如《史记》卷六,《秦始皇本纪》记载,"二十七年,始皇巡陇西、北地","二十八年,始皇东行郡县"。④ "二十九年,始皇东游。"⑤"三十七年十月癸丑,始皇出游。"⑥多用"巡""行""游"等字而不称"巡狩",或许体现了秦文化与东方六国文化的距离。

---

① 这样的认识是有道理的:"在汉文典籍中,西王母多被置于极西之地。""《穆天子传》和后来的《史记》等书一样,将西王母位置于当时所了解的最西部。"余太山:《早期丝绸之路文献研究》,北京:商务印书馆,2013年,第15页。有学者注意到"西王母之邦由东向西不断推进的过程",指出:"这一过程恰好与我国对西方世界认识水平加强的过程相一致,是我国对西方世界认识水平加深的一种反映。"杨共乐:《早期丝绸之路探微》,北京:北京师范大学出版社,2011年,第42页。

② 王子今:《前张骞的丝绸之路与西域史的匈奴时代》,《甘肃社会科学》2015年第2期。

③ 王子今:《〈秦记〉考识》,《史学史研究》1997年第1期;王子今:《〈秦记〉及其历史文化价值》,《秦文化论丛》第5辑,西安:西北大学出版社,1997年;《秦文化论丛选辑》,西安:三秦出版社,2004年。

④ 《史记》,第241~243页。泰山刻石称"亲巡远方黎民","周览东极";琅玡刻石称"东抚东土","乃抚东土"。《史记》,第245~246页。

⑤ 之罘刻石称"皇帝东游,巡登之罘,临照于海";"维二十九年,皇帝春游,览省远方"。《史记》,第249~250页。

⑥ 《史记》,第260页。会稽刻石称"三十有七年,亲巡天下,周览远方"。《史记》,第261页。

不过,仍然有学者将这种交通行为与传说中先古圣王的"巡狩"联系起来。《史记》卷六,《秦始皇本纪》记载"二十九年,始皇东游","登之罘,刻石",其文字开篇就写道:"维二十九年,时在中春,阳和方起。皇帝东游,巡登之罘,临照于海。"关于所谓"时在中春",张守节《正义》:"中音仲。古者帝王巡狩,常以中月。"①明丘濬撰《大学衍义补》卷四六,《治国平天下之要·明礼乐》就秦始皇实现统一之后的第一次出巡"秦始皇二十七年,巡陇西、北地,出鸡头山,过回中"有所论说:"臣按:有虞之时,五年一巡守,周十有二年,王乃时巡,所以省方观民,非为游乐也。然又必以四岳为底止之地,出必有期,行必有方,未有频年出行,游荡如始皇者也。今年巡陇西、北地,至回中。明年上邹峄。继是渡淮浮江至南郡,登之罘,刻碣石门,至云梦,上会稽,直至沙丘崩而后已。"②论者以为帝舜和周天子的"巡"是"省方观民",秦始皇的"巡"则是"游乐""游荡",这样的指责当然是缺乏说服力的。但是指出秦始皇"频年出行",背离了先古圣王"出必有期,行必有方"的对出巡密度和出巡规模予以适当节度的传统,又是有一定道理的。

秦始皇出巡的目的,有"抚""览"即视察慰问等因素,但炫耀权力也是重要动机。向被征服地方展示"得意",是"巡""行""游"的主题之一。曾经作为秦中央政权主要决策者之一的左丞

---

① 《史记》,第249～250页。
② 丘濬又联系汉武帝、隋炀帝的出巡史事发表了历史评论:"其后汉武、隋炀,亦效尤焉。汉武幸而不败,然海内虚耗,所损亦多矣。炀帝南游,竟死于江都。说者谓二君者假望秩省方之说,以济其流连荒亡之举,千乘万骑,无岁不出,遐方下国,无地不到,至于民怨盗起,覆祚殒身,曾不旋踵。虽秦、隋所以召亡者,固非一端。然傥非游荡无度,则河决鱼烂之势,亦未应如是其促也。"文渊阁《四库全书》本。

相李斯被赵高拘执,在狱中上书自陈,历数七项重要功绩,其中包括"治驰道,兴游观,以见主之得意"。①平民面对这种权力炫耀形式的反应,可见项羽所谓"彼可取而代也"②,刘邦所谓"大丈夫当如此也"③,都说明这种"见"帝王之"得意"的成功。秦二世以为,这种出巡的目的是"示强",以实现"威服海内"的效应。《史记》卷六,《秦始皇本纪》:"二世与赵高谋曰:'朕年少,初即位,黔首未集附。先帝巡行郡县,以示强,威服海内。今晏然不巡行,即见弱,毋以臣畜天下。'"于是,"春,二世东行郡县"。④秦二世的出巡⑤,即试图仿效"先帝",以"巡行"显示的"强"和"威",保障最高政治权力的接递。

《史记》卷六,《秦始皇本纪》所谓"始皇巡陇西、北地","始皇巡北边","先帝巡行郡县",秦皇帝巡游与先古圣王"巡狩"在形式上的继承关系,是明显的。《史记》卷一,《五帝本纪》帝舜"岁二月,东巡狩"事,张守节《正义》:"王者巡狩,以诸侯自专一国,威福任己,恐其壅遏上命,泽不下流,故巡行问人疾苦也。"说"王者""巡行"就是"王者巡狩"。

六、帝舜"巡狩":
儒学礼仪化宣传与史家实证性考辨

有关上古圣王"巡狩"事迹的传说,儒学文献有经典性记述。

---

① 《史记》卷八七,《李斯列传》,第2561页。
② 《史记》卷七,《项羽本纪》,第296页。
③ 《史记》卷八,《高祖本纪》,第344页。
④ 《史记》,第267页。
⑤ 王子今:《秦二世元年东巡史事考略》,《秦文化论丛》第3辑,西安:西北大学出版社,1994年。

如《尚书·舜典》:"岁二月,东巡守,至于岱岳","五月,南巡守,至于南岳","八月,西巡守,至于西岳","十有一月,朔巡守,至于北岳","五载一巡守"。①又《礼记·王制》:"天子五年一巡守。岁二月,东巡守至于岱宗。……五月,南巡守至于南岳,如东巡守之礼。八月,西巡守至于西岳,如南巡守之礼。十有一月,北巡守至于北岳,如西巡守之礼。"②而《史记》卷一,《五帝本纪》:"二月,东巡狩,至于岱岳","五月,南巡狩;八月,西巡狩;十有一月,北巡狩","五岁一巡狩"。叙说大体是一致的。

对于帝舜四时"巡守""巡狩"四方的说法,或说"顺天道"③,或说"通乎人事"④,或说"随天道运行",有益于以"四时成"之季节秩序促成"万国宁"的政治功业⑤。然而亦有学者对暑季南行、寒日北行情形提出质疑。《邵氏闻见后录》卷一〇写道:"舜一岁而巡四岳。南方多暑,以五月之暑而南至衡山。北方多寒,

---

① 《尚书正义》,(清)阮元校刻:《十三经注疏》,第127页。
② 《礼记正义》,(清)阮元校刻:《十三经注疏》,第1327~1328页。
③ (宋)史浩:《尚书讲义》卷二:"此舜作行幸之法也。五月必至南方,八月必至西方,十有一月必至北方,各以其时也。以其时者,顺天道也。"文渊阁《四库全书》本。
④ (宋)薛季宣:《浪语集》卷三〇,《遁甲龙图序》:"帝尧平秩四序,有虞齐政玉衡,夏南巡,祁寒北狩,岂无天道?通乎人事而已。"清文渊阁《四库全书》补配清文津阁《四库全书》本。
⑤ (宋)黄伦:《尚书精义》卷三:"无垢曰:二月东巡,五月南巡,八月西巡,十有一月朔巡,盖随天道运行,而合春分、夏至、秋分、冬至之节以有事也。天道一变而运于上,君道一变而运于下,天人交际,辅相裁成,弥纶范围于不言之中,而四时成矣,万国宁矣。"文渊阁《四库全书》本。

以十一月之寒而至常山。世颇疑之。"①清人秦笃辉《易象通义》卷二:"朱氏震谓《夏小正》十一月万物不通,则至日闭关后不省方,夏之制也。周制十一月北巡狩,至于北岳矣。此说非是。孔子从周,决不以夏正取象。据此周实以至日闭关后不省方,十一月北巡狩之说,未可信矣。"②也对"十一月北巡狩"事提出质疑。

对于帝舜"巡狩"天下是否可以一年中遍及四方,学者有所讨论。宋黄伦《尚书精义》卷三:"伊川曰:自岁二月已下言巡守之事,非是当年二月便往,亦非一岁之中徧历五岳也。"③宋林之奇《尚书全解》卷二《舜典》对于"五月南巡守至于南岳,如岱礼;八月西巡守至于西岳,如初;十有一月朔巡守至于北岳,如西礼"有如下理解:"岱宗礼毕则南巡守,以五月至于南岳,其柴望秩于山川以下,皆如岱宗之礼。八月西巡,十有一月朔巡,礼亦皆然。曰岱礼,曰西礼,曰如初,皆史官之变文也。北岳礼毕,然后归于京师。盖一岁而巡四岳也。胡舍人则疑之,以谓计其地理,考其日程,岂有万乘之尊,六军之卫,百官之富,一岁而周万五千里哉?此说殊不然。叔恬问于文中子曰:舜一岁而巡守四岳,国不费而民不劳,何也?文中子曰:仪卫少而征求寡也。夫惟仪卫少而征求寡,故国不费而民不劳。元朔六年冬十月,勒兵十余万北巡朔方,东望缑山,登中岳少室,东巡海上,还封泰山,禅梁父,复之海上,并海北之碣石,历西朔方九原,以五月至于甘泉,周万八千里。夫武帝仪卫可谓多矣,征求可谓众矣,尚能八月之间,周

---

① 邵博随即还汉武帝的巡行:"《汉书·郊祀志》:武帝自三月出行封禅,又并海至碣石,又巡辽西,又历北边,又至九原,五月还甘泉,仅以百日行八千余里,尤荒唐矣。"(宋)邵博撰,刘德权、李剑雄点校:《邵氏闻见后录》,北京:中华书局,1983年,第75页。

② (清)《湖北丛书》本。

③ 文渊阁《四库全书》本。

历万八千里。而舜则仪卫少而征求寡,岂不能周历万五千里乎?胡氏之说不可为据。"①王夫之《尚书稗疏》卷一"巡守"条说:"巡守之不可一年而徧,势之必然。虽有给辨,无所取也。"他认为:"乃由河东以至泰安,由泰安以至嵩县,由华州以至易北,皆千里而遥,吉行五十里,必三旬而后达。祁寒暑雨,登顿道路,天子即不恤己劳,亦何忍于劳人邪?……而一岁徧至四岳,则必不尔。抑或五载之内,初年春东巡,次年夏南巡,又次年秋西巡,又次年冬北巡。"他还就儒学经典中的成说提出质疑:"《王制》亦有一岁四巡之说,要出于汉儒,不足深信。"②

朱熹对帝舜"巡守"历史记忆的合理性,进行了体现出自己某种历史主义理念的分析。《朱子语类》卷七八《尚书一·纲领》"舜典"条:

> 或问:"舜之巡狩,是一年中遍四岳否?"
>
> 曰:"观其末后载'归格于艺祖,用特'一句,则是一年遍巡四岳矣。"
>
> 问:"四岳惟衡山最远,先儒以为非今之衡山,别自有衡山,不知在甚处?"
>
> 曰:"恐在嵩山之南。若如此,则四岳相去甚近矣。然古之天子一岁不能遍及四岳,则到一方境上会诸侯亦可。

---

① (元)吴澄:《书纂言》卷一:"文中子曰:舜一岁而巡四岳,国不费而民不劳,何也?仪卫少而征求寡也。林氏曰:汉武帝元朔初,东巡海上,还封泰山,并北海之碣石,历朔方、九原,以至甘泉。武帝仪卫征求多矣,八月之间尚行一万八千里。则舜一岁而巡四岳可知也。"文渊阁《四库全书》本。

② 文渊阁《四库全书》本。对于"一岁之中徧历五岳"持否定态度的又有(宋)章如愚编:《群书考索》续集卷四,《经籍门·书》:"舜五载一巡守。陈曰前言:岁二月东巡守,五月南巡守,八月西巡守,十有一月北巡守,非谓之徧历四岳也,但五岁之间以一巡守为率尔。"文渊阁《四库全书》本。

《周礼》有此礼。"①

古来"四岳"的空间坐标定位与后世不同②,确实是考察帝舜是否可以"一年遍巡四岳"时必须注意到的历史条件。

帝舜"巡狩"故事之所以后世难以理解,应当有行政方式并没有被严格沿承这一原因。有学者指出,"巡狩"是"封建"时代的历史遗存。而推行"郡县之制"后,已"不必"袭用"巡狩"方式。明丘濬撰《大学衍义补》卷四六《治国平天下之要·明礼乐》写道:"《虞书》:'岁二月东巡守,至于岱宗……乃复五月南巡守,至于南岳,如岱礼。八月西巡守,至于西岳,如初。十有一月朔巡守,至于北岳,如西礼。'臣按:先儒有言,巡守所以维持封建,后世罢封建以为郡县之制,万方一国,四海一家,如肢体之分布,如心手之相应,万里如在殿廷,州县如在辇毂,挈其领而裘随,举其纲而网顺。政不必屈九重之尊,千乘万骑之禁卫,百司庶府之扈从,以劳民而伤财也。苟虑事久而弊生而欲有以考察而振作之,遣一介之臣,付方尺之诏,玺书所至,如帝亲行,天威不违,天颜咫尺,孰敢懈怠哉?然则帝舜巡守非欤。臣故曰:巡守,所以维持封建也。"按照这一说法,"巡守"适用于"封建"行政,"郡县之制"实行之后,"万方""四海"一统,则"劳民而伤财"的"巡守"方式不得不更新。论者又引吕祖谦曰:"巡守之礼,此乃维持治具,提摄人心,圣人运天下妙处。大抵人心久必易散,政事久必有阙。一次巡守,又提摄整顿一次,此所以新新不已之意。然唐虞五载一巡守,周却十二年,何故?盖周时文治渐成,礼文渐备,所

---

① (宋)黎靖德编,王星贤点校:《朱子语类》,北京:中华书局,1986年,第1999页。

② 王子今:《关于秦始皇二十九年"过恒山"——兼说秦时"北岳"的地理定位》,《秦文化论丛》第11辑,西安:三秦出版社,2004年;王子今:《〈封龙山颂〉及〈白石神君碑〉北岳考论》,《文物春秋》2004年第4期。

以十二年方举巡守之事。此是成王知时变识会通处。"自"唐虞"而"周","巡守"间隔从"五载"变更为"十二年",也显现出"时变"。论者又发表了自己如下判断:"臣按:吕氏谓舜五载巡守,周十二年巡守,为成王知时变识会通。臣窃以谓在虞时则可五载,在周时则可十二年,在后世罢封建,立州郡之时,守令不世官,政令守成宪,虽屡世可也。在今日时变会通之要,所以提摄整顿(左击右页)之者,诚能择任大臣,每五年一次,分遣巡行天下,如汉唐故事,虽非古典,亦古意也。"①后世特派大臣"分遣巡行天下"的形式,仍体现上古"巡狩"之"古意"。

  考察帝舜"巡狩"古事,可能提供最可靠的证据的自然是考古工作。但是,发现和理解上古交通行为的考古学遗存,有一定的工作难度。若干试探性的分析②,也需要更多的论据验证。不过我们应当注意到,考古发现的早期交通遗迹虽保留信息有限,但是文化意义十分重要。今后考古工作的收获,将以新的学术发现推进早期交通史和早期文明史的研究,这是没有疑问的。

---

  ① 论者还写道:"时异世殊,上古之时风气淳朴,人用未滋,故人君所以奉身用度者,未至于华糜。故其巡行兵卫可以不备,而征求不至于过多。后世则不然,虽时君有仁爱之心,恭俭之德,然兵卫少则不足以防奸,征求寡则不足以备用,不若深居九重,求贤审官,内委任大臣以帅其属,外分命大臣以治其方,则垂拱仰成,不出国门而天下治矣。"文渊阁《四库全书》本。
  ② 王子今:《甘泉方家河岩画与直道黄帝传说——上古信仰史与生态史的考察》,《陕西历史博物馆馆刊》第21辑,西安:三秦出版社,2014年。

德孝教化、古史考据与九嶷、鸣条舜帝陵之争论

段 彬 胡阿祥

当代学界关于舜帝的研究，主要依循以下几条路径。一是对传统文献、金石资料以及地方民间传说进行辑录汇编，如《虞舜大典》《鸣条舜陵碑录》《诸城大舜故事》等；二是延续清人考据观念与方法，对舜帝陵庙、舜帝故里等相关古迹与史实进行考辨，这一方面的工作尤以湖南宁远、山西运城、永济、垣曲、山东济南、诸城、浙江绍兴、广西梧州等与舜帝关联密切之地的地方学者着意较多；三是秉承疑古派或释古派的精神，或对古史传说、禅让制度乃至舜帝本人进行解析与解构，或以其中的合理因素与考古出土材料相映证，这是近百年来史学界、考古学界等相关学科的主流研究方向；四是发掘舜文化背后的观念与伦理价值，以期在现代社会中弘扬传统文化、服务地方发展需求。

梳理舜帝的相关文献与既有研究后不难发现，文献的辑录工作现已基本完成，传统考据的工作也几无余地，争论九嶷山与鸣条冈两座舜帝陵的真伪问题在今天已无多大意义。然而舜帝虽然遥远，遗风自当永存。笔者认为，更值得我们注意的是自先秦以来历代朝廷、地方官员与士人在对于舜帝形象及舜帝文化

不断进行纪念、争鸣、书写、建构的过程中留下的大量材料,以及其中折射出的诸多历史面相。

舜帝陵庙等祭祀场所是舜帝记忆得以延续和强化的空间。舜陵的形成、维护与修缮,涉及了历代多方人士的关注与努力,某些崇奉舜帝的行为背后反映出了当地的现实需求与当时的时代风气。本文拟就山西运城鸣条舜帝陵这一较为"弱势"的祭祀场所的兴废历程对于元明清以来河东地方舜帝崇拜的推动因素,试做观察与分析。

一

舜帝的祭祀场所早在先秦时期即已存在。湖南地方文献常常征引"禹南巡,望九疑而祭舜于此"①,以证明当地祭舜活动的久远。但这一说法过于晚出,并无史源根据,应出于后世的想象。大禹之事,固已邈不可稽,不过据《国语·吴语》记载:"昔楚灵王不君,其臣箴谏不入,乃筑台于章华之上,阙为石郭,陂汉,以象帝舜。"②屈原的《天问》中也曾提到舜帝,并将其作为商人之祖。可见南方地区对舜帝的崇拜与祭祀应由来已久。

至战国末年及秦汉时期,以苍梧九嶷山(亦作九疑山)为舜帝陵寝所在的观念已被普遍接受。《礼记·檀弓上》:"舜葬于苍

---

① (清)《嘉庆重修一统志》卷三六二,《衡州府》,北京:中华书局,1986年影印版。
② (清)徐元诰集解,王树民、沈长云点校:《国语集解》,北京:中华书局,2002年,第541页。

梧之野。"①《山海经·海内南经》:"苍梧之山,帝舜葬于阳,帝丹朱葬于阴。"②《山海经·大荒南经》:"赤水之东,有苍梧之野,舜与叔均之所葬也。"③《史记·五帝本纪》:"(舜)南巡狩,崩于苍梧之野。葬于江南九疑,是为零陵。"④马王堆汉墓出土西汉长沙国帛书地图上亦标注有一个特殊符号,旁有"虞舜"二字。据《史记·秦始皇本纪》记载,始皇帝三十七年(前210年),"行至云梦,望祀虞舜于九疑山。"⑤这是历史上第一次确切的帝王祭舜典礼,就此开创了九嶷山官方祭舜的传统。但在时代略早的《孟子》中,却提到了与舜崩于苍梧不同的观点:"舜生于诸冯,迁于负夏,卒于鸣条。"⑥《竹书纪年》中亦有类似记载。这就为后世两座舜陵之争埋下了伏笔。

今晋南一带为古河东之地,是古文献中公认的尧舜都城所在。河东地区祭祀舜帝的传统始于何时,无法详考。官方祭舜于河东,则始于北魏时期。北魏作为北方政权,苍梧不在其版图之内,自然无法延续汉晋传统,远赴九嶷山致祭⑦。北魏前期祭舜的场所在距京师不远的广宁(今河北涿鹿一带),与黄帝庙、尧庙相距不远。太和迁洛后,虞舜的祭祀地点开始转移至河东。

---

① (清)孔颖达正义,陆德明释文:《礼记正义》卷七,《檀弓上》,收入(清)阮元校刻《十三经注疏》,北京:中华书局,2009年,第2774页。
② (清)郝懿行笺疏:《山海经笺疏》卷一〇,《海内南经》,收入安作璋主编《郝懿行集》,济南:齐鲁书社,2010年,第4927页。
③ 《山海经笺疏》卷一五,《大荒南经》,第4983页。
④ (汉)司马迁:《史记》卷一,《五帝本纪》,北京:中华书局,1959年,第44页。
⑤ 《史记》卷六,《秦始皇本纪》,第260页。
⑥ (战国)孟轲撰,杨伯峻译注:《孟子译注》卷八,《离娄下》,北京:中华书局,2010年,第169页。
⑦ 同时期的南朝,仍致祭舜帝于九嶷山。

据《魏书·高祖纪》，在太和十六年（492年）时，仍"祀唐尧于平阳，虞舜于广宁，夏禹于安邑，周文于洛阳"①，至太和二十一年（497年）"行幸蒲坂，遣使者以太牢祭虞舜。戊辰，诏修尧舜夏禹庙"。②但是在很长一段时间内，文献中仅见河东舜帝之祠庙，而未言其地有舜陵。将"鸣条"之地由两汉时公认的陈留改定于河东最晚在唐初。③据唐代《括地志》记载："高涯原在虞州安邑县北三十里南坂口，即古鸣条陌也。"④此后的地理总志与方志皆延续此说。既然鸣条之地望在唐初已定，那么将鸣条舜帝陵定于今地，很可能不晚于唐初。而鸣条舜陵明确见于记载，则要迟至元明之际。⑤

北魏迁洛以后至唐前期，皆"祭虞舜于河东。"⑥唐开元六年

---

① （北齐）魏收：《魏书》卷七下，《高祖纪下》，北京：中华书局，1974年，第169页。

② 《魏书》卷七下，《高祖纪下》，第181页。

③ （唐）李吉甫撰，贺次君点校：《元和郡县图志》校勘记云："考《御览》八十二引许慎《淮南子》注云：'鸣条在今陈留平丘。'孔颖达《尚书》疏云：'陈留平丘，今有鸣条亭。'《后汉书·隐逸传》刘昭注说同。其地在今河南长垣县西南。"（北京：中华书局，1983年，第171页）以鸣条在河东之说，始见于西汉孔安国《尚书孔传》；"鸣条之野……地在安邑之西。"然此说不为当时他书采纳。至唐以后，地理总志所载鸣条多以河东为准。

④ （唐）李泰撰，贺次君辑校：《括地志辑校》卷二，北京：中华书局，1980年，第53页。

⑤ 据运城市盐湖区虞舜文化研究会编：《鸣条舜陵古碑录》载，鸣条舜陵现存一方古碑，中刻"帝舜陵"，"有关专家根据碑额的左刻'日'右刻'月'，并有祥云缭绕图案，认为是元代碑"。（太原：山西古籍出版社，2003年，第8页）另外，据明嘉靖年间《舜帝陵庙重修寝宫碑记》记载，在正德初修缮之前，"楼之南有大冢，故老相传为舜陵，似也"。（载《鸣条舜陵古碑录》，第11页）

⑥ （后晋）刘昫：《旧唐书》卷二三，《礼仪志四》，北京：中华书局，1975年，第915页。

(718年),玄宗恢复秦汉传统,遣张九龄赴九嶷山"祭舜陵"。此后的很长一段时间内,鸣条冈与九嶷山两处舜帝祭祀场所长期并存,绵延不绝。《宋史》既载"道州舜祠"[①],又有"有司请祭前七日遣祀河中府境内伏羲、神农、帝舜、成汤、周文武、汉文帝、周公庙及于睢下祭汉、唐六帝"[②]之记录。元代曾"立后土祠于平阳之临汾,伏羲、女娲、舜、汤、河渎等庙于河中、解州、洪洞、赵城"[③]。同时,其他诸舜庙亦不废,"舜帝庙,河东、山东济南历山、濮州、湖南道州皆有之"[④]。不过在唐宋文人墨客的歌咏中,凡涉及舜帝陵者,大多仍认同九嶷山。

至明初定制,明确了"祀帝王三十五"的地理位置,其中"在湖广者二:酃祀神农,宁远祀虞舜"[⑤]。九嶷山舜帝陵在官方祭祀秩序中重获独尊地位。此后至清宣统年间,每逢皇帝登基、亲政、立储、晋徽号、万寿节、敉平叛乱等重大节日或政治事件之后,皆在九嶷山舜陵告祭舜帝。河东鸣条彻底失去了官方公祭场所的地位。

失去了朝廷认可的鸣条舜帝陵庙,难免陷入荒芜的境地。明清时期的许多修缮碑记屡屡提到"使圣迹鞠为茂草"[⑥],"寝宫

---

① (元)脱脱:《宋史》卷六三,《五行志二上》,北京:中华书局,1977年,第1392页。
② 《宋史》卷一〇四,《礼志七》,第2536页。
③ (明)宋濂:《元史》卷八,《世祖本纪五》,北京:中华书局,1976年,第161页。
④ 《元史》卷七六,《祭祀志五》,第1903页。
⑤ (清)张廷玉:《明史》卷五〇,《礼志四》,北京:中华书局,1974年,第1292页。
⑥ (明)路天亨:《重修帝舜庙记》,载《鸣条舜陵古碑录》,第95页。

颓然,风雨剥蚀,侵及塑像"①等凄凉境况。造成这一现象的重要原因在于,舜帝陵庙之于地方民众而言,存在着信仰上的困境——"修葺舜庙,非创浮屠、建佛舍也,生前施舍,身后果报"。② 圣贤崇拜无法像佛道宗教一样获得稳定的底层信众的支持,民众对舜帝陵庙缺乏足够的保护意识,修缮事宜唯有依靠具有强烈儒家情感的地方官员与乡贤来主持。一旦失去有效管理,便会出现"入而樵者,至大柏受伤;牛羊从而牧者至,寸草已濯"的现象。对于关心鸣条舜陵的官员、乡绅而言,破解此种尴尬境地的办法,也唯有从信仰基础与帝陵名分两方面再寻出路。

二

作为华夏民族创世时代的古圣先贤,德孝兼备的舜帝形象很早便已确立。孔子曾云:"舜其大孝也与!"③《尚书·尧典》《史记·五帝本纪》等文献记述了舜早年孝事父母的行为。这一故事在后世被反复传诵、演绎,舜帝成为最早的孝子典范。托名舜所做的《思亲操》中即写道:"深谷鸟鸣兮莺莺,设罥张罝兮思我父母力耕。日与月兮往如驰,父母远兮吾当安归。"④

不过在官方意识形态中,作为上古帝王典范的舜帝具有举贤让能、克明峻德、除凶立刑等许多值得颂扬与效法的功绩,克尽孝道只是其中的一方面。现存古代皇帝祭舜帝陵文共计五十

---

① (清)吕崇烈:《舜庙寝宫重修募缘疏附记并勒》,载《鸣条舜陵古碑录》,第18页。
② (清)许毅:《勤修舜庙序》,载《鸣条舜陵古碑录》,第119页。
③ 《礼记正义》卷五二,《中庸》,第3533页。
④ (宋)郭茂倩编:《乐府诗集》卷五七,《琴曲歌辞一》,北京:中华书局,1979年,第824页。

八篇,其中唐代一篇、明代十二篇、清代四十五篇,祭文中明确提到孝道的仅清高宗时的三篇,且这三次祭典皆与皇太后、皇后晋封徽号有关。① 在帝王祭文中,最为强调的是舜帝"继天立极"之德以及当朝对尧舜以来道统的承继。

朝廷对上古帝王的祭祀属礼制性活动,仅是彰显当朝正统的象征仪式。但地方人士宣扬圣贤偶像、主持祭祀活动时,则更加注重对当地民众教化的实效性。具体到河东地区,最明显的做法便是对舜帝诸多德行中与民众生活最为密切的孝行进行突出强调。

舜帝在民间作为孝子形象的偏重建构,大致始于元代,形成于元代的"二十四孝",首例便是舜帝的"孝感动天"。而同样是自元代始,包括舜帝陵庙在内的河东诸多舜帝遗迹,开始显示出对孝文化的竭力宣扬。元代的一篇《舜庙记》中称:"维帝以大孝登庸,克协尧圣……而孟轲氏谓:'不以天子贵为悦,惟顺父母为悦。'是故夔夔斋栗,瞽瞍底豫。去今三千五百余岁,愚夫孺子皆能道之。大哉孝乎!天地之经,人道之本欤!……呜呼!帝之协德,复披万世。至孝格天,阐发民彝。乾坤不毁,斯理不灭。"②在这篇记文中,孝道楷模已经成为民众对于舜帝形象近乎唯一的认知。文章最后点出了地方官员修缮舜庙的教化意

---

① 清乾隆十四年(1749年)祭文中有:"教孝莫先于事亲,治内必兼以安外。"此次祭告舜陵的目的是册封皇徽号。乾隆二十年(1755年)祭文中有:"教化有原,孝亲为大。"此次祭告舜陵的目的之一是册封皇太后徽号。乾隆三十七年(1772年)祭文中有:"孝道以尊亲为大,式仰前型。"此次祭拜亦为册封太后徽号。唯一一次带有"功利性"目的的祭祀,是清康熙三十五年(1696年)因"迩年来,郡县水旱间告",因而向舜帝"为民祈福","冀灵爽之默赞,溥乐利于群生"。

② (元)郭思真:《舜庙记》,载《鸣条舜陵古碑录》,第109页。

图:"继今有贤守令作式是彝典,迪吾民而教化之。耸其善良,惩其不率。俾夫孝友谆让之风洋洋然。"①

明末以降,建构舜帝孝道楷模的现象尤为突出。明万历年间在永济诸冯村(今名舜帝村)树立的"大孝有虞舜帝故里"碑,直接在舜帝名号之前冠以"大孝"二字,这在其他古先帝王的相关古迹中是绝无仅有的。清代修缮舜帝陵庙的诸碑记,凡涉及舜帝之评价,首要强调的大多是"夫舜孝亲而烝乂"②,"巍巍帝德,克谐以孝"③。乡绅邑人题写的舜陵楹联中,歌颂孝道之言比比皆是。虞舜传说中的神异事件也常与孝行挂钩,如清顺治十八年(1661年)的《垣曲重甃舜井并建祠宇神异碑记》提到当地有口奇异的井,"当日惟帝之诚孝,旁通于物类,故井可旁而出,水可溢而升也"。④

前文所引《勤修舜庙序》直白地道出了舜帝陵庙的修整对于民众德孝教化的重要作用:"望尔民及时修整,辉煌庙制。登其堂而过其井,见舜之其子职、历艰辛如此也,其勃焉兴孝。想见舜之笃同气、共忧喜如此也,其奋焉思友。想见舜之耕历山而群让畔、陶河滨而绝苦窳也,从此兴仁让。凡诸父老兄弟其亲被帝舜之德,身沐帝舜之泽者,曷有其极。岂区区沾水泉之利,为万世生民永赖也哉!"⑤

---

① (元)郭思真:《舜庙记》,载《鸣条舜陵古碑录》,第110页。
② (清)吕崇烈:《舜庙寝宫重修募缘疏附记并勒》,载《鸣条舜陵古碑录》,第18页。
③ (清)佚名:《重修舜帝陵庙碑记》,载《鸣条舜陵古碑录》,第41页。
④ (清)董尔性:《垣曲重甃舜井并建祠宇神异碑记》,载《鸣条舜陵古碑录》,第123页。
⑤ (清)许毅:《勤修舜庙序》,载《鸣条舜陵古碑录》,第119~120页。

三

对于舜葬九嶷之事,在唐宋时代已有学者开始怀疑。元结曾表示:"考大舜南巡之年,时已一百一十二岁矣。自中国至苍梧,亦几有万里。……至今山下之人,不知帝居之宫、帝葬之所。……吾实惑而作表。来者游于此邦,登乎九疑,谁能不惑也欤?"①韩愈对此亦有疑问。司马光更是坚定地表达了异议:"或曰《虞书》称舜陟方乃死,孔安国以为升道南方巡狩而死,《礼记》亦称舜葬于苍梧之野,皆如太史公之言。予独以为不然,何如?曰传记之言,固不可据以为实。藉使有之,又安知无中国之苍梧,而必在江南邪?《虞书》陟方云者,言舜在帝位,治天下五十载,升于至道,然后死耳,非谓巡狩为陟方也。"②宋代以来,孟子地位陡增,"卒于鸣条"之语也渐为学者重视,然而质疑多而新论少。明中期的王鏊承继唐宋时的质疑,认为"海州东海县有苍梧山,去鸣条不远,乃知所谓苍梧,非九疑之苍梧也"。③

明末清初,考据之风初起,及清中期臻于极盛。作为儒家道统所在,舜陵的真伪,在儒生心中实为"朝廷大礼所关……似不可因陋传谬"。④河东鸣条舜陵由此渐为学者所重视。关于舜陵的专文考证,始自明代李贽(卓吾)、徐鋆。二人以考据之法梳

---

① (唐)元结:《舜祠表》,收入(明)蒋鐄:《九疑山志》卷五,长沙:岳麓书社,2008年,第34页。
② (北宋)司马光:《司马温公集编年笺注》卷七四,《史剡》之《舜葬九疑》,成都:巴蜀书社,2009年,第435页。
③ (明)王鏊撰,(明)王永熙汇辑:《震泽先生别集》,北京:中华书局,2014年,第10页。
④ (清)《舜陵庙重修记》,载《鸣条舜陵古碑录》,第15页。

理史料,书信唱和,首倡河东舜陵为真。此后,又有张京俊、郭带淮、赵疆等多位学者撰专文进行考证,其中尤以清人张京俊出力最多,先后撰写《舜陵辩》《舜陵后辩》《零陵祠冢辩》《山海经鸣条苍梧考》《舜陵辩申论》等与虞舜有关的数十篇文章,汇编为《舜陵集》。①

在明代,《明一统志》平阳府"陵墓"一节中未载舜帝陵,成化《山西通志》仅"虞都故城"一条中提到有"有虞陵寝"。清初的《读书方舆纪要》称:"鸣条冈……或云舜所葬也。"②至清中期的《嘉庆重修一统志》中,"帝舜陵"已作为专门一条赫然在列,并以较为肯定的口吻写道:"按《礼记》舜葬苍梧,《史记》舜葬九疑。元结、司马光皆辨其非。孟子明云卒于鸣条,当以为断。"③清末杨守敬在《水经注疏》中亦称:"舜葬苍梧,于情事不合……当以帝墓在今安邑为信。"④虽然朝廷公祭舜帝仍在九嶷山始终未变,但在清代士林的学术观点中,对于鸣条舜陵的认同度已显然高过了九嶷山。

---

① 支持鸣条舜陵为真者主要有以下几条例证:首先即《孟子》之遗文,"孟在史迁之前五六百年,则舜陵之疑信当以孟子之言为证",强调《孟子》为"万世不易之定论",并引同样年代较早的《竹书纪年》的相关记载为据,指斥"汉儒"之误。其次,梳理上古文献,从华夏开拓史的角度思考,认为虞夏之际,立国中原,其时三苗未宾,舜帝南巡绝不可能深入至湘南腹地之中。再次,许多学者从地名学上分析,认为苍梧、九嶷等地名所指皆在中原。最后,也有学者根据《道州舜庙碑》文所云"旧无陵庙,天子有事于山下行之,因建庙焉"等唐代记载,攻讦九嶷山舜陵之晚出。
② (清)顾祖禹撰,贺次君、施和金点校:《读史方舆纪要》卷四一,《山西三》,北京:中华书局,2005年,第1906页。
③ (清)《嘉庆重修一统志》卷一五四,《解州》。
④ (北魏)郦道元撰,(清)杨守敬、熊会贞疏,李南晖、徐桂秋点校:《京都大学藏钞本水经注疏》卷三八,沈阳:辽海出版社,2012年,第1757页。

学者对于舜帝、舜陵基于历史考证的认同，成为鸣条舜陵在失去官方祀典地位后不致被人遗忘的重要原因。姑且不论考证结果的孰是孰非，舜陵考辨议题的空前争鸣，无疑给地方人士带来了新的观念与信心。每次舜陵修缮之际，真伪是非问题都会成为修缮缘由之一，刻入碑记当中。早在明代的一次舜陵寝宫修缮工程中，主持者便援引司马光的观点说："司马温公亦尝谓，禹既荐舜，岂复南巡？"①清康熙二十三年（1684年），着意于鸣条舜陵考证的乡贤张京俊为舜陵撰联云："孔壁读误失史官两字之诠百代竟从疑岳祀，汲冢藏开征亚圣一言之信千年犹见若堂封。"②其后，张京俊的《鸣条舜陵考略》被全文镌刻，树碑于舜帝陵内。至民国十二年（1923年），因为该文"征引繁博，论断精详，足辟千古舜葬九疑之谬"，而原碑"字小刻浅，易就漫灭"，又重刻此碑，再次强调了鸣条舜陵之地位。许多修缮碑记更是直接镌刻《孟子》的原文，"群言淆乱衷于圣"③，以当时至高无上的儒家经典以求自证。④

民国二十年（1931年）镌刻的《舜帝庙内献匾联录》碑中收录了19幅明清以来的楹联，其中竟有9幅涉及舜陵真伪之争。如"翠柏有余香对兹蒲坂熏楼犹见中天歌解阜，苍梧非故址阅遍历山妫水始知此地即鸣条"，"在平阳蒲坂之间疑自苍梧返葬，与

---

① （明）相世芳：《舜帝陵庙重修寝宫碑记》，载《鸣条舜陵古碑录》，第12页。
② （清）张京俊：《进联题表文》，载《鸣条舜陵古碑录》，第29页。
③ 杜皎：《安邑县鸣条冈重修舜庙碑》，载《鸣条舜陵古碑录》，第72页。
④ 历代的修缮碑记中，亦有对真伪问题倾向不置可否者。如清乾隆二十八年（1763年）《重修有虞帝舜陵碑记》称："况商汤亦有三陵，一在蒲之荣河，一在亳，一在曹，皆不废厥祀，何独疑舜而喋喋辩其是非？"（载《鸣条舜陵古碑录》，第46页）

负夏诸冯并着迄今翠柏常留","斑竹于今犹有泪,苍梧在昔已传疑","葬卜苍梧古史不无可议,地邻蒲坂虞陵自有真传",等等。如此多的楹联直接申明自身之真、怀疑他者之伪,这在各地祠庙中是十分罕见的。一再辩解反映了当时鸣条舜陵的相对弱势地位,同时也是当时考据学的争鸣带给鸣条舜陵独特的时代印记。

四

克罗齐说:"一切历史都是当代史。"而科林伍德强调:"一切历史都是思想史。"作为上古传说时代的帝王,与其殚精竭虑地在有限的文献中纠缠于舜帝本身的史实,不如对后世如何继承、制造舜帝记忆的过程进行思考。基于历代祭祀、考证舜帝留下的大批资料来看,这一领域尚有广阔的研究空间。

经过百年前疑古学派的廓清,上古史中众多历史人物——包括尧舜在内,已经由实实在在的个体人物,抽象为上古特定时期的代表。当代学者与各方贤达,应该具有跳出真伪之辩的胸怀,历史地对待历史问题。就如陕西黄陵县的"黄帝陵"是到唐代才有的说法,但这丝毫不影响今日炎黄子孙在此寄托我们远绍先祖、凝聚民心的情感。如胡阿祥在《黄帝陵究竟在何处》中即指出:"今天我们每年隆重祭拜、平时庄严瞻仰的黄帝陵,是唐宋时代才定下来的,其可信程度较之北魏时河北涿鹿县南的黄帝庙要稍逊一筹,而较之汉代人心目中今陕西子长县西北的黄帝冢,自然就更逊一筹了。只是虽然如此,却并不妨碍今天的人们到黄陵县的黄帝陵,表达对我中华民族'人文初祖'的敬仰之情,毕竟黄帝作为传说中的伟大人物,衣冠冢到底在什么地方这样的问题,已经不那么重要了,重要且具现实意义的是,历两千多年以来,黄帝已经成为中国民族凝聚力的核心之一,成为中华文明初曙的象征,成为中华儿女、炎黄子孙、两岸同胞都认同的老祖宗。"①

无论上古帝王本人是否存在、史实如何,数百年来关于舜帝陵的维护与争议,恰恰证明了地方治理对于舜帝德孝形象的需求,以及舜帝的历史地位、精神价值对于地方文化建设的不可或缺之处。如何以平和、客观、公允的态度重建当代史学对两座舜陵及其他舜帝遗迹的表述,切实推进德孝文化以更加有效的方式走入公众视野、回归社会文化的核心,才是值得我们深切思考的议题。

---

① 《不变的黄帝,屡变的黄帝陵》,《中国审计报》2005 年 5 月 25 日。

舜帝孝道与天下陈姓

胡阿祥

此次盛会的研讨主题为"舜帝与孝道文化"。在吾华政治史进入世袭时代以前的"禅让时代",作为部落联盟领袖的尧、舜、禹,其以"本事"为基础,又经过层累的建构、书写、丰富与整合而确立的人物形象,各具代表意义,即粗衣糙食的尧成为廉的典型,恭顺忍让的舜成为孝的模范,治水分州的禹成为勤的象征。单以舜言之,如社会影响广泛的元代《二十四孝》之首则"孝感动天",所述就是舜的事迹:

> 虞舜,瞽瞍之子。性至孝。父顽,母嚚,弟象傲。舜耕于历山,有象为之耕,鸟为之耘。其孝感如此。帝尧闻之,事以九男,妻以二女,遂以天下让焉。

这样的"孝感动天",联系着昏庸顽固的父亲、狡黠奸诈的继母、恶毒傲慢的同父异母弟弟三个角色。值得注意的是,如此的叙事语境,正是表彰感天动地的孝道时所常用的典范。以同样列入《二十四孝》的王祥(184—268)"卧冰求鲤"为例:

> 晋王祥,字休征。早丧母,继母朱氏不慈。父前数谮之,由是失爱于父母。尝欲食生鱼,时天寒冰冻,祥解衣卧

冰求之。冰忽自解,双鲤跃出,持归供母。

王祥也有位同父异母的弟弟王览(206—278),只是相对于傲之欲害舜命、谋夺舜妻,王览十分敬爱王祥,王祥、王览这对同父异母兄弟乃至成为"兄友弟恭"的典范。

倡行孝道与教化社会两者之间,又是相得益彰、彼此激扬的关系,这正切合了"善有善报"的中华传统理念。以言舜帝,《二十四孝》所配之诗吟咏:"队队春耕象,纷纷耘草禽。嗣尧登宝位,孝感动天心",又"孝行至淳脱险境,感象化鸟点生灵。动君择婿续天命,天下归心新贤英"。再言王祥、王览,王祥最后官拜太保,王览位至光禄大夫,王氏子孙尊奉着王祥"信德孝悌让"的家训,世世进取,代代努力,琅琊王氏由此成为簪缨世家,享有中古第一高门的美誉。

然则前后接续的王祥之孝顺、王览之恭悌与琅琊王氏子孙因之而"九代公卿"的真实事迹,也表现在虽然相隔数代、却也悬远继承的舜帝与陈姓那里。在传统史学的叙述语境与社会大众的认知追忆中,陈姓溯源于舜帝,而作为舜帝后裔,舜帝及其孝行事迹、孝子形象、孝道精神、孝祖地位的影响,可谓德泽绵长,并迄为"天下陈姓"奕世流传的文化符号与道德象征。

按早在2011年5月,笔者曾经接受委托,在浙江省长兴县博物馆梁奕建馆长、浙江工业大学秦邑文化展示设计研究所王青所长的协助下,为长兴县"陈武帝故居陈列馆"撰写文案。该文案由"前言""陈皇故里""陈朝沧桑""佛国盛典""天下陈姓"

"结语""楹联与礼赞"等部分组成。① 今即选取并稍加删节"天下陈姓"部分②与"结语"、"楹联与礼赞",提交会议参考。笔者之意,在以陈姓3000余年的发展变迁过程,为本次会议的主旨"舜帝与孝道,是中华优秀传统文化的根底之一"添加一条鲜活具体的注脚。

"炎黄子孙,不忘始祖。"数千年来的中华大地,姓氏纷杂,家族繁衍,开枝散叶,分房别支。几多的悲欢聚散,记录着中华先祖筚路蓝缕的创业历程,折射着中华民族亲和凝聚的文化魅力,写照着中华人民生生不息的无穷力量!

"赵钱孙李,周吴郑王。冯陈褚卫,蒋沈韩杨",在北宋初年成书的《百家姓》中,陈姓位居第十;而按照人口数量计算,陈姓排在王、李、张、赵、刘之后,为宋朝第六大姓。

时至今日,按照截至2010年11月1日零时的第六次全国人口普查资料,陈姓已为全国第五大姓,仅次于李、王、张、刘,总人口5436万,约占全国汉族人口的4.53%。空间分布方面,南方地区多陈姓,如在广东、福建、台湾、海南、浙江五省,陈姓都为省内第一大姓;重庆、江西、湖南、江苏、上海、贵州六省(直辖市),陈姓则居第3位;其他各省(自治区、直辖市),陈姓的位次分别是:湖北、安徽第4位,四川、广西、云南第5位,宁夏第6位,河南、北京、天津、甘肃、青海第7位,山东、山西、辽宁、河北、

---

① "陈朝沧桑"部分,曾以《"历览前贤国与家,成由勤俭败由奢"——浙江长兴陈武帝故居"帝乡佛国"陈列展览之"陈朝沧桑"部分文案》为题,发表于《南京晓庄学院学报》2011年第5期。及后,中央电视台电影频道制作的百集历史纪录片《中国通史》第38集《陈朝兴亡》,多有参考此文。

② "天下陈姓",纷繁复杂,而且许多问题说法不一。本文案撰写的基本原则是删繁就简、涵盖尽量全面,并按长兴方面的要求,增补了若干的现代陈姓人物。

黑龙江、陕西、吉林第8位,内蒙古第10位。

天下陈姓,其起源与演变情况怎样?陈姓天下,其郡望与名贤如何?千枝万叶,陈姓怎样遍及五洲?归心中华,陈姓如何报效民族与国家、故里与乡邻?顺着陈朝的历史、续着佛家的缘分,让我们向上寻根,细说根深叶茂的天下陈姓,往下梳流,历数光前裕后的陈姓人物……

【材料】袁义达、张诚著《中国姓氏:群体遗传与人口分布》(华东师范大学出版社,2002年):先秦时期,陈姓主要活动于今河南、安徽、湖北地区;五代十国时期,陈姓成了东南地区第一大姓;宋朝时期,全国形成了以闽粤赣湘、苏浙、四川、河南为中心的四大块陈姓聚集地;明朝时期,全国重新形成了浙苏皖鲁、赣闽粤湘两大块陈姓人口聚集地区,并向东、向南分离;当代则形成了长江以南多陈姓、长江以北少陈姓的分布格局。

【材料】当代陈姓人群的血型分布:O型33.5%;A型29.1%;B型28.5%;AB型8.9%。

一、以国为姓,起源淮阳

西汉司马迁《史记·陈杞世家》:

陈胡公满者,虞帝舜之后也。昔舜为庶人时,尧妻之二女,居于妫汭,其后因为氏姓,姓妫氏。舜已崩,传禹天下,而舜子商均为封国。夏后之时,或失或续。至于周武王克殷纣,乃复求舜后,得妫满,封之于陈,以奉帝舜祀,是为胡公。

由太史公司马迁的这段记载,我们可以知道:

首先,陈姓的血缘鼻祖,是"五帝"之一的舜。舜,有虞氏,名重华,史称"虞舜"。尧帝时命舜摄政,巡行四方。尧去世后继位,挑选贤人,治理民事,并选择治水有功的禹为继承人。后来禹传位给自己的儿子启,启是中国历史上第一个可信朝代夏的开国之君。

其次,陈姓的得姓开山祖,是舜帝的三十四世孙妫满。周武王灭商后,追念古代圣王,寻访他们的后人,并加以分封。其中妫满被封到陈地(地名"陈"得自帝尧的母亲陈锋氏部落的故地),建立陈国,奉祀帝舜,建都宛丘(今河南淮阳县),有今河南东部和安徽的一部分,是西周时期的十二诸侯之一。妫满去世后,谥号"胡公",史称"陈胡公满"。陈胡公满既是陈国始君,其后代以国为姓,这才产生了陈姓,所以陈胡公满又是陈姓的得姓开山祖;连带着,今河南淮阳被视为陈姓的发源地,至今淮阳仍冠有"老陈户"的别称。

另外,以陈为姓的第一人,是陈胡公满的十世孙陈完。周武王始封的陈国,存在了将近600年,到了第二十世闵公越时,公元前479年为楚国所灭。而在前672年,为避陈国内乱,陈厉公之子完出奔齐国,被任为管理百工的工政。完为了表示不忘故国和先祖,以国为姓,陈完也就成了以陈为姓的第一人;而因完食邑于田,又为田姓。陈(田)完的后代逐渐强大,到了公元前378年的田和时,终于夺取了姜姓的齐国政权,屹为"战国七雄"之一。传到齐王田建时,公元前221年为秦国所灭。至此,秦国方才完成了统一大业,建立秦朝;而在齐国灭亡之前,田建的第三子田轸担任楚相,封颍川侯,迁居颍川,又恢复了陈姓。

二、颍川流泽,文范其芳

很多陈姓住宅的门额,都题着"颍川流泽"之类的字样,即他们自认是颍川陈姓的后代,而颍川陈姓的始祖,是东汉的陈寔。

陈寔(104—187),迁居颍川、恢复陈姓的陈轸的裔孙(轸→婴→余→轨→审→安→恒→愿→齐→源→寔),字仲弓,颍川郡许县人,故居在今河南长葛市东的古桥乡陈故村。少作县吏,为都亭佐,有志好学,县令邓邵使入太学就业。后复招为吏,迁任太丘县(今河南永城市西北)长。陈寔一生严于律己,宽以待人,中庸为本,仁义为怀,为官清正,深受民众爱戴。84岁在家逝世时,数百人为他披麻戴孝,各地赶来送葬者三万多人。后谥"文范先生",故居被改建为文范祠。

陈寔有子六人,父子都以德行著称,颇具威望。发展到魏晋时,颍川陈氏成为高门。魏晋以降,冠盖相继,后裔繁衍,迁居各地。其中裔孙陈达于西晋末年担任长城县(今浙江长兴县)令,卜居此地,将近200年后,传到了陈霸先,开基立国,创建陈朝,是为陈武帝。① 及至陈叔宝失国,王公百司播迁长安,隋唐五代时期,陈皇后裔则散布各地,并多有显贵不替者。

【图表】《新唐书·宰相世系表》所叙颍川谱系陈朝一族:一世陈寔→二世陈谌→三世陈忠→四世陈佐→五世陈准→六世陈伯眕→七世陈匡→八世陈世达(陈达)→九世陈康→十世陈英→

---

① 按陈霸先开国,建国号为"陈",这在中国历史上是个特例。传统儒家的政治原则是不以"国姓"为"国号"。东汉《白虎通德论·号》云:"不以姓为号,何?姓者,一字之称也,尊卑所同也。诸侯各称一国之号,而有百姓矣。天子至尊,即备有天下之号,而兼万国矣。"然而陈霸先却"以姓为号",这反映了陈霸先彰显陈姓起源与陈姓辉煌历史的意图:陈霸先的祖籍地颍川,本在舜帝之后,谥为胡公的妫满的封域范围内,西周初年,胡公满的封国名为"陈";陈国灭于楚国后,子孙又以国为氏。如此,胡公满成为陈霸先追尊的陈姓皇室之始祖,始祖胡公满的封"陈"也就成了陈霸先新建皇朝的国号。参考胡阿祥:《吾国与吾名:中国历代国号与古今名称研究》,第九章第三节,南京:江苏人民出版社,2018年。

十一世陈公弼→十二世陈鼎→十三世陈高→十四世陈咏→十五世陈猛→十六世陈道巨→十七世陈文赞①→十八世陈谈先②→十九世陈顼③

【浮雕】梁上君子。《后汉书·陈寔传》:"时岁荒民俭,有盗夜入其室,止于梁上。寔阴见,乃起自整拂,呼命子孙,正色训之曰:'夫人不可不自勉。不善之人未必本恶,习以性成,遂至于此。梁上君子者是矣!'盗大惊,自投于地,稽颡归罪。寔徐譬之曰:'视君状貌,不似恶人,宜深克己反善。然此当由贫困。'令遗绢二匹。自是一县无复盗窃。""梁上君子"从此成了世代流传的成语。

【碑文】相传陈寔所撰《贤孝图序》:"人生在世,谁无父母,孰非人子?为人子者,当尽其孝矣。夫孝,天之经也,地之义也,民之行也。置之而塞乎天地,溥之而横于四海,施诸后世而无朝夕。古之贤者,无一不孝,所有孝子,皆忠臣也。谨给《贤孝图》刊石,法古今之完人,倡忠孝之伟业,以期寄厚望于来者。舜日再现,宇宙澄清。五德化天下,社会永太平。"

【碑文】东汉蔡邕《陈太丘碑》:"于皇先生,冠耀八荒。阐德之宇,探道之纲。继期立表,以训四方。惟亮天工,群生之望。高明允实,有馥其芳。戴德奕世,休有烈光。钦慕在人,旧有宪章。过牧斯州,庶奉清尘。弃予而迈,靡瞻靡闻。嗟我怀矣,曷所咨询。告哀金石,式昭其勤。"

---

① 陈文赞三子,谈先、霸先、休先,霸先即陈武帝。
② 陈谈先二子,蒨、顼,蒨即陈文帝,顼即陈宣帝。又陈蒨长子陈伯宗即陈废帝。
③ 陈顼生有四十二子,长子叔宝,即陈后主。

三、江州义门,天下无双

"天下陈姓出江州,江州先祖在长兴。"

这是一副陈姓族人熟悉的楹联。"江州先祖在长兴",是说江州义门陈姓是长兴陈皇的后裔,长兴是陈姓魂牵梦萦的地方;"天下陈姓出江州",是说江州义门陈姓千枝万叶,遍及五洲。

江州义门陈姓的先祖,是陈宣帝陈顼第六子、宜都王陈叔明。《陈书·陈叔明传》:"宜都王叔明字子昭,高宗第六子也。仪容美丽,举止和弱,状似妇人。太建五年,立为宜都王,寻授宣惠将军,置佐史。七年,授东中郎将、东扬州刺史,寻为轻车将军、卫尉卿。十三年,出为使持节、云麾将军、南徐州刺史。又为侍中、翊右将军。至德四年,进号安右将军。祯明三年入关,隋大业中为鸿胪少卿。"

江州义门陈姓的始祖,是陈叔明十二世孙陈旺。唐文宗太和六年(832年),陈旺迁江南西道江州浔阳县太平乡常乐里永清村(今江西九江市德安县车桥镇义门陈村)。陈旺以孝道治家,撰家规,建书堂,江州陈姓日益昌盛。唐僖宗中和四年(884年)御笔亲题"义门世家",唐昭宗大顺元年(890年)旌表孝悌,赐立"义门",从此习称"义门陈氏"。此后,南唐升元年间敕立义门三阁;宋太祖御笔亲书"义门陈氏"匾额,赐书而面题"真良家"三字,赐家世次第十二字(知守宗希公汝才思彦承行继);后来的多任皇帝,也都旌表义门,赐字赠联,义门陈氏可谓荣耀无比。

荣耀无比的义门陈氏,却也隐含着难以解决的困难、无法纾解的压力。到了北宋中期,聚族而居者已经将近四千口,这样的人丁兴旺,同时也意味着人满为患;而且义门陈氏在朝在野的势力与影响都太大,也成了统治者的隐忧。于是,在义门陈氏的积极配合下,宋仁宗嘉祐七年(1062年),朝廷派出奉旨监视的地方官员,与族中长老一起,分家析产为291庄,门中各行派依次抽签,以定迁居的去向与产业。至于随后的迁居,则使得义门陈氏仿佛一筐又一筐的珍珠,撒向了全国各个省区市(已知者如江西、福建、江苏、浙江、湖北、安徽、湖南、广东、山东、山西、河南、河北、四川、贵州、广西、海南、陕西、上海、天津),接着便产生了名副其实的"天下陈姓出江州"的说法,也便产生了陈姓门额多见"义门世家"的现象。

【场景】江州义门表台,有宋仁宗御赐对联:"三千门内同居第,五百年前共造家"(门联),"庄分七十二州郡,人间第一;义聚三千七百口,天下无双"(堂联),"周时班爵胡公胄,宋室建访高士家"(又联)。

【碑刻】《陈氏祖训》:"明明我祖,汉史流芳,训子及孙,悉本义方。仰绎斯旨,更加推详,曰诸裔孙,听我训章。读书为重,次即农桑,取之有道,工贾何妨。克勤克俭,毋怠毋荒。孝友睦姻,六行皆臧,礼义廉耻,四维毕张。处于家也,可表可坊;仕于朝也,为忠为良,神则佑汝,汝福绵长。倘背祖训,暴弃疏狂,轻违礼法,乖舛伦常。贻羞宗祖,得罪彼苍,神则殃汝,汝必不昌。最可憎者,分类相戕,不念同气,偏论异乡。手足干戈,我心忧伤,愿我族姓,怡怡雁行。通以血脉,泯厥界疆,汝归和睦,神亦安康。引而亲之,岁岁登堂,同底于善,勉哉勿忘。"

【碑刻】《义门陈氏家范》十二则:"尊朝廷,敬祖宗。孝父母,和兄弟,严夫妇,训子孙。隆师儒,谨交游。联族党,睦邻里。均出入,戒游惰。"

四、异宗同姓,同宗异姓

"颍川流泽""长兴陈皇""义门世家",陈寔、陈霸先、陈旺,天下陈姓追兹念兹,往往在此。其实,几千年的文明,上千载的演化,数百岁的变迁,今日的五千多万汉族陈姓,来源极其复杂,不仅只是颍川、长兴、义门之后裔,而那些非陈姓的人士,又或许曾是陈姓家族的一员。

比如汉族异姓甚至非汉民族异姓融入陈姓者颇多。魏晋的广陵人陈矫本姓刘,十六国的匈奴人陈元达本姓高,北魏鲜卑族大姓侯莫陈改姓为陈,隋朝的陇右胡族陈永贵本姓白,唐朝的海宁陈氏一支本姓曹,元朝的海宁陈氏一支本姓高,北宋末年陈景言本姓刘,元末红巾军领袖陈友谅本姓谢,明末清初秦淮粉黛陈圆圆本姓邢。这是异宗而同姓。

比如汉族陈姓改为非汉民族姓者不少。西魏大将陈欣被赐姓尉迟,辽朝勇士陈昭衮被赐姓耶律。如果向上追溯,从血缘鼻祖舜帝算起,那么有虞氏舜的姚姓、陈胡公满的妫姓、妫完的陈姓与田姓,以及相关的虞姓、胡姓,可谓"六姓同宗";而同宗异姓的舜裔以及胡公后裔,还有袁、庆、夏、宗、招、司徒、敬、原、孙、陆、单、王、车等等。这是同宗而异姓。

陈姓又不仅是汉族之姓,也是非汉民族之姓。南朝的陈双是蛮族,陈宝应是越族;唐朝的陈文玉是俚族,陈行范是僚族;元朝的陈文桂、陈桂龙、陈吊眼是畲族;明朝的陈喜是蒙古族,陈友是回族;清朝的陈大鹏是苗族,陈大陆是侗族,陈继宗是回族。诸如此类的非汉民族陈姓名人,不胜枚举。这又是异宗而同姓。

陈姓还不仅是中国人之姓,也是外国人之姓。比如相当于中国宋末到明初时,越南历史上的大越陈朝,国王姓陈,祖籍中国福建;时至今日,陈姓仍为越南十大姓之首。这又是同宗而同姓。

异宗同姓,同宗异姓。陈姓如此,诸多的其他姓氏也是如此。而由此去理解北庙、南院、三尧陈姓,去梳理陈姓的颍川、广陵、河南、下邳、东海、汝南六大郡望,去看待台湾第一大姓以及港澳的陈姓,去亲近日本琉球、美国夏威夷、东南亚各国乃至世界各地的陈姓,便可以得到释然:一本千枝、千枝万叶的陈姓既多,异宗另派、开花结果的陈姓也非稀少,两者共同显示着泱泱陈姓的光芒!归根结底,佛家说法:同为陈姓,便是缘分;同为汉族,便是缘分;同为中华民族,便是缘分!

【画像】北庙始祖陈元光:陈元光(661—711),唐光州固始(今河南固始县)人,字廷炬,号龙湖。东汉陈寔后裔。总章二年(669年),随父岭南行军总管陈政入闽,进驻漳州地区。父卒袭职。垂拱二年(686年)上书朝廷,"请建一州泉潮间,以控岭表",始于漳州设治,并进行移民,鼓励开垦屯田,兴办学校,推广中原文化,招抚畲民等。其后人繁衍生息,很快成为闽地望族,称之"龙湖派";陈元光也被推为"北庙始祖",誉为"开漳圣王"。到了明代,元光后裔赴台者颇多,成为台湾陈姓的重要一支。

【照片】台湾圣王庙:台湾谚语"陈林半天下,郑黄排满街","陈林蔡,陈氏占一半"。现在台湾各地有圣王庙百余所,可见陈元光后裔在台湾陈姓中所占比例之大。

【画像】南院始祖陈邕:陈邕,唐京兆万年(今陕西西安市)人。东汉陈寔后裔。唐中宗朝进士,官至太子太傅,是唐玄宗李隆基的老师。因与"口蜜腹剑"、位居相位的李林甫不和,开元二十四年(736年)被贬入闽。其后人在泉漳一带繁衍为一大宗族,家谱称"太傅派",当地尊陈邕为"南院始祖"。唐末黄巢起义,陈邕后裔迁岭南者颇多;及至五代北宋,其裔孙泉州仙游人陈洪进一支人丁兴旺，官势显赫，成为闽南望族。

【绘图】三尧世家：北宋真宗时，陈皇后裔、阆州阆中（今四川阆中市）人陈省华三子尧叟（961—1017）、尧佐（963—1044）、尧咨（970—1034），二人中状元，一人中进士，两位当宰相，一位任节度使，同朝显贵，政绩卓著，三尧世家，名垂青史。元代剧作家关汉卿有感于陈母冯氏教子事迹，撰成《状元堂陈母教子》剧本，影响深远。

【地图】大越陈朝：越南陶维英《越南历代疆域》（商务印书馆，1973 年）图五"陈朝末期的大越国"）

【文字】1225 年至 1400 年间，祖籍中国福建的陈姓在越南建国，国号"大越"，首都升龙（今河内）。因为君主姓陈，故称"陈朝"。大越陈朝君主与在位时间如下：

太宗陈煚（1225—1273 年在位）

圣宗陈晃（1273—1279 年在位）

仁宗陈昑（1279—1293 年在位）

英宗陈烇（1293—1314 年在位）

明宗陈奣（1314—1329 年在位）

宪宗陈旺（1329—1341 年在位）

裕宗陈暭（1341—1369 年在位）

昏德公陈日熞（1369—1370 年在位）

艺宗陈暊（1370—1373 年在位）

睿宗陈曔（1373—1377 年在位）

废帝陈晛（1377—1388 年在位）

顺宗陈颙（1388—1398 年在位）

少帝陈安（1398—1400 年在位）

五、云蒸霞蔚,星光璀璨

陈姓之名门望族,云蒸霞蔚,为千古盛事:

如政治世家,有宋代四川阆州"荣盛无比"的陈省华家族,清代山西阳城显赫鼎盛的陈廷敬家族,清代浙江海宁具有传奇色彩的陈世倌家族……

如武职世家,有明朝平江侯合肥陈瑄家族,清朝三等公榆林陈福家族……

如学术世家,有宋代洛阳陈与义家族,清代宜兴陈维崧家族,清代义宁陈宝箴家族……

陈姓之古今人物,星光璀璨,被举世传颂:

陈胜,秦末农民大起义领袖。

陈平,西汉初年贤相。

陈蕃,不畏强暴、与宦官抗争的东汉党锢名士。

陈琳,东汉末年著名的"建安七子"之一。

陈寿,《三国志》作者,西晋著名史学家。

陈庆之,南朝梁时战功赫赫的名将。

陈祎,法名玄奘,佛教法相宗创宗人,唐朝西行取经的三藏法师,《西游记》中唐僧的原型。

陈子昂,李白誉为"麟凤"、杜甫尊为"雄才"的唐朝诗人。

陈抟,五代北宋间最著名的道教人物,人称"陈抟老祖",《太极图》出自其手。

陈东,北宋太学生运动领袖。

陈亮,南宋提倡经世济民的著名思想家与爱国词人。

陈献章,明代大儒,被赞誉为"岭南一人""岭学儒宗"。

陈璘,明朝万历中援朝抗倭的名将。

陈继儒，"享高名，食清福"的明末文学家、书画家。

陈矩，明朝持正办事的司礼太监。

陈洪绶，明末清初削发为僧、"借僧活命"的杰出艺术家。

陈邦彦，当得起"忠义仁勇"的抗清英雄。

陈潢，清初"博古通今"的治河专家。

陈梦雷，迄今最大的清编类书《古今图书集成》的主编。

陈伦炯，著有《海国闻见录》的清代航海家。

陈化成，鸦片战争中抗击英军、为国捐躯的江南水师提督。

陈玉成，太平天国英王。

陈宝箴，清末刚直不阿、推行新政的湖南巡抚。

陈少白，与孙文结拜为兄弟的清廷"四大寇"之一。

陈天华，著有《猛回头》与《警世钟》的清末民主革命宣传家。

时至现代，陈独秀、陈云、陈毅、陈赓、陈锡联、陈丕显、陈垣、陈寅恪、陈果夫、陈立夫、陈布雷、陈诚……数风流陈姓人物，影响着甚至决定了中国现代的政治、军事、文化、经济以及社会生活的方方面面。

历史悠久、分布广阔、人口众多的陈姓，名门望族如林，古今人物若星，帝王将相、士农工商、英雄忠烈、渔樵耕读、医卜历算、高僧名道，如此等等，各领风骚，立德立功，立言立范。陈姓重教好学、孝友勤俭的家族精神，由此彰显；尊祖爱国、开拓进取的人物风貌，由此呈现！

【材料】袁义达、张诚著《中国姓氏：群体遗传与人口分布》。据《中国人名大辞典》统计："陈姓历代名人1218名，占名人总数的2.68%，排在名人姓氏的第三位；陈姓的著名文学家占中国历代文学家总数的3.94%，排在第五位；陈姓的著名医学家占中国历代医学家总数的4.4%，排在第三位。"

六、走向世界，归心中华

明清时代，迁居海外的陈姓以广东、福建两省为主。迄乎今日，在东南亚、在欧美、在世界各国，都有着中华陈姓的踪迹。这些走向世界的海外陈姓，身在异乡，心系故土，以一片赤子之情，抒写着归心中华的篇章！

明万历年间，经商于琉球群岛的福建同安人陈申，得知日本军阀丰臣秀吉集兵九州，准备进犯朝鲜和辽东时，几经周折，把情报送至大明，为明朝联合朝鲜进行抗倭战争赢得了主动权。

清末，广东南海人、南洋华侨富商陈启源返乡兴办实业，他所办的机器缫丝厂三起三落，最终带动了广东机器缫丝业的大发展，提高了中国生丝在国际市场的竞争力。

清末民初，广东台山人、旅美华侨陈宜禧暮年立志，携同大部分资产，历尽艰辛，在家乡修建铁路153公里。最后病故家乡时，身后仅留下3间房子和20亩薄田。

被毛泽东称誉为"华侨旗帜，民族光辉"的陈嘉庚(1874—1961)，福建同安县集美(现厦门市集美区)人，著名的爱国华侨领袖、企业家、教育家、慈善家、社会活动家。早年随父陈杞柏往新加坡经商，后经营菠萝和橡胶种植业。1907年加入同盟会，曾以巨款资助辛亥革命。嗣后长期从事华侨和家乡的文化教育公益事业。1912年到1920年间，先后在集美创办小学、中学、师范、水产、航海、农林、商科等学校。1918年在新加坡创办南洋华侨中学。1921年克服重重困难创办厦门大学。1928年5月"济南事件"后，在新加坡发起华侨抵制日货运动，并成立济南惨案筹赈会，任会长。1931年"九一八"事变后，在新加坡召开侨民大会，号召救国捐款和抵制日货。1938年在新加坡成立南洋华侨筹赈祖国难民大会，历任会长。在抗日战争、解放战争、新中国建设事业中，亦作出了卓越贡献。厦门大学、集美大学两校师生尊称陈嘉庚为"校主"。晚年的陈嘉庚，请人在集美鳌园刻录"台湾省全图"，念念不忘国家统一、台湾回归！

被邓小平称誉为"全世界也只有一个"的陈香梅女士，祖籍广东南海县，1925年出生于北京。著名社会活动家、侨领。先后就读于圣保罗书院、真光中学和岭南大学。1944年加入中央通讯社昆明分社，成为中央社的第一位女记者。1947年与美驻昆明的第十四航空队司令、美国人陈纳德将军结婚。1949年迁居台湾。1958年陈纳德将军逝世，1960年移居美国。从此，她孤身奋斗，以惊人的勇气和毅力进军美国政界与商界，并且大获成功。从肯尼迪以来的各位美国总统，都对她委以重任。陈香梅女士具有浓厚的中国情结，以自己是中国人感到骄傲。她致力于中美关系的恢复与发展，享有"中美民间大使"的美誉。1981年元旦前后，她作为美国总统里根的特使访问北京，在欢迎宴会上，邓小平让陈香梅坐第一贵宾的位置，而让参议员史蒂文斯坐在次席。邓小平说："陈香梅坐第一，参议员史蒂文斯先生坐第二，因为参议员在美国有一百多个，而陈香梅嘛，不要说美国，就是全世界也只有一个。"陈香梅女士热心陈姓文化事业，她是河南淮阳"陈胡公文化研究会"名誉会长。陈香梅女士关爱长兴这块热土。2003年10月，她为长兴"陈霸先研究中心"题词"陈宗长兴，万世灵光"，并担任名誉主席；2005年，她担任长兴县图书馆名誉馆长；2008年，她将大量珍贵手稿赠与长兴县图书馆。

【照片】2006年10月10日，"江州义门陈故居文史展览馆开馆暨陈始祖旺公千年大祭典"活动，来自湖北、广东、福建、香港、台湾以及英国、美国、比利时的"陈家人"，赶回江西德安车桥镇义门陈村认祖归宗。

【照片】由中华陈氏宗亲联谊总部中国周口陈氏文化研究会、淮阳陈胡公文化研究会主办的"2007年春季寻根谒祖暨文化交流大会"在淮阳举行,盛况空前。

【照片】2003年11月中国长兴纪念陈武帝诞辰1500周年系列活动。

结　语

"以史为鉴,可知兴替。"

从长兴的"圣井"到南京的"辱井",33年的陈朝风雨沧桑,让人驻足。

从陈达的卜居江南长兴,到陈叔宝的魂归中原邙山,300年的陈皇前世今生,令人感悟。

从陈胡公满的受封建国,到当今中国5000多万的汉族陈姓人口,3000余年的陈姓生息繁衍,使人振奋。

33年的陈朝历史是短暂的,5位的陈皇数量是微小的,甚至5000多万的陈姓人口也是不值得特别夸耀的;然而,对于"帝乡佛国""太湖明珠"的江南望县长兴来说,陈朝、陈皇、陈姓,却是弥足珍贵的历史记忆,鲜明突出的文化符号,形象独特的地域象征,你无我有的民俗标志!

现实中有活着的历史,历史传承至今就是现实。今日的长兴,正承载着陈朝、陈皇、陈姓等等先贤的福泽,由箬溪时代迈向太湖时代,而那些昨天的历史,恰如一泓永续的清泉,滋润着长兴的大地……

楹联与礼赞

楹联：

　　箕裘金子，袍笏文孙，颍川郡凤毛世胄；

　　南国旌旄，东宫衣钵，李唐时虎拜龙庭。

礼赞：

　　智以绥物，武以宁乱；隆功茂德，光有天下。伟哉陈武！

　　南方崛起，正统屹然；贻鉴千秋，风雨沧桑。美哉陈朝！

　　舜裔流芳，蔚起帝皇；千枝万叶，彪炳华章。盛哉陈姓！

【碑亭】碑亭命名为"甘露亭"，以喻世泽绵长。亭的两侧用台北德星堂"全台陈氏宗祠"楹联，此联内容包括了陈武、陈朝、陈姓的辉煌业绩；碑的正面为陈武帝线图画像，背面阴刻陈姓分布图，上刻本人拟撰的礼赞，赞语概括全部展览内容。

陈氏族谱中的孝德传承

陈　锋

远古时期的舜帝为中华民族的孝德始祖,因国号"有虞",又称虞舜。《史记·五帝本纪》云:"天下明德,皆自虞舜始。"《尚书·舜典》云:"德自舜明。"造就了"尧仁舜孝,规天模地"的历史楷模①,为后世所敬仰,所传承。

舜帝以"孝德"名世,以"孝感动天"立根立基。其德其行,泽被后世。作为舜帝的后裔,陈氏不但是历史上的著姓,而且亦传承了虞舜的孝德,历史上有所谓"陈氏忠孝之家,天必闵之","自秦汉来,陈氏孝悌忠信,立名当时,而著见后世"之说②。

陈氏如何传承舜帝的孝德?如何发扬光大中华民族的孝文化?当然有多种途径。笔者在这里主要论述陈氏族谱编撰以及陈氏族谱中所记载的家规、家训对孝德的传承。

---

　①　《历代名臣奏议》卷一五五,《知人》。
　②　虞集:《道园学古录》卷一〇,《题跋》。苏天爵:《元文类》卷六九,《传》。

一、《陈氏族谱》编撰中的"家文化"

族谱或称家谱、世谱、宗谱、谱牒，主要有两种基本模式，即欧式、苏式。欧式又称横行体，由北宋文学家欧阳修创立，其特点是世代分格，五世一表。苏式又称垂珠体，由北宋文学家苏洵创立，其特点是世代直行下垂，主要是强调宗法关系。另外又有宝塔式、牒记式等。族谱在形式上是一种表谱记述，其实质则是一姓一族之史记，"祖之有谱，犹国之有史"①，用以记载以血缘关系为主体的家族世系繁衍，以及传记、姻配、恩荣、祠堂、坟茔、族产、契约、宗规家训等。族谱编撰的起源甚早，有学者认为，其起源至少可以追溯到先秦时代，周代已有史官修谱制度并撰有《世本·帝系篇》。但那时的所谓族谱毕竟与后代不同。一般意义上的族谱应该是兴起于汉魏，繁荣于宋代以后。汉代以后，一般著姓大族已经比较普遍地编撰族谱。

《陈氏族谱》在编撰过程中，往往请名人作序，从笔者查阅的有关陈氏族谱的序中，可以看出陈氏修撰族谱的两个特点：

第一，注重族谱家世信史的传承和编撰体例的创新。明人王袆《(宣城)陈氏族谱图序》云：

> 宣城陈氏，世为其郡衣冠，家有仕南唐为刑部尚书者……宣城之有陈氏，自尚书始……自尚书而下，及今十有六世，子孙蕃衍，其间以才学自见者，殆不可悉数，故有族谱以纪世次。……汉魏以降，宗法废而门第盛，于是谱牒之学兴焉。族之有谱，其犹宗法之遗意欤。宋世言族谱者二家，曰

---

① 甘簹：《义门陈氏大同宗谱序》，《雅言》卷五。

庐陵欧阳氏,眉山苏氏,而二家之法,厥各不同……宗法既废之后,圣人叙天伦,系人心,明教原,敦政本之遗意,犹粲然于族谱见之。……陈氏之族远矣,其所为逾远,而可考者以有谱存焉。……盖合欧阳氏、苏氏之法,而兼有之。①

王祎(1321—1372),字子充,浙江义乌人,谥忠文,有《王忠文公集》传世。是明初的著名史学家,以史学家的眼光,王祎为宣城《陈氏族谱图》所写的序,既强调了宣城陈氏的族谱修撰,不枉附上古陈氏名家祖先,以有可靠记载的南唐为起始,以后诸世下传,井然有序。又强调了"汉魏以降,宗法废而门第盛,于是谱牒之学兴"之后,族谱的体例有庐陵欧阳氏和眉山苏氏二家,在编撰体例上,"二家之法,厥各不同",而陈氏族谱,"合欧阳氏、苏氏之法,而兼有之",事实上有了体例的创新。

明人杨士奇《(长乐)陈氏族谱序》云:

陈出虞舜之后,自周历汉晋至唐,代有显人,唐末居光州者,从节度使王审知入闽居玉融,又徙长乐,长乐于今十有八世,子孙愈远而愈盛,而诗书圭组,亦代有显者焉。其谱则十七世孙伯康之所纂辑本,其所从出,而凡支派、尊卑、疏戚之辨,名讳、官爵、生卒、葬娶之详,粲然毕具而不紊。……古之人其谱之善者,今独传欧阳氏、苏氏,陈氏谱其法虽不同,而所以教孝弟、本忠厚之意,则一也。②

杨士奇(1366—1444),名寓,字士奇,以字行。号东里,谥文贞。江西泰和人。官至华盖殿大学士,兼兵部尚书,内阁首辅。先后担任《明太祖实录》《明仁宗实录》《明宣宗实录》总裁,亦是著名史学家。作为权臣和史学家,杨序强调的依然是陈氏族谱

---

① 王祎:《王忠文公集》卷七,《序·陈氏族谱图序》。
② 杨士奇:《东里续集》卷一二,《序·陈氏族谱序》。

的传承有序和编撰体例的取法,在取法欧阳氏和苏氏的基础上,"陈氏谱其法虽不同,而所以教孝弟、本忠厚之意,则一也"。并且,"凡支派、尊卑、疏戚之辨,名讳、官爵、生卒、葬娶之详,粲然毕具而不紊",表现出很高的族谱修撰能力。

另外,像明人刘球、民国时人甘簃的序言,也大致类同。刘球《钱塘陈氏族谱序》云:"谱为族而作,族有谱,然后本支可究,昭穆可明,戚疏可别,亲亲之意于斯乎存,岂以世代不得远叙而废于作谱耶。"①甘簃《义门陈氏大同宗谱序》云:"谱者,亲亲之谊也。世之大族,大抵皆有谱。而推本其先,上至十数世或数十世不绝,宋始独盛,迄今习以为常。则孝友之风,礼法之遗,文献之萃,得相传于不替者,胥为谱是赖。故祖之有谱,犹国之有史,其为用大矣。"②

刘球(1392—1443),字求乐,江西省安福人,参与编修《明宣宗实录》,亦是著名史家。甘簃,即陈灨一(1892—1953),字藻青,号颍川生,为江西"新城陈氏",出身世家。民国年间的著名半月刊杂志《青鹤》的创始人及总编辑,著有《睇向斋秘录》、《睇向斋逞臆谈》、《睇向斋谈往》、《睇向斋随笔》、《睇向斋闻见录》、《甘簃诗文集》和《辛亥和议之秘史》等,为民国时期的闻人,所以,以陈氏子孙而为陈氏族谱作序。

第二,注重家族文化的传承。家族文化的传承是修撰族谱的应有之意,陈氏族谱在修撰中体会犹深。宋人游九言《陈氏谱序》云:"上世风俗,其笃厚孝爱。"但是在一个家族延续数世之后,"支分派别",分居东西南北,"情遂至于相忘",同属一家一族,不相往来。而"兄弟睦者,家必昌,亲党睦者,宗必盛",一个

---

① 刘球:《两溪文集》卷一〇,《序·钱塘陈氏族谱序》。
② 甘簃:《义门陈氏大同宗谱序》,《雅言》卷五。

繁盛的家族,必然讲求家族的和谐。在"世道衰微,同室而处,犹不和协,竞攘讼斗纷如"的情况下,陈氏之修撰族谱,"前辈惧其情之疏,而至于相忘也,是以立名以记之,使后之子孙自西而望者,则不忘兄之所居,自流而企者,则不忘叔之所舍,因所居之名以识之,见上世之意,则孝弟之心或有时而可作,前辈用心如此,后人其可忘之乎"①。意义正在于此。游九言(1142—1206),初名九思,字诚之,号默斋,福建建阳人,是著名的文学家。其序言针对当时家族文化的衰微,对陈氏族谱的修撰,犹多溢美。

元人吴澄(1249—1333),字幼清,晚字伯清,抚州崇仁(今江西崇仁县)人,著有《吴文正集》《易纂言》《礼记纂言》《易纂言外翼》《仪礼逸经传》《春秋纂言》《孝经定本》《道德真经注》等,是著名的经学家,与当世经学大师许衡齐名,并称为"北许南吴"。他的《东川陈氏族谱序》称:"乐安东川之陈,自宋代号为著姓,既富且文,入国朝五十年,而族之隆视昔未替,他族鲜或能及。"之所以如此,并非"先世之所积者厚,所遗者远",而是由于陈氏注重家族文化的传承,子孙"皆肯学"②。

上揭王祎《陈氏族谱图序》也认为,陈氏族谱"皆使人均重其本之所自出,有尊尊之义","各详其支之所由分,有亲亲之道","尊尊亲亲之意尽,而谱法备"。在"天下多故,士大夫家莫不苟简以废礼"的情况下,陈氏族谱"独于此加之意焉,其可谓知礼也"。也就是说,陈氏族谱对家族文化尤为讲求。

明人王直(1379—1462),字行俭,号抑庵,江西泰和人。官至吏部尚书。曾参与撰修《明宣宗实录》。除官员和史学家的身份外,也是著名的诗人和学者,《四库全书总目》称其"诗文典雅

---

① 游九言:《默斋遗稿》卷下,《文·陈氏族谱序》。
② 吴澄:《吴文正集》卷三二,《序·东川陈氏族谱序》。

纯正,有宋元之遗风"。有《抑庵集》及《抑庵后集》传世。他的《泰和陈氏族谱序》称:"自古大家世族,必有宗法以属其子孙,使悠久而不紊。迨宗法废,而族无所统,于是有谱牒以正其本、联其支,此尊祖、睦族之大者也。尊祖,仁也;睦族,义也。尊祖、睦族,而仁义之道行焉。"他认为,"陈氏作谱屡矣,而族属之多,生息之繁",正是由于族谱修撰中的尊祖、睦族①。

二、《陈氏族谱》的家规、家训与孝文化传承

家规、家训,是族谱的重要内容之一,但也不是所有的族谱都有家规、家训的内容。各地各支《陈氏族谱》中,多有家规、家训,从中可以体会舜帝"孝德"和中华民族孝文化的传承。

陈氏家规、家训最著名的是号称唐人陈崇撰写的《义门陈氏家训》(又称家范)和《义门陈氏家规》。《义门陈氏家训》共有十二则,字数繁多,因为流传甚广,不备引,其大要是:(1)尊朝廷,(2)敬祖宗,(3)孝父母,(4)和兄弟,(5)严夫妇,(6)训子孙,(7)隆师儒,(8)谨交游,(9)联族党,(10)睦邻里,(11)均出入,(12)戒游惰。《义门陈氏家规》共有二十条:(1)敦孝弟以重人伦,(2)笃宗族以昭雍睦,(3)和乡党以息争讼,(4)尚节俭以惜财用,(5)解仇忿以重身命,(6)训子弟以禁非为,(7)躬稼穑以知艰难,(8)忍耻辱以保家业,(9)读诗书以明理义,(10)祭祖宗以展孝思,(11)亲师友以成德行,(12)慎交游以免损累,(13)严乘祧以息讼端,(14)禁烟赌以杜下流,(15)置义田以赡贫乏,(16)互守望以防盗贼,(17)主忠信以植根本,(18)守本分以寡过恶,(19)务谦

---

① 王直:《抑庵文集》卷六,《序·泰和陈氏族谱序》。

逊以迓吉益,(20)辨义利以定人品。这些家规、家训从总体上说是对一个家庭、一个家族立身处世、持家治业的行为规范和准则,是多面相的,不单纯是对"孝"而言。

但我们也必须注意到,"孝"具有狭义性和广义性。其狭义性即如《说文解字》对"孝"的解释:"善事父母者。从老省,从子,子承老也。""孝"字是由"老"字省去右下角的形体,与"子"组合而成的会意字,是指老人与子女的关系,具有子女"善事父母"之义,是子女对父母的一种义务、善行和美德。其广义性则如《孝经》所言:"夫孝,德之本也,教之所由生也。……夫孝,始于事亲,中于事君,终于立身。"孝,是一切教化的基础和出发点,舜帝的孝德,是广义性的,是以"始于事亲,中于事君,终于立身"为指向的。也可以说,事亲爱家,是小孝,事君爱国、立言、立功、立德的"立身",是大孝。从陈氏族谱的家规、家训所反映出的"孝德",正涵盖了广义之孝。

尽管如此,我们也注意到,陈氏族谱的家规、家训,因其支派、堂号不同,也有所不同,即如同为义门陈氏族谱,也是不同的。如桐城《义门陈氏宗谱》载其家规有七则,一为修宗谱,二为立宗长,三为严家训,四为重祖坟,五为供赋税,六为敬师长,七为谨名讳。其"修宗谱"云:"宗谱之设,所以重祖宗,考世系,以明水源木本之意。"其"立宗长"云:"宗长乃相宗子者也,须择年高有德者为之。综治一族之事,谨守家规。"其"严家训"云:"春秋祭祀,宗长在祠,谆谕各房长,转谕各房众:淳者,勉其孝友勤俭,悍者,戒其忤逆奢惰。"其"供赋税"云:"凡有产业,必有税粮,务必依期急纳。谚云:公税完,心便宽。"[①]又如岳阳《义门陈氏

---

① 《义门陈氏宗谱》(桐城怀义堂),光绪戊申年木活字本。

宗谱》载有家训二十二则,分别为:敦宗好、孝父母、睦兄弟、秩尊卑、谨婚姻、笃追远、崇学校、劝农桑、急公税、戒争讼、禁奢侈、亲仁贤、遵法度、垂义方、慎继嗣、隆宾客、禁凶狠、正闺门、绝淫欲、安生理、戒醉酒、严伐木。其"孝父母"云:"凡我族姓,为人子者,上则立身行道,扬名后世,以显父母;次则养生送死,诚敬必尽。"其"急公税"云:"公赋乃朝廷军国所急需,义当乐输者。故凡我子姓,于差粮开限追征,及时上纳,不惟省吏胥追呼之扰,而家室亦享凝谧之福。"①从其条目看,虽然各不相同,但所有规条,也是以广义孝德为旨规的。

其他陈氏族谱的家规、家训,其孝德的遵循也大体一致。兹予以示列:

湘潭《东雾山陈氏支谱》家训九则:一曰祠堂之宜隆,二曰谱之宜修,三曰忠之宜尽,四曰书之宜读,五曰耕织宜勤,六曰节俭之宜崇,七曰阴德之宜积,八曰交友之宜慎,九曰邻之宜和。家规十则:一曰亲之宜孝,二曰兄弟之宜应,三曰夫妇之宜正,四曰族之宜睦,五曰婚礼之宜重,五曰名分之宜正,六曰祖茔之宜保,七曰丧祭之宜慎,八曰忍让之宜尚,九曰继嗣之宜亲,十曰溺女之宜禁。其"亲之宜孝"云:"以爱妻子之心爱亲,则无往而不孝。今之为子者,或听枕边言而逆父母,或亲外人而疏父母,或赌博浪游而弃父母。甚至横眼生嗔,逞雄悖叛,种种不孝,天地不容。"其"名分之宜正"云:"近见为子弟者,以长上贫贱之故,遂而颠倒座次,混乱名号,呼名道姓,背手盘足于尊长之前。"指摘晚清之种种不孝情状,谆谆告诫陈氏子孙,"吾族修谱之后,倘有此子,一经房长、族长查出,定以忤逆律重治。如怙恶不悛,凭族众

---

① 《义门陈氏宗谱》(岳阳颍川堂),光绪壬辰木活字本。

置死。其妇有犯,逐回娘家,即行离异。本夫徇庇者,并以罪坐之"①。

浙江剡县《陈氏家谱》所载家训,多达三十四则,即:敬天地、励臣职、崇孝道、宜家室、敦友恭、慎朋交、勤稼穑、习文艺、谨茔墓、明宗祀、辨尊卑、重婚姻、慎丧服、明继立、重茔产、谨名讳、讲称谓、兴家课、养贫士、优斯文、尊师傅、崇俭约、谨言语、慎举动、谨闺教、别嫌疑、规容忍、守法度、端蒙养、安生理、息争讼、和邻里、严祭祀、修宗谱。每一则,都有细致的解释和规定,如"崇孝道"云:"为人子者,何可不孝?孝父母不在朝夕,……父母有田,尽力耕耘,有书,尽力研攻,有过,怡颜劝谏,有疾,左右调治,有忧,百番劝解,有喜,千般顺从,有仇,勿以私情。……天下无不是的父母,即稍有爱恶不平,处分援不公处,亦当顺受,毋许忤逆。"②

萍乡《陈氏族谱》共有族规九则:谱牒当重、蒙养当豫、争讼当止、乡约当遵、祠墓当展、宗族当睦、邪巫当禁、闺门当肃职业当劝。特别强调"三要""四务":"睦族之要有三:曰尊尊,曰老老,曰贤贤……又有四务,曰矜幼弱,曰恤孤寡,曰窘急,曰解忿。"③

《万载陈氏族谱》哉有家规十六条:敦孝悌、重读书、正名分、习礼节、崇学校、勤职业、勤节俭、肃闺门、谨嫁娶、慎继嗣、禁赌博、急输税、重宗祠、重祭扫、重祭祀、重谱牒。认为:"国有律令,为治世之原,家有法纪,正人心之本。……若不预立规矩,为之

---

① 《东雾山陈氏支谱》(湘潭道荣堂),咸丰辛酉木活字本。
② 《陈氏家谱》(浙江剡县思敬堂),光绪丙申木活字本。
③ 《陈氏族谱》(萍乡德星堂),1913年木活字本。

持循,则荡检逾闲之徒出矣。"①

《石岭陈氏族谱》将家训直接分为孝、弟、忠、信、礼、义、廉、节八字(八则),其"孝"云:"父母生我,罔极恩深,提携捧负,哺乳成人,教读婚配,煞费苦心,粉身碎骨,报有不能。"其"忠"云:"大哉忠字,日月齐明,尽忠报国,万古名存"。其"信"云:"人生处世,信字为先,格鱼贯石,誓日指天。"其"廉"云:"凡人洁身,以廉为本,一念贪污,身名俱损。"可谓谆谆告诫。其家规共有十四则,其大要为:(1)禁违犯父母,以笃伦常,(2)禁废弛祭扫,以重报本,(3)禁盗葬盗伐,以妥先灵,(4)禁欺尊凌卑,以敦族谊,(5)禁悔卖转房,以全节义,(6)禁盗窃为非,以肃家风,(7)禁轻生图赖,以全身命,(8)禁赌博抽头,以安生业,(9)禁兴谣造谤,以正人心,(10)禁凶抢强割,以免巨祸,(11)禁唆讼擅控,以息讼端,(12)禁酗酒放肆,以保身家,(13)禁停留匪人,以免贻累,(14)禁房族偏倚,以彰公道。②

从总体上说,陈氏族谱中的家规、家训,既重视族人的道德修养,又注重孝德的传承。所谓"宗法立而善人多,家道严而纪纲正",在家规、家训规范下,陈氏族人"每事效法,以祖宗之念为念",使陈氏成为中华之望族。

---

① 《万载陈氏族谱》(直公祠),1913年木活字本。
② 《石岭陈氏族谱》(长沙雍睦堂),1948年木活字本。

孝道的社会规范建设

——传统时代的乡贤与乡村社会建设

王先明

中国传统孝道文化是一个复合概念,内容丰富,涉及面广。既有文化理念,又有制度礼仪。"夫孝,始于事亲,中于事君,终于立身"(《孝经·开宗明义章》)。立身然后方可言孝。而中国古代的"立身",不外乎"立德、立言、立功"三不朽,这三者之间虽有区别,但总体上来看,都已不再是局限于家庭内侍候父母的范围,而是一种社会的事业。在孝于亲与忠于国的两端,是沟通其中的贤于乡,即乡土社会建设。从某种意义而言,乡贤恰恰是孝亲与忠国的关键之所在,是在家为孝子与在国为忠臣的社会文化规范建设的中间环节。

本文立足于此,谈一下乡贤在传统社会文化建设的地位与影响,从另一个层面阐释以孝道为根基的中国特色文化建设问题。

一

在中国传统文化中,乡贤一词,是国家对有作为的官员,或有崇高威望、为社会做出重大贡献的社会贤达,去世后予以表彰的荣誉称号;也是对享有这一称号者人生价值的肯定。迄于明清,各州县均建有乡贤祠,以供奉历代乡贤人物。在漫长的中国历史进程中,乡村社会建设、风习教化、乡里公共事务的主导力量都是乡绅或乡贤之士。

这一文化传承思想渊源久长。《孟子》《周礼》中均载有具体的乡村组织与管理构想。乡三老是秦汉以后乡治层面的最高领袖。他的年龄要在五十以上,他的人格要为民众所敬仰,如此才能被选为乡三老,才有感化民众的能力——这是基于《周礼》"德化主义"乡建理念的乡村体制建设。在几千年物换星移的岁月里,王朝多有更替,制度因革变迁,而扎根于乡村规制的文脉传承却渊源不绝。唐宋以后的乡村治理体制更加完备,乡村治理规制日益完善,体现着乡绅和乡贤群体对于乡村秩序维系和社会建设的积极努力。宋代熙宁以后,保甲、乡约、社仓、社学逐次推行,乡治精神和事业两方,都有改善的趋势。其中,乡约的施行再度成乡村社会—文化建设中的创获之举。"吕氏乡约"对于乡村民众的规约简约而具体:"德业相劝,过失相规,礼俗相交,患难相恤。"担负乡约领袖者,由乡里民众推选正直不阿的人士充任。他们的责任,在抽象方面是感化约众,在具体方面是主持礼仪赏罚。明代泰州学派中许多不求功名而落归乡土社会的乡贤士绅,也集中体现了建设乡村、改善民生、谋利桑梓的群体追求和故乡情怀。

"乡贤"是本乡本土有德行、有才能、有声望而深被本地民众所尊重的贤人。在传统时代,他们被认同为乡土社会里德行高尚,且于乡里公共事务有所贡献的人。通常来说,乡贤与乡绅即乡村绅士的概念具有较多的重合性。

"士大夫居乡者为绅",具有功名身份、学品、学衔和官职而退居乡里者,是乡绅阶层的基本构成。他们拥有高于平民的身份地位,退居乡村后成为乡村社区里具有社会—文化威权的阶层。乡绅必备的条件是:首先在家世方面得有一个值得乡人景仰羡慕的经历,清白而没有劣迹。其次,乡绅们照例有一份丰厚的财产,属于耕读之家。其家族对地方社会有所贡献,尤其在维持地方风习,主持节令庙会,救助孤寡贫弱,推动地方公益事业方面赢得乡里声望。其三,功名身份、官位职衔之外,有一定的年资,拥有乡族长老资历。其四,借助功名身份和官职形成社会网络资源,可以为乡村社区争得更多的利益,并保障乡里免受差役吏胥扰害。明清以来,虽然平民乡贤的所占分量渐有增长,但总体上乡绅仍然构成乡贤的主体力量。

乡绅作为一个居于乡村领袖地位和享有特权的社会集团,在维系正常社会秩序的官、绅、民三种力量中,使自身所扮演的角色更为重要也更为多样。一般说来,乡绅们在乡土社区从事的地方社会活动主要有三大项:

1. 地方学务。乡绅大都是科举制度的受益者和热心支持者。乡村社区兴办学务,修建各种社学、义学、族学甚至私塾,基本上都由乡绅们掌控。清代地方官陈宏谋所拟定的"义学条规四则"中规定"馆师"的选择范围是:"(士)无论本地举贡生员及外来绅士,必须立品端一方,学有根底者,延之为师。"即使是晚清以来新旧学制的历史性变动过程中,地方社会的兴学事务也照例由乡绅们主持和掌管。

2. 地方公产。属于乡村社区的公共财产、经济事业,通常官府并不直接参与管理,大多"以其事委诸绅士"。由此,乡绅们"垄断了一县公产的经济命脉"。地方的社仓、义仓以及族产、学产等公共财产,一向委诸乡绅们管理。

3. 地方公务。作为乡村社会中坚势力,乡绅们也是地方各项公共事务的主持和掌控力量,举凡道路修筑、桥梁构建、学宫营造,甚至寺庙修缮……即使是跨县区的大型水利工程,虽然由官员出面协调,"但是无论这些工程由官或由绅指导,在执行中总是绅士承担主要负担"。乡绅们是政府在地方社会上的代理人,所谓"地方公事,官不能离绅士而有为"。①

在漫长的中国历史进程中,乡绅或乡贤始终是乡村社会建设、风习教化、乡里公共事务的主导力量。

二

以社会文化权威而不是以法定权力资格参与传统时代政权的运作,乡绅阶层便集教化、治安、司法、田赋、税收、礼仪诸功能于一身,成为地方权力的实际代表。

在以"士农工商"简单社会分工为基础的农耕社会里,技术知识及其进步是微不足道的。社会秩序的维系和延续依赖于"伦理知识"。因此,无论社会怎样的动荡变乱,无论王朝如何的起落兴废,维系封建社会文明的纲常伦理中心却不曾变更。然而,居于这个社会文明中心位置的却恰恰是乡绅阶层。

在传统农耕社会里,乡绅阶层是唯一享有教育和文化特权的社会集团。"其绅士居乡者,必当维持风化,其耆老望重者,亦当感劝闾阎,果能家喻户晓,礼让风行,自然百事吉祥,年丰人寿矣。"②如何使一个幅员广大而又彼此隔绝的传统社会在统一的儒学教化下,获得"整合",使基层社会及百姓不致"离轨",是任何一个封建王朝必须面对的重大课题。清王朝在乡村社会中,

---

① 《胡文忠公遗集》卷八六,第33页。
② 张集馨:《道咸宦海见闻录》,第27页。

每半月一次"宣讲由十六条政治——道德准则组成的'圣谕'的目的,是向百姓灌输官方思想。"①然而,这一带有"宗教"形式却毫无宗教内容或宗教情感的活动仅仅依靠地方官就根本无法实行。乡绅们事实上承担着宣讲圣谕的职责。"十六条圣谕"以"重人伦""重孝亲""重农桑""端士习""厚风俗"为主旨,成为农耕时代浸透着浓郁的东方伦理道德色彩的行为规范。

它的内容是一个古老民族文化在那个生存方式中的基本需求:"敦孝弟以重人伦,笃宗族以昭雍睦,和乡党以息争讼,重农桑以足衣食,尚节俭以惜财用,隆学校以端士习,黜异端以崇正学,讲法律以儆愚顽,明礼让以厚风俗,务本业以定民志,训子弟以禁非为,息诬告以全良善,诫窝逃以免株连,完钱粮以省催科,联保甲以弥盗贼,解仇愤以重身命。"这实际上是传统时代的一个核心价值体系。这一体系将敦孝亲、笃宗族、和乡党紧密相连,是基于孝道而成于乡族的社会文化规范建设。

重要的是,反复向村民百姓宣讲这一规范的是乡绅。他们拥有文化,拥有知识,成为农耕时代一个文明得以延续发展、社会秩序得以稳定的重要角色。对于一个大字不识的农民而言,文字是既具有神秘性也具有权威性的力量,它的实体表现就是乡绅阶层的权势和地位。

乡绅的权势来源于一个文明或时代的根本需求,它是以一个社会权威的姿态矗立在厚实的农耕社会的根基之上。文明或体现文明生存方式的根本需求,将超越王朝或皇权的直接利益,而属于一个特定的历史时代。

---

① 张仲礼:《中国绅士》,第62页。

三

近代以来,中国传统文化遭到全方位的冲击,既遭受西方文化以及现代化取向的冲击,也遭到以革命文化取向的冲击。因此,清末民国之际危机频生的乡村社会面临着文化重建的问题。在乡村社会—文化重建的努力中,孝道仍然是极为重要的文化资源。定县村治的成功可为范例。

1904年米氏父子首倡翟城村"村治",而其思想理论基础,则是米氏所提倡的由"村治"到"国治","农村立国"和"立国要图,未重乎教育"等思想。早年跟随贾恩黻求学时,米迪刚已经认识到要"由身而家而村县,而省国世界,脚踏实地,以次进展,治一身时,则希望此身可以为一家之模范,治一家时,则希望此家可以为一村之模范,治一村时,则希望此村可以为一县之模范,治一县时,则希望此县可以为一省之模范,治一省时,则希望此省可以为一国之模范,治一国时,则希望此国可以为全世界之模范"。① 因此,现代性村治规范建设仍然基于孝亲,即治一家而后治一村。

此后,米迪刚又与王鸿一等人共同提出"将村与村相接,县与县相连,以改造全社会,以改造省政府,合省以奠中央,发扬国光,对抗世界,胥惟村治是赖,换言之,今后之国家组织,必以村为单位,村治者,全国政治之缩复印件也"。② 1924年后又强调

---

① 米迪刚:《翟城村附刊按语》,尹仲材编述:《翟城村志》,台北:成文出版社,1968年,第279页。

② 尹仲材编述:《翟城村志》,第37页。

"村治"与"国治"互为因果。"此即所谓村治与国治互为因果相寻之谓也。"①米氏之所以如此重视"村治"与"国治"的关系,一个很重要的原因应在于"村治组成之在精神上主观上,实深有符于主权在民,而以全体人民组织民国之真谛也"。②

在米迪刚主持或影响下制定的各项组织制度中,既有全局性的《翟城村之村治组织大纲》,又有专门针对教育、财产、风俗、劝农、卫生、道路等的具有一定特色的《教育费贷用储金会简章》《因利协社简章》《纳税组合规则》《筹办义仓办法》等。《翟城村村治大纲》是翟城村"村治"中公布的最重要的文件之一。《大纲》由时任村长米逢清与村佐及村民于1915年2—3月间共同商定。其主要内容有:"村治"由全村村民组织之;由全村村民公举村长1人、村佐2人;全村划分为8个自治区,各区公举区长1人;组织村公所作为最高执行机关,办理本村一切事务,事务分为庶务和财务两股;由村公所组织村会作为立法和行政机关,公议本村重要事务,村会开会时以村长为议长,以村佐、各股股员以及各区区长为会员;一切自治基本费用由本村村民负担,自治经费预算决算由村会议决。③将《大纲》与清末公布的《城镇乡地方自治章程》和民初的《地方自治试行条例》等相对照可知,《大纲》在"村治"议事和执行机构及其职权规定方面,与后二者有某些相近之处。就此意义而言,《大纲》已经具有了诸多近代自治制度的色彩。

在米迪刚关于翟城村教育的制度设计中,教育费贷用储金制度最具有特色。此项制度虽由米鉴三首倡,但制度设计却主

---

① 尹仲材编述:《翟城村志》,第245~246页。
② 尹仲材编述:《翟城村志》,第261页。
③ 尹仲材编述:《翟城村志》,第60、66页。

要由米迪刚完成。1920年,米迪刚撰写了《教育费贷用储金之商榷》一文,提出"农村教育费贷用储金"、"族姓教育费贷用储金"、"家庭教育费贷用储金"三项办法。① 1922年1月,米迪刚乃"追承先意,商诸本村同志",成立教育费贷用储金会②。其所订《教育费贷用储金会简章》主要内容有:本会"由翟城村人民组织之",以辅助本村贫寒子弟升学为宗旨;本会储金除贷与贫家子弟升学需用外,不得挪作他用;凡在外做事的本村村民,赞成本会宗旨者,"须按所得薪水数目,捐助本会百分之三以上,其居乡者听之",如果有村民在政学各界做事且年薪在百元以上,不照章捐纳款项,则"子弟及期服内之侄若孙"不能享受贷款权利;捐款应于每月初交纳,有不得已情况时可缓交,但不得超过三个月;会员由捐款者组成,由会员开会时选举经理1人,董事5人,检查3人;均以3年为任期。③ 所订《学生贷费规约》主要内容又包括:本村成绩优良,家境贫寒的学生在高小毕业时,可以贷本村教育储金会款项作为升学费用,贷款额以足够所升入学校的学费为标准,但每人每年不得超过60元;贷费与否及金额由储金会依据高小校长所报告的本村学生毕业成绩,酌量议定;贷款于每学期开学时支给,交由学校管理员存储,以防滥用;贷款由学生本人负责偿还,其方法是在毕业任事后,按所得薪俸多寡,分年偿还,但在开始偿还当年起改称义务捐,以捐足5年为期限,期满后仍愿继续捐纳者听之。④

在《中华民国治平大纲》中,米迪刚等人明确提出了建立传

---

① 尹仲材编述:《翟城村志》,第102～106页。
② 尹仲材编述:《翟城村志》,第101页。
③ 尹仲材编述:《翟城村志》,第98～99页。
④ 尹仲材编述:《翟城村志》,第99～100页。

贤民主国体、农村立国制、村治纲要、中央行政、省行政、县行政、均田制度、金融制度、营业制度、工商制度、礼俗制度等制度设计①，在《中华民国建国方案说略》中则提出了传贤政体、农村立国、教育制度、重农政策、工商政策、殖边政策、经济制度（分配制度）、军事制度、政府组织等制度设计。

在风俗方面，成立德业实践会，"入会者尚属踊跃，计男女会员共有八十余人，合一村之男女老幼，集于一会，而部分研究个人之职业，应尽之道德，以造成完全之人格，实亦一大盛事也"。1915年9月由米逢清等商议设立勤俭储蓄会，10月7日在村公所召开成立大会。该会成立后仅7个月，就已经"储有制钱四百余串矣"。1915年10月18日村公所召开第二次会议时，又由村长提出改良风俗案，"嗣由诸职员，共本斯意，切实进行，迄今七月，幸无一家违犯规约者"②。

以由"村治"到"国治"为目标，以制定村治组织大纲、普及教育、实施教育费贷用储金制度、组织乐贤会、设立义仓、成立纳税组合、开凿水井、看护禾稼、设立卫生所、平治道路为主要内容，以教育费贷用储金制度、因利协社、乐贤会为主要特色的翟城村"村治"在1904—1925年间取得了相当程度的成就，从而形成了具有一定特色的"翟城村模式"。而更为重要的是，"翟城村模式"很快就走出了翟城村的范围，对定县、直隶"村治"、山西"村制"以及"乡村建设"产生了广泛而深远的影响。在定县，翟城村推行"村治"以后，"定县各村之竞相摹效者，诚指不胜屈，或采形式，或重精神，或专撮举于某种组合"，最终由定县知事主持制定

---

① 北京中华报社研究部：《建国刍言》，北京：北京中华报社，1925年，第56～135页。

② 尹仲材编述：《翟城村志》，第144～152页。

了《定县村治大纲》,使定县成为"模范县"。在直隶,一方面凿井、植树及农会纷纷设立,另一方面米迪刚以直隶省议会副议长身份建议各县设立自治讲习所。在山西,原定县孙发绪于1916年担任山西省长,"饮水思源,乃特别注意进行农村自治,创设村制"。孙发绪去职后,阎锡山(百川)继续推行"村制"。

就此意义而言,米迪刚主持和影响下的"村治模式"应是20世纪前期各种"乡村建设模式"中极具特色和重要地位的一种。而其中,基于孝道和德业要素重建的乡村文化建设经验,值得我们总结和汲取。

简论唐郑氏《女孝经》

陈 玲

孝道是中华优秀传统文化的重要组成部分,是中国传统道德之首德,论及孝道,那么何谓"孝"?从其本义上阐释有四种含义:一是旧时称善事父母为孝。《书·尧典》曰:"克谐以孝。"《论语·学而》曰:"弟子入则孝,出则悌。"二是居丧。《北史·崔逞传》曰:"子聿弟子约,五岁丧父,不肯食肉。后丧母,居丧,哀毁骨立。人云'崔九作孝,风吹即倒'。"三是孝子,省称孝。《世说新语·文学》曰:"答云:今日与谢孝剧谈一出来。"四是守丧的服饰。《水浒·二六》曰:"原来这婆娘自从药死了武大,那里肯带孝。"而何谓"德"?从其本义上阐释有五种含义:一是道德。《易乾·文言》曰:"君子进德修业。"二是恩惠。《书·盘庚》曰:"汝克黜乃心,施实德于民。"《左传》曰:"无怨无德,不知所报。"三是感激。《左传》曰:"王德狄人。"四是福,利。《礼》曰:"君之及此言也,百姓之德也。"五是五行之说称四季中的旺气。《礼》曰:"某日立春,盛德在木。"研究孝道,学术界多从伦理学的角度切入,阐明孝道与传统文化、孝道与法律以及孝道在农村地区的振兴等问题,而女子孝道研究也是其中一个重要的组成部分,但相关研究成果较少。古代女子因其不同于男性的性别角色、家庭角色、社会角色和社会地位,故古代女子的孝道教育表现出独有的特点。本文试从《女孝经》角度谈孝道,结合"女子无才便是德"加以剖析和解读。

一、《女孝经》其书

《女孝经》属儒家典籍,在中华优秀传统文化中占有重要地位。该书由唐郑氏所撰,《全唐文》载:"郑氏,侯莫陈邈之妻。"① 她撰写该书的目的是为了告诫和教导要嫁给永王李璘做妃子的侄女"戒以为妇之道",②成书于开元二十六年(738 年)。该书借汉朝著名才女班昭之口,规范妇女孝道,是中国传统社会教化女性的礼教经典著作。但因李璘反叛被诛杀,《女孝经》由此蒙上政治污点,《唐书·艺文志》并未著录该书,《宋史·艺文志》始载,"《女孝经》一卷,侯莫陈邈妻郑氏撰"。③ 今日可见的《女孝经》文本多收录于明清丛书之中,如明祁承煠《澹生堂藏书目》载:"《女孝经》二卷,唐陈邈妻郑氏撰。"④明范邦甸《天一阁书目》载:"《女孝经》一卷,刊本,唐朝散郎程邈妻郑氏廷,总一十八章,各为篇目。"⑤清钱东垣《崇文总目辑释》卷三载:"《女孝经》一卷,陈邈妻郑氏撰。"⑥清钱曾《钱尊王述古堂藏书目录》载:

---

① 董诰等:《全唐文》,北京:中华书局,1983 年,第 9816 页。
② 董诰等:《全唐文》,北京:中华书局,1983 年,第 9817 页。
③ (元)脱脱:《宋史》,北京:中华书局,1976 年,第 5221 页。
④ (明)祁承煠:《澹生堂藏书目》,清宋氏漫堂钞本,第 33 页。
⑤ (明)范邦甸:《天一阁书目》,清嘉庆文选楼刻本,第 131 页。
⑥ (清)王尧臣撰,钱东垣辑释:《崇文总目辑释》,清汗筠斋丛书本,第 93 页。

"《女孝经》一卷,一本。"①未著撰者。由上述古籍记载可知,有错漏之处主要在于郑氏丈夫的姓氏,《四库全书总目》载:"《女孝经》一卷,唐郑氏撰。郑氏,朝散郎侯莫陈邈之妻。侯莫陈,三字复姓也。"②因出自鲜卑族后裔的复姓"侯莫陈"极为罕见,"侯莫陈,其先后魏别部,居库斛真水"③,而且《魏书·氏官志》载"侯莫陈氏,后改为陈氏",才造成记载多有谬误。

《女孝经》的卷数,历代典籍记载最多的为一卷,如宋王尧臣的《崇文总目》、王应麟的《玉海》和元脱脱的《宋史》。两卷本载于明代祁承㸁的《澹生堂藏书目》,但该种说法其他典籍中均未提及,不排除记载有误的可能。《宋史》是最早载录《女孝经》的正史,且此后历代藏书家多持此观点,所以此说法可信度极高。《女孝经》有多少章?明代范邦甸《天一阁书目》载有十八章,《四库全书总目》也载:"其书仿《孝经》分十八章。"④

唐代之前的教孝主要是针对男性,"汉魏南北朝各朝政府推崇'男孝女贞',使得当时的孝德带有明显的性别意识,主要是男性之德,这情形直到唐代才有变化,故推论中古以前孝德亦较多出现在男性传记中"。⑤《四库全书总目提要》称:"《宣和画谱》载:'孟昶时,有石恪所画《女孝经》像八。'则五代时乃盛行于世

---

① (清)钱曾:《钱遵王述古堂藏书目录》,清钱氏述古堂钞本,第37页。
② (清)纪昀、陆锡熊、孙士毅等:《钦定四库全书总目》,北京:中华书局,1979年,第1239页。
③ (明)凌迪知:《万姓统谱》,《文渊阁四库全书》,第2161页。
④ (清)纪昀、陆锡熊、孙士毅等:《钦定四库全书总目》,北京:中华书局,1979年,第1239页。
⑤ 吕妙芬:《孝治天下——〈孝经〉与近世中国的政治与文化》,台北:联经出版事业股份有限公司,2011年,第69页。

也。"①《元史·后妃传》又载元顺帝完者忽都皇后:"无事,则取《女孝经》、史书,访问历代皇后之有贤行者为法。"②推知此书在宋元两代应有流传。宋人还依《女孝经》文意绘制画卷,现仅存九章,绢本设色,均采用平视法,现存于故宫博物院,标明为南宋高宗、孝宗时画家马和之所作。③《女孝经》在唐代以后成为民间教育女子的重要修身教科书之一,对后世(尤其是明清时期)女子教孝产生了很大影响。明万历年间,《女孝经》因商业贸易传入日本④,出现了《女训孝经》《女四书》《女式目》《女大学宝箱》等仿作,成为日本近世女训的依据之一,对日本近世的女子教育发展贡献颇大。

二、中国封建社会男尊女卑的代表作品

《女孝经》连《进书表》计 2740 余字,结构上模仿《孝经》,共十八章。分别为:开宗明义章第一,后妃章第二,夫人章第三,邦君章第四,庶人章第五,事舅姑章第六,三才章第七,孝治章第八,贤明章第九,纪德行章第十,五刑章第十一,广要道章第十二,广守信章第十三,广扬名章第十四,谏诤章第十五,胎教章第十六,母仪章第十七,举恶章第十八。其中开宗明义、庶人、三

---

① (清)纪昀、陆锡熊、孙士毅等:《钦定四库全书总目》,北京:中华书局,1979 年,第 1239 页。

② (明)宋濂等撰,阎崇东等校点:《元史》,长沙:岳麓书社,1998 年,第 1612 页。

③ 但该画卷画风更接近于南宋末画家马远、马麟的风格,标注"宋人"更为恰当。

④ 杨欣:《〈女孝经〉东传日本考略》,《文献季刊》2009 年第 2 期,第 119 页。

才、孝治、五刑、广要道、广扬名和谏诤等篇名与《孝经》相同。核心思想是论述"孝"为妇德的根本,体现了《女孝经》是中国封建社会男尊女卑思想的典型代表。

《女孝经》各章均采用班昭与诸女问答的形式,《后妃章》《夫人章》《邦君章》《庶人章》讲述从妃子至庶人不同身份地位的女子如何尽孝。《事舅姑章》讲述女子对公婆应尽的义务。《三才章》讲述女子如何侍奉丈夫。《孝治章》讲述女子事九族的态度。《贤明章》讲述女子有德,智必不可少。《纪德行章》讲述夫妻之礼等同于君臣、父子、兄弟、朋友之道。《五刑章》讲述女子妒为七出之罪之首。《广要道章》重申女子事舅姑、辅佐丈夫等之态度。《广守信章》强调女子守节重信的重要性。《广扬名章》讲述女子可移事父母之孝。《谏诤章》重申《贤明章》的女子谏夫之义。《胎教章》讲述女子妊娠时的坐姿走态及生活习惯、作息规律等。《母仪章》讲述为人母教训子女的义务。《举恶章》讲述历史上失德女子的事例。

从基本内容上看,《女孝经》以"孝"为纲要和最高道德准则,设置"孝"为女子的最高品行,也是妇德的本质所在,宣扬了夫天妇地、从一而终、男尊女卑等封建观念。从写作方法上看,《女孝经》搜集了历代典籍如《诗经》《尚书》以及《列女传》中的许多善恶并举的典型事例,将抽象的女德规范与历史人物故事结合起来,使之形象化和具体化,采用纲领性的语言配合具体的事例来立论说理,侧重的是对女教义理的诠释与生发。如《谏诤章》因袭了《孝经》《谏诤章》的结构模式,阐述部分则引用刘向《列女传》中周宣王姜后永巷待罪、楚庄王王后樊姬不食野味以及汉代班婕妤辞辇的故事作为立论依据,来说明贤妻谏夫的作用,并以《列女传》所记卫姬劝谏齐桓公不听淫乐及齐姜遣晋文公离齐的故事来告诫诸女"夫非道则谏之"①,若不辨是非而只知"从夫之令"则不为贤,最后引《诗经·大雅·板》之文字收束全篇。《女孝经》许多章以《诗经》中的诗句或者其他经书中的文句作为结束。

《女孝经》对女性进行教育的过程中所阐发的这些中国封建社会男尊女卑的伦理道德思想中还存在"女子无才便是德"的思想缩影。"女子无才便是德"最早出自明末陈继儒(1558—1639)小品集《安得长者言》:"男子有德便是才,女子无才便是德。"②明代末年,社会上出现了不教女子读书识字的趋势。明末,中国社会正处于商品经济日益发展的时期,各种反理学、反礼教思潮严重威胁着儒家礼教。"女子无才便是德"其发论的重点并非"反才",而是"正德",是一种深深根植于儒家"德本位"的文化传统。明末淫风昌盛激起卫道儒者"反才""正德"之论,是儒家道统对"德"敏感性高于一切这一隐性规律的显性呈现。清张岱(1597—1680)《公祭祁夫人文》:"眉公曰:丈夫有德便是才,女子无才便是德。此语殊为未确。"③清乾隆末年,"女子无才便是德"已经演变成为流行语。旧道德规范认为妇女无须有才能,只需顺从丈夫就行。清石成金(1659—?)《家训钞》曰:"女子通文识字,而能明大义者,固为贤德,然不可多得;其他便喜看曲本小说,挑动邪心,甚至舞文弄法,做出无丑事,反不如不识字,守拙

---

① (唐)郑氏:《女孝经(及其他两种)》,《丛书集成初编》,北京:中华书局,1991年,第19页。
② (明)陈继儒:《安得长者言》,《四库全书存目丛书(子部九四)》,济南:齐鲁书社,1996年,第467页。
③ (清)张岱:《琅嬛文集》,长沙:岳麓书社,1985年,第278页。

安分之为愈也。女子无才便是德。可谓至言。"①至此,许多女子被剥夺了受教育的权利,沦为封建伦理道德的磨砺品。

但是,明末清初时期"女子无才便是德"之论并非获得压倒性的舆论优势。以冯梦龙、李渔、袁枚等为代表的情欲合理论者主张尊重女性文才,反对压抑女性才情。冯梦龙在《智囊全集》卷二十五中说:"语有之:男子有德便是才,妇人无才便是德。……其然,岂其然乎?无才而可以为德,则天下之憃妇人毋乃皆德类也乎?"②以章学诚为代表的正统儒者反对情欲合理论者高扬"女才"、鄙弃礼教的叛道言行,推崇古典女教的四德之学和正统诗才,即"虽文藻出于天娴,而范思不逾阃外"③的儒家正宗"德本才末"观。

在19世纪末20世纪初的兴女学运动中,"女子无才便是德"已经被普遍地当作传统社会愚昧、落后和反动的罪证而被口诛笔伐,兴女学成为解救民族于危亡的必由之路。晚清有识之士借助《申报》等媒体发表论说,公开挑战"女子无才便是德"的封建礼教。在国人自办的女学兴起之前,仅《申报》就发表了相关论说四十多篇,从女子受教育是天经地义的和女子受教育是齐家、治国、平天下之本等方面抨击"女子无才便是德"的谬论。女子拥有与男子平等的受教育权,"乾之德曰刚,坤之德曰柔。其秉乾刚之美者则为男子,其秉坤柔之美者则为女子。男女之并重犹刚柔不可偏胜,乾坤之不可偏倚也。使必重男子而薄女

---

① (清)王利器辑:《元明清三代禁毁小说戏曲史料》,上海:上海古籍出版社,1981年,第175页。

② (明)冯梦龙著,徐久红译注:《智囊全集精装典藏本》,南昌:江西教育出版社,2016年,第247页。

③ (清)章学诚:《文史通义》,上海:上海古籍出版社,2015年,第181页。

子,则是有刚不必有柔,有乾不必有坤,岂天地生人之本意哉?"①女子受教育可以破除缠足溺女等恶俗,"诚能振兴女学校,令女子幼而入塾,凡男子有用之学皆可择宜而学,十年之后,天下无不读书识字之女子,即无不知道理之女子。己身所缠之足悔莫能追,他日生女岂肯尤而效之,将见不令而行,二十年后中国永无缠足之女子"。②女子受教育是治家根本,女子读书识字有益于夫妻感情沟通,"至刻下电报风行,更可造作密电,千里而外,心心相印";③女子受教育还有利于子女教育,"诚使天下之为妇女者皆先识字,则随时可以指点,时时可于解说,熏陶涵育无时,或休有不期文理之通而自无不通者"。④受教育可以使女子自立,是国家富强之根本,"使中国省会城镇设有女学堂,聚贵贱贫富之女子一教之,与男子一视同仁,学成而后,皆有以自立于当世,可使中国民数之众有益无害,不致为废材弃物,则国可以富,兵可以强矣"。⑤晚清有识之士对"女子无才便是德"的强烈批判,引起了世人极大的关注,为女子新式教育的产生奠定了坚实的思想基础。

---

① 《论女学》,《申报》光绪二年三月初五日,第 8 册,上海:上海书店,1983 年,第 285 页。

② 《论劝诫妇女缠足以先广女塾以清其源》,《申报》光绪二十二年五月初三日,第 53 册,上海:上海书店,1985 年,第 283 页。

③ 《申论中国妇女宜皆读书识字之益并拟中国宜设女学校开女科第颁女法律》,《申报》光绪二十二年十二月二十一日,第 55 册,上海:上海书店,1985 年,第 131 页。

④ 《论中国欲人人识字必先以妇女识字为始并推言妇女不读书之害》,《申报》光绪二十二年十二月十五日,第 55 册,上海:上海书店,1985 年,第 95 页。

⑤ 《女学堂余议》,《申报》光绪十五年十二月二十三日,第 34 册,上海:上海书店,1983 年,第 241 页。

辛亥革命时期,革命志士们向"女子无才便是德"展开了更为猛烈的抨击,逼迫清政府1907年公布了《女子学堂章程》。竹庄《论中国女学不兴之害》中说:"女子者,国民之母,种族所由来也。"而"今我国女子,大都废人病夫"①,罪魁祸首就是"女子无才便是德"之论,"往古陋儒,鉴于哲妇倾城之祸,不探其本原,辄倡为瞽说,一则曰:'惟酒食是议',再则曰:'无才便是德'"。②女子没有受到教育,必定使整个民族遭"倾城之祸"。丁初我在《女子世界》第四期《女子家庭革命说》中指出,父母在孩子"襁褓未离,而'三从''四德'之谬训,'无才便是德'之誓言,即聒于耳而浸淫于脑海,禁识字以绝学业,强婚姻以误终生,施缠足之天刑而戕贼其体乾焉,限闺门之跬步而颓丧其精神焉,种种家庭之教育,非贼形骸即锢知识"③,呼吁广大女子进行家庭教育革命。柳亚子在《哀女界》中指出:"大抵三从七出,所以禁锢女子之体魄;无才是德,所以遏绝女子之灵魂。盖蹂躏女权实以此二大谛为本营,而余皆其偏师小队。"他揭露统治者宣扬"女子无才便是德"的险恶用心是"禁女子之求学"。④《中国新女界杂志》编辑部所发演讲稿《女子无才便是德是德驳》中说:"女子的才是生成

---

① 竹庄:《论中国女学不兴之害》,《杜说(论说)》1903年3月第3期,《女子世界文选》,贵阳:贵州教育出版社,2003年,第74页。

② 竹庄:《论中国女学不兴之害》,《杜说(论说)》1903年3月第3期,《女子世界文选》,贵阳:贵州教育出版社,2003年,第72页。

③ 丁初我:《女子家庭革命说》,《女子世界》1904年第4期,张岱年、敏泽主编:《回顾百年:20世纪中国社会人文论争》(第1卷),郑州:大象出版社,1999年,第746页。

④ 柳亚子:《哀女界》,《女子世界》1904年第9期,张岱年、敏泽主编:《回顾百年:20世纪中国社会人文论争》(第1卷),郑州:大象出版社,1999年,第740页。

有的,女子的德也是本来有的,不过为了他的才就把德坏了。我就不信。"①有力地批驳了"女子无才便是德"的混乱逻辑。

五四运动时期,"女子无才便是德"则在"压迫—解放"式女性主义历史叙述的渲染之下,被更加牢固地与传统社会对接起来。

三、唐郑氏《女孝经》的现代意义

德的核心就是孝,在现代社会,应该从更广阔的视角为《女孝经》做出更理性的注脚,以寻求其现代价值与意义。

第一是男子无后为大,但是这是夫妻的责任。《女孝经》的《开宗明义章》指出:"夫孝者,广天地,厚人伦,动鬼神,感禽兽,恭近于礼,三思后行,无施其劳,不伐其善,和柔贞顺,仁明孝兹,德行有成,可以无咎。"②总结了女子的行孝宗旨,强调遵循"仁义礼智信"五常的重要性。这其中,生育子女便是夫妻间一个重要的责任。孟子曰:"不孝有三,无后为大。"(《孟子·离娄章句上》)一个人不孝的行为有很多种,没有子孙后代是最大的不孝,"传宗接代"是中华文化特别强调的一个核心观念。此外,男性还肩负着祭祀祖先的重任,如果没有男性后代,即意味着"绝后",也就是最大的不孝。"不孝有三,无后为大"实际上体现了中国人格外重视家族的绵延及继嗣。封建宗法制度认为女子不

---

① 《中国新女界杂志》编辑部演讲稿,《新世纪》第 11 期,见《辛亥革命前十年时间论选集》第 2 卷下册,第 1015～1021 页。中华联合妇女联合会妇女运动历史研究室编:《中国妇女运动历史资料(1840—1918)》,北京:中国妇女出版社,1991 年,第 278 页。

② (唐)郑氏:《女孝经(及其他两种)》,《丛书集成初编》,北京:中华书局,1991 年,第 5～6 页。

育一男是违反了妇道,女子最重要的职责之一就是生儿育女,不能生儿育女的女子要被休弃,或者以纳妾代之,或者通过过继同宗的近亲属中辈分相当的人的儿子。然而,现代医学表明,生儿育女是夫妻共同的责任,生男生女是由男性决定的。传统社会所遇到的生育难题,在科学技术日新月异的当今社会也已经不是家庭幸福的障碍了。通过人为干预的方式实现人类繁衍的试管婴儿技术成为人类传统生殖方式的有力补充。这项科技创新技术无论是在科学发展史上,还是人类发展史上都具有里程碑意义,它解决了传统社会"无后"的道德窘境,促进了社会的进步与发展。

第二是对父母的孝对公婆的孝,尤其是对公婆的孝,产生矛盾怎么办?《女孝经》中的《事舅姑章》认为人妻在结婚后应该孝敬公婆,"女子之事姑舅也,敬与父同,爱与母同";对待公婆应当以礼义为本,敬之爱之,"守之者义也,执之者礼也";具体的行为准则有:"鸡初鸣,咸盥漱衣服以朝焉。冬温夏清,昏定晨省。"出嫁之后要远离父母兄弟,引用《诗经》的话就是:"女子有行,远兄弟父母。"[1]要将对父母的孝敬转移到公婆身上,"女子之事父母也孝,故忠可移于舅姑。"[2]孝敬父母和公婆在现代社会中仍然是值得提倡的良好品德,对公婆要像对父母一样孝敬。

现今社会,孝敬父母公婆仍然具有现实意义,试问一个连父母都不孝敬的人,何以服务社会,何以主持正义,何以遵纪守法?婆媳矛盾是中国家庭内部传统人际关系的一个难题,汲取《女孝

---

[1] (唐)郑氏:《女孝经(及其他两种)》,《丛书集成初编》,北京:中华书局,1991年,第9页。

[2] (唐)郑氏:《女孝经(及其他两种)》,《丛书集成初编》,北京:中华书局,1991年,第17页。

经》的《事舅姑章》中孝敬公婆父母的优良传统,吸收其孝道文化的合理内核,是促进新型和谐家庭的重要举措。据统计,2015年中国60岁及以上人口达到2.22亿,占总人口的16.15%。预计到2020年,老年人口达到2.48亿,老龄化水平达到17.17%,其中80岁以上老年人口将达到3067万人;2025年,60岁以上人口将达到3亿,成为超老年型国家。在老龄化趋势日益强化的现代社会,倡导《女孝经》所赋予的尊老、敬老、助老的传统美德,具有重要的现实意义。

第三是不能全盘否定,有积极意义。"女子无才便是德"不能全盘否定,它在新时代仍然具有积极意义。"女子无才便是德"寓含服从,指女子要守拙,顺从丈夫就行,这具有积极意义,有深刻的科学思想。在这里,"无"字是动词,表明"本有而无之"的意思,即"本来有才,但心里却自视若无"的意思。虽然很有才干,但一点也不自炫其才,在某些方面收敛自己的才能,这也是一种高尚的德行。

现代社会,女性责任感增强,自由平等的观念深入人心,女性人才比普通妇女的收入更高,对家庭经济的贡献更大,夫妻关系更为融洽,能够获得更高的职业地位、工作满意度和社会认可度。随着女权意识的增强,女性人才的政治地位也随之日益提高,各行各业杰出女性人才层出不穷,女总统女领导巾帼不让须眉,彰显自己的存在价值。1974年庇隆夫人担任阿根廷总统,成为世界上第一个女总统。迄今为止,全世界有28位女性当过总统(代总统除外),至今仍有11位在任。就任时年纪最轻者39岁,最老者达79岁。而女性领导人还有原英国首相撒切尔夫人,现任德国总理默克尔等人,都是能够左右政坛的风云人物。

中国自古的才德观,不论男女都是重视德而更甚于才。男子要以"德"为本,宁舍才也要有德。对女子则是重视她们的妇德,并深恐"才可妨德"。"无才是德"的主张是使女子蔽明塞聪的灵符,是便于男子压制束缚女子的说法。如果德就是无才,那么目不识丁的人是否就拥有高尚的品德?当然"才"并不是只局限于读书识字,还演变为一种气质与修养。但如若"无才"就得不到起码的尊重,人生价值感就无从体现。那么无才就有德了吗?有才无德之人,缺乏君子精神,是为小人之流。他们多心胸狭隘,固执己见,斤斤计较,故才能无法发挥,甚至陷入"怀才不遇"的怪圈。他们往往学识短浅,认知水平仅仅停留在感性层面,严重缺乏社会实践活动,只是有小才能的人。

孝的核心是德。现代社会,女博士、女秀才不胜枚举。女博士最早出自《后汉书·邓皇后纪》:"东汉和帝邓后,三国魏文帝甄后,年少时皆好书,家人不以为然,甄后的哥哥和她说:'汝当习女工。用书为学,当作女博士耶?'"女秀才最早出自《辽史·邢简妻传》:"陈氏甫笄,涉通经义,凡览诗赋,辄能诵,尤好吟咏,时以女秀才名之。"现在更强调的是德才兼备的女性人才。

习近平总书记在全球妇女峰会上题为《促进妇女全面发展 共建共享美好世界》的重要讲话强调,中国将更加积极地贯彻男女平等基本国策,支持妇女建功立业,实现人生理想和梦想。在共建共享发展理念的指引之下,发挥"女子无才便是德"的积极因素,消除其不良社会影响,这是实现人才强国战略的重要举措。在商品经济日益繁荣的当今社会,女子道德教育呈现出守成与创新、循礼与越礼的矛盾。"女子无才便是德"启示我们:先进的社会物质文化必须由更高尚的精神文化指引,而高尚的精神文化必须与更先进的物质文化相结合,才能促进社会的和谐发展。

从经筵讲读制度
看宋代对孝道的重视及其成效

陈 峰

中国自古以来,忠孝节义就是最为重要的道德价值观。在历史上,忠与孝属于互为表里的关系,所谓在家能孝敬长辈,做官也能忠于朝廷,如《孝经》指出:"夫孝者,天之经也,地之义也,人之本也","夫孝,德之本也","孝慈,则忠"。故孝道最受国家和社会的重视,被视之为稳定家庭伦理、社会秩序的基础。

在中国历史上,历代王朝都提倡孝道,其中汉代更是号称"以孝治天下",于是全社会遂形成了"百善孝为先"的共识。但往往在动乱年代里,随着统治秩序的崩溃,加之经济凋敝、物质匮乏,包括孝道在内的传统道德价值观都受到巨大的冲击。在唐末、五代百余年的动乱期间,其状况即是如此。如以五代时冯道为代表的官僚便朝秦暮楚,丧失了对朝廷的忠诚,至于违背人伦的现象在民间同样层出不穷,从而加剧了社会的动荡。因此,宋朝建立后对以往的教训进行了深刻的反思,一方面加强中央集权建设,另一方面又着力重振儒家思想文化,力图恢复传统的伦理纲常秩序,以稳定世道人心。

宋朝推崇文治,长期坚持以内政秩序建设为方向,对孝道稳定社会与家庭的作用高度重视,因此在教化民众过程中注重培育孝敬父母的观念。如宋宁宗嘉泰元年(1201年),侍读学士费士寅等上奏:"臣等窃惟孟子之道,大抵先义后利,教民孝悌力田,使之不饥不寒,为王道之本。此二帝三王所以君天下者。"①

宋朝帝王有意在践行孝道上做出表率,所谓"天子之孝,在于安国家、定社稷,其于先王之道,不可一日而忘也"。② 值得关注的是,宋朝为皇帝设立的经筵制度,重在培养皇帝的君德、仁恕、修身等儒家思想意识及文化素养。在辅养"君德""仁孝品德"过程中,孝道又是其中重要的一环。宋代经筵讲读书目包括《易》《诗》《书》《礼记》《周礼》《春秋左氏传》《论语》《孝经》《孟子》等儒家经典,以及史籍《史记》《汉书》《后汉书》等。据记载,宋真宗在位期间曾重复学习同一部经典,"命侍讲邢昺说《尚书》,凡八席,《诗》《礼》《论语》《孝经》皆数四焉"。③ 南宋时,楼钥总结宋孝宗在经筵上的学习,就是经史学说转化到"事亲""事天""用兵""施刑""人才""夷夏"等六个方面,"推而至于事亲以孝,事天以诚,兵不轻用,刑不妄施,人才盛多,夷夏乂肃"。④ 概而言之,"事亲"对应的是儒家价值观体系的核心——人伦价值观。

事实上,人伦价值观,即"纲常"之说,是儒家价值观体系的核心,不惟宋朝,几乎所有中国古代王朝都提倡孝悌治国。⑤ 在

---

① 《宋会要》崇儒七之二六,第2301页。
② 《宋会要辑稿》崇儒七之三、七之四,第2290页。
③ 《玉海》卷二六,《帝学·咸平侍讲侍读·天圣真宗讲席记·三朝讲经》,第516页。
④ 楼钥:《攻媿集》卷九三,《神道碑·纯诚厚德元老之碑》,第473页。
⑤ 关于宋代孝悌观念和文化,可参见黄修明:《宋代孝文化述论》,《四川大学学报(哲学社会科学版)》2002年第4期;舒大刚:《两宋时期的孝悌文化》,《宋代文化研究》,2011年。

人伦关系中,至为亲近的是亲族关系。孝悌作为皇帝亲族人伦价值观的基础和核心,在宋代经筵讲读中,被经筵官毫不犹豫地加以肯定,如宋高宗建炎二年(1128年)三月,"侍讲王宾讲'孝悌为仁之本'"。① 宋代经筵讲读中的孝悌治国理念,主要体现在以下三方面:

首先,强调君主的人伦价值观,要兼顾"治道",出于"家天下"的观念和体制两方面的前提,亲族和睦与否,更成为王朝统治稳固的风向标。宋代经筵官对孝悌伦理的重要性有清醒认识。有关这方面的记载颇多,代表性例证如:

在宋仁宗一朝前十一年里,是刘太后称制,而女主临朝,恰是王朝大忌。不过,宋仁宗与刘太后之间却无冲突,"太后保护帝既尽力,而仁宗所以奉太后亦甚备。上春秋长,犹不知为宸妃所出,终太后之世无毫发间隙焉"。② 除了宋仁宗性格使然,他的孝悌伦理观念也必然有所作用,宋仁宗把孝敬刘太后,视为为天下百姓树立榜样。

宋仁宗在经筵上亲口表述过自己对亲族关系的认识:"(庆历五年十一月)甲午,迩英殿读《诗·角弓》篇。上曰:'幽王不能亲九族,以至于亡。'杨安国对曰:'冬至日陛下亲燕宗室,人人抚藉,岂不广骨肉之爱耶?'上又曰:'《书》载:九族既睦,平章百姓。此帝尧之盛德也,朕甚慕之。'"③ 由此可见,宋仁宗相信九族亲睦之后,才能平章百姓,也就是他把理顺与皇族的关系,放在理顺与其他人际关系之前。在刘太后身后,有人上言批评刘太后

---

① 《玉海》卷二六,《天圣庆历皇祐讲论语(元祐、绍兴)》,第526页。
② 《宋史》卷二四二,《后妃上·刘皇后传》,第8615页。
③ 杨仲良:《皇宋通鉴长编纪事本末》卷二九,《仁宗皇帝·经筵》,哈尔滨:黑龙江人民出版社,2006年,第470页。

专制,"其后言者多追诋太后时事,范仲淹以为言,上曰:'此朕所不忍闻也。'"①宋仁宗随后下诏禁止,"(明道二年五月)癸酉,诏中外毋辄言皇太后垂帘日事"。② 此举其实是出于政治、道德示范的需要。从这个角度看,"朕甚慕之"实在是宋仁宗的心里话。

在绍兴七年(1137年)八月,因为宋徽宗去世,陈公辅建议宋高宗停止经筵,引起一片反对之声,其中李谊指出:"以是天子之孝,在于安国家、定社稷,其于先生之道,不可一日而忘也。"③此说可以看作是宋代经筵讲读,关于事亲以孝理念的代表性意见,被皇帝、经筵官广泛接受,像宋理宗也说过:"天下事即是家事。"④

宋孝宗时,经筵官梁克家就提到:"而臣今所讲《曲礼》类多闺门、乡党、扫洒、应对、饮食、衣履之末,诚不足以开广聪明,裨助治道,臣实惧焉。"⑤就是说在讲读过程中,经筵官要侧重于将儒家经典中的人伦思想和案例,拆解、转化成处理政事的要义。而宋孝宗之死后最终获得"孝宗"的庙号,是与他对养父宋高宗恪尽孝道有直接关系。

其次,强调本朝帝王的孝悌观念出于祖宗家法,具有不可违背性。毕竟皇帝地位特殊,其政治身份很容易压过亲情关系,以至于历朝历代皇室屠杀的悲剧屡有上演。为了使皇帝——尤其是以外藩身份继统的皇帝——对长辈、亲情产生重视,这就需要经筵官调整讲读内容,合理发挥。

典型的案例发生在宋哲宗元祐八年(1093年),此时高太后

---

① 《宋史》卷二四二,《后妃上·刘皇后传》,第8615页。
② 《宋史》卷一〇,《仁宗本纪》,第195页。
③ 《宋会要辑稿》崇儒七之三、七之四,第2290页。
④ 徐元杰:《进讲日记》,第1276页。
⑤ 《宋会要辑稿》崇儒七之一一,第2294页。

已经听政将近九年,宋哲宗内心颇有想法。吕大防就在经筵上发表了一番关于宫禁亲情礼仪的进言,直截了当地陈述了赵宋祖宗家法中的事亲、事长之法:"元祐八年春正月丁亥,上御迩英阁,召宰臣、执政暨讲读官讲《礼记》讫,读《宝训》……读毕,宰臣吕大防等进曰:'祖宗家法甚多,自三代之后,唯本朝百三十年中外无事,盖由祖宗所立家法最善。臣请举其略:自古人主事母后,朝见有时,如汉武帝五日一朝长乐宫。祖宗以来,事母后皆朝夕见,此事亲之法也。前代大长公主用臣妾之礼,本朝必先致恭。仁宗以侄事姑之礼见穆献大长公主,此事长之法也。'上曰:'今宫中见行家人礼。'"① 吕大防在这段议论中,开篇就以"祖宗家法"警示宋哲宗,让宋哲宗也赶紧剖白自己在宫中所为。而且,吕大防为了加强自己的说服力,接着又煞有介事地列举整肃宫禁的治内之法、后族不许预事的待外戚之法、宫殿止用赤白二色的尚俭之法、冒寒暑步行的勤身之法、燕居必以礼的尚礼之法、轻用法的宽仁之法,以及虚己纳谏、不好畋猎、不尚玩好、不用玉器、饮食不贵异味等种种祖宗家法,用意无非是提醒宋哲宗谨记。

吕大防正是借用了有宋一代奉行不辍的祖宗家法,来增加自己进言的可信度、权威性。面对这样一番堂而皇之、义正辞严的说教,宋哲宗怎么可能不有所触动?虽然不能就此改变宋哲宗对高太后的看法,也不可能阻止日后"绍圣绍述"的发生,但在这一番不易之理面前,宋哲宗却无可反驳,"上甚然之"。

最后,警示皇帝防止后妃干政。在宋代祖宗家法中,本来就有后族不许预事的待外戚之法。在现实中,宋代又数次出现皇

---

① 《皇宋通鉴长编纪事本末》卷九二,《哲宗皇帝·讲读》,第1593页。

太后、太皇太后临朝的现象,所以,这一点的重要性就被凸现出来。

像宋光宗时,"时李皇后浸预政,(倪)思进讲'姜氏会齐侯于泺',因奏:'人主治国必自齐家始,家之不能齐者,不能防其渐也。始于亵狎,终于恣横,卒至于阴阳易位,内外无别,甚则离间父子。汉之吕氏,唐之武、韦,几至乱亡,不但鲁庄公也。'上悚然"。① 而宋光宗因对亲生父亲宋孝宗未能尽到孝道,最终被臣僚劝退逊位。

这样的认识是两宋经筵的共识,还有宋宁宗嘉定年间,经筵官袁燮讲《诗·桃夭》,他这样论述帝王、后妃、亲族、国民之间的关系:"后妃无妬忌之行,闺门有肃雍之美,是非其本欤?惠及其下,众妾序进,则内无怨女;化行于外,婚嫁以时,则国无鳏民。此和气溢,极治之时也……呜呼,后妃之贤否,风俗之美恶系焉。吾身之修与不修,后妃之贤否系焉。君天下者其可忽哉?"②此说颇为当时士大夫所认可,王应麟特意加以肯定:"袁燮讲《诗》'二南',于先王正始之本、后妃辅佐之道,所以自身而家、自家而天下者。"③

也是在宋代时期,随着官方的大力提倡推动,儒家思想不仅登堂入室,对社会产生了深刻影响,甚至对佛教的渗透影响也与日俱增。当时,许多和尚高僧在著述中开始添加忠孝的观念,这是原本从未有过的现象。可以说,宋代是佛教中国化的关键阶段。

---

① 《宋史》卷三九八,《倪思传》,第 12114 页。
② 袁燮:《经筵讲义·〈诗·桃夭〉》,栾贵明辑:《四库辑本别集拾遗》,北京:中华书局,1983 年,第 135、136 页。
③ 《玉海》卷二六,《帝学·诗·庆历迩英阁讲诗》,第 522 页。

宋朝通过重振儒家伦理纲常,包括大力提倡孝道,有力地配合了政治与社会秩序建设,从而保持了中央强大的对内控制力,同时也保障了社会有较长时期的稳定局面。两宋三百年间,太后称制、外藩入继、皇帝内禅等现象时有发生,但都没有引发血腥的斗争,这与强调皇帝的亲族伦理观念有很大关系,也是中国历史上所罕有的现象。而皇室内部的稳固,无疑发挥了其国家政局稳定器的作用。

大致而言,宋朝统治的稳定期相对较长,在大多数时期内上层的矛盾斗争相对缓和,政治动荡相对较少,既没有产生如汉唐中央的宦官专权、权臣当道、外戚干政的突出问题,也没有出现地方上的豪强大族盘踞或藩镇割据的局面,更没有发生席卷全国的大规模农民起义,正如南宋人总结道:"汉唐多内难而无外患,本朝无内患而有外忧。"[1]宋朝大多数帝王与官员注重程序规矩,[2]从而使得其政治的文明程度超越了前后许多王朝;宋代社会经济发展水平极大地超过以往任何时代,特别是商品经济活跃,市场与城市呈现出前所未有的新格局,《清明上河图》便是其形象化的反映;宋代文化教育及科技快速发展,成就斐然,整体社会的文化知识水平显著提高;[3]以往森严的社会等级观念在宋代发生松动,旧的贵族、门阀士族之类少数高高在上的特权阶层消失,普通地主及平民获得上升的机会,社会的上下流动加

---

[1] 吕中:《宋大事记讲义》卷一,《序论·国势论》,影印文渊阁四库全书本,第686册,第194页。

[2] 参见陈峰:《政治选择与宋代文官士大夫的政治角色——以宋朝治国方略及处理文武关系方面探究为中心》,《河南大学学报》2007年第1期。

[3] 王曾瑜:《宋代文明的历史地位》,《河北学刊》2006年第5期。

快,故被外国学者称之为"市民社会""近世社会"。①

由此,两宋时期经济、文化及科技独领风骚,如现代史学家陈寅恪先生所评价:"华夏民族之文化,历数千载之演进,造极于赵宋之世。"②

---

① 有关这一观点,主要见于日本学者内藤湖南、宫崎市定等"唐宋变革"说,参见李华瑞:《20世纪中日"唐宋变革"观研究述评》,《史学理论研究》2003年第4期。

② 陈寅恪:《邓广铭宋史职官志考证序》,《金明馆丛稿二编》,上海:上海古籍出版社,1982年,第245页。

真德秀的孝道思想与民间社会管理理念

陈支平

真德秀是朱子学的重要传人,有"小朱熹"之称,对弘扬朱子学做出了突出贡献。南宋嘉定、绍定年间,真德秀两次出任泉州知州,整顿市舶,罢"和买",禁重征,复兴海外贸易,整饬吏治,惩贪官,抑豪强,减轻人民疾苦;劝农以农为本,积极生产,并主持兴修水利,使民赖以温饱;重视民间风教,安定社会秩序;巩固海防,增设水寨,捕捉海盗,保护沿海居民和商旅安全。其治泉有方,深得泉州士民和蕃商的爱戴,离任时送拥道,再任时迎者塞路,并给予立祠纪念。而他在泉州等地大力推行"庶民孝道"的教化,更是对南宋以来民间的孝道施行起到了重大的社会作用。本文即试图对于真德秀所倡导的"庶民孝道"之说做一初步的分析。

一、政治性功能与民间社会管理功能是孝道的两个基本面

中国人提倡孝道,由来已久。但是到了近现代,人们对于传

统"孝道",颇有微词。一方面,人们认为所谓的"孝道",过于虚伪,甚至有悖人道;另一方面,特别是知识分子们,总是热衷于把"孝道"与政治统治联系在一起,认为历代统治者为了让天下臣民效忠于自己,大力提倡"孝道",鼓吹"移孝作忠",以"孝道"的名义,最终达到"忠君"以及下级效忠于上级的统治目的。台湾学者吕妙芬在《孝治天下》一书中这样写道:"统治者以孝治天下,在汉代已表现得淋漓尽致,除了君王身体力行、告谕天下、提倡尊老政策以外,司法、教育、选才、赋役等系统也都介入支持,使得'孝'成为政治文化中极重要的价值,也因而不乏被各方挪用而变质的事例,具高度政治性。后代君王同样注重孝治虽然形式与程度有所差异,但以孝作为统治的意识形态,在中国历史上有相当的延续性,不过仍以近世时期最为完备。……旌表是皇权深入民间收编既有势力与提倡官方意识形态的重要手段,也是民间,尤其是地方大族,得以争取获得国家认可、扩展自身权力与影响的重要机制。因此,旌表对于孝治的推行十分重要。旌表孝子虽在唐代已有许多事例,但李丰春和杨建宏都指出,旌表的制度要到宋代才更完备,也才更深入民间。……近世中国朝廷利用旌表制提倡孝道的机制,愈到晚近愈趋制度化和成熟,也愈深入民间,并且跨越性别,其对于孝治意识形态之影响不容忽视。"[①]

中国历代统治者提倡"孝道",固然有借此堂皇的名义以达到"家天下",以及由下而上逐级顺服的统治秩序,这种"移孝作忠"的统治阶级意识形态价值观,不但在一定程度上维护了历代官方的统治,而且也在不同的领域内导致了专制体制的逐步强

---

① 吕妙芬:《孝治天下——孝经与近代中国的政治与文化》,台北:联经出版事业股份有限公司,2011年,第35~36页。

化和"孝道"的虚伪性。① 然而我们还不得不重新思考的是,"孝道"除了在政治领域产生重要作用之外,它对于民间基层社会而言,是否具有其不可忽视的正面作用？在以农业为立国之本的中国社会,"孝道"的存在,是否具有它的合理性及不可替代性？显然,关于"孝道"与中国民间社会的建构与管理,是我们讨论"孝道"问题时所无法回避的一个重要问题。

事实上,宋代儒者特别是理学家们,对于"孝道"的理解与倡导,并不仅仅局限在"移孝作忠"的高度政治性上面,而是更加侧重于人与社会的基层建构。从个人而言,著名的《大学章句》提出"修身、齐家、治国、平天下"的理想,而"修身"是达到终极目标的基础,假如没有意诚正心的"修身",那么一切理想均为空谈,所谓"修身而后家齐,家齐而后国治,国治而后平天下"。而从社会建构而言,"孝道"无疑就是一切社会组织与管理的最为基础性的建构。孔子曾经说过:"孝弟也者,其为仁之本与！"以父子、兄弟关系为核心的人伦规范,即以爱敬、顺从、和睦、谦让等为主要人间秩序价值观。缺失了"孝道""孝悌"的人伦规范及人间秩序价值观,则民间社会必然进入到极其混乱无序的状态,民间社会的正常延续就无从谈起。正因为如此,宋代的儒者们,对于"修身"与"孝道"这两则做人与建构管理社会的基础价值观,不但自身勤于实践,而且不遗余力地予以宣扬倡导。在某种意义上甚至可以讲,宋代儒者特别是理学家们对于"孝道"在民间社会建构和管理上发挥重要作用的期待,恐怕要超过他们对于"孝道"导致"忠君"政治作用的期待。

下面,我们以南宋儒者、理学家真德秀为例,就"孝道"与民

---

① 参见陈支平:《朱熹及其后学的历史学考察》第1卷,《唐宋变革与明清实践》,北京:商务印书馆,2016年。

间社会建构管理的相互关系诸问题,作一初步的探索。

二、真德秀的《谕俗文》与倡导孝道

真德秀是朱熹的重要传人。朱熹本人在其短暂的为官日子里,每到一处,总是不忘以儒家的道德观教化当地官吏、民众,写下了不少的《谕俗文》《劝农文》一类的文章。朱熹的这种行为,显然深刻影响到他的传人后学们。黄榦、真德秀等,也都仿效朱熹,在自己的官任上,撰写《谕俗文》《劝农文》,以期达到教化当地官吏、民众的作用。其中,真德秀所撰写的《谕俗文》《劝农文》等教化文章,大概是朱熹的后学之中最为突出的一位。

我们现在可以在《西山先生真文忠公文集》等文献中看到的《谕俗文》《劝农文》一类的有关地方教化的文章,一共有17篇。分别是《泉州科举谕士文》《劝学文》《潭州谕同官咨目》《潭州谕俗文》《劝立义廪文》《谕贼文为招司作》《福州谕俗文》《浦城谕保甲文》《再守泉州劝谕文》《泉州劝孝文》《谕州县官僚》《福州劝农文》《泉州劝农文》《劝农文》《隆兴劝农文》《劝农文》《再守泉州劝农文》等①。其中《潭州谕俗文》《再守泉州劝谕文》《福州谕俗文》《潭州劝学文》《泉州劝孝文》等6篇,当明末清初曹溶编辑《学海类编》时,汇为一辑,以真德秀《谕俗文》的名称,单独刊布于世。民国年间商务印书馆王云五编辑出版《丛书集成初编》,以及1985年中华书局重印《丛书集成初编》时,均沿用曹溶《谕俗文》的名称,收入此书。②

---

① 真德秀:《西山先生真文忠公文集》卷四〇,《四部丛刊》本。以下所引真德秀文集,均出自此本,不再注明出处,特此说明。
② 真德秀:《谕俗文》,重印《丛书集成初编》,北京:中华书局,1985年。

真德秀在这一系列的社会劝谕文中,其对于"孝道"与民间社会关系的论述,以《潭州谕俗文》最为突出,该谕俗文略云:

太守叨蒙上恩,擢守湘土,深惟朝廷委之重,非特责以有司常务而已,布宣德化、导迪人心,实守臣之事。顾此风俗未详知,今以天性人伦之大者,与夫迁善改过之方,首为尔民告,名之曰谕俗三事,今具于后。

一、古者教民,必以孝悌为本,其制刑亦以不孝不悌为先。盖人之为人异乎禽兽者,以其有父子之恩、长幼之义也。诗云父生我、母鞠我;继之曰欲报之德昊天罔极。此言父母之恩,与天同大;为人子者,虽竭其力未足以报也。今乃有亲在,而别籍异财;亲老而供养多阙,亲疾而救疗弗力;亲没而安厝弗时。不思此身从何而有?罔极之报,当如是乎?至于兄弟天伦,古人谓之手足,言其本同一体也。今乃有以唇舌细故而致争、锥刀小利而兴讼,长不恤幼卑,或陵尊,同气之亲,何忍为此?潭湘旧俗素淳厚,如前数者,未必有之。太守此来,欲以义理训民,未免预陈劝戒,已行下州城及十二县。自今民间有孝行纯至友爱著闻者,采访得实,具申本州岛,当与优加旌赏,以为风俗之劝。或其间有昧于礼法之人,为不孝不悌之行,乡里父老其以太守之言,曲加诲谕,令其悛改。……若上违太守之训言,下拒父老之忠告,则是败常乱俗之民,王法所加,将有不容已者。一蹈刑戮,终身不齿,虽悔何及尔?民其思之毋忽。

一、古人于宗族之恩,百世不绝,盖服属虽远,本同祖宗,血脉相通,岂容间隔?至于邻里乡党,虽比宗族为疏,然其有无相资、缓急相依、患难相救、疾病相扶,情义所关,亦为甚重。今人于此二者,往往视以为轻。小有忿争,辄相陵犯。词愬一起,便为敌仇。有一于斯,皆非美事。昔江州陈氏累世同居，聚族至七百余口，前代常加旌表，至今为义门。近者吉州孙进士，以惠施一乡，诸司列奏蒙恩特免文解，士夫以为美谈。江湖之间，境土相接，岂有江西之人为义举，而此独不能？今请逐处老成贤德之士，交相劝率，崇宗族之爱，厚邻里之欢，时节往来，恩义浃洽。小小乖忤，务相涵容，不必轻启讼端，以致结成怨隙。若能和协亲族、赒济里间，为众论所推，亦当特加褒异。如其不体教训，妄起讼争，惩一戒百，所不容巳。尔民其勉之毋忽。

一、官之与民，谊同一家，休戚利害，合相体恤。为有司者，不当以非法扰民；为百姓者，亦不当非理扰官。太守平时以爱人利物为心，不啻饥渴。视事之始，切切讲求。已转牒州县官，各以四事自勉，而为民除其十害。何谓四事？律己以廉，抚民以仁，存心以公，莅事以勤是也。何谓十害？断狱不公，听讼不审，淹延囚系，惨酷用刑，泛滥追呼，招引告讦，重迭催税，科罚取财，纵吏下乡，低价买物是也。十者有无所未详知，万一有之，当如拯溺捄焚，不俟终日，务令田野安帖，愁叹不生。民间有公共利病，太守所未及知，许明白具状前来陈述，但不许匿名实封讦人私过。言而有理，即当详酌，以次施行。尔民亦宜体太守此心，更相劝戒。非法之事勿妄作，如豪强横吞谋贫溺，奸狡诈伪欺骗良善，教唆词讼，计属公事，聚众斗殴，开坊赌博，居停盗贼，屠宰耕牛，沽卖私酒，兴贩禁物，如此之类，皆系非法。无理之讼勿妄为，如事不干己，辄行告讦，撰装词类，夹带虚实，如此者皆是无理。或日前所为，未免害义。若幡然悔悟，去恶从善，如汤沃雪旧迹都消。人谁无过，改之为贵。周处三害，终为名贤。父老其以此意为乡间子弟反复解说，必若教之不悛，则国家有法，官司有刑。太守虽欲宽，不可得尔。民其幸听之毋忽。

　　右谕俗三事,开具在前。太守之于尔民,犹父兄之于子弟。为父兄者,只欲子弟之无过;为太守者,亦只欲尔民之无犯。故于到任之初,以诚心实意谆谆告谕。其不识文义者,乡曲善士当以俗说为众开陈,使之通晓,庶几人人循理、家家畏法,田里无追呼之迹,公庭无鞭扑之声,民情熙然,化为乐众,岂不美哉? 故今榜示各宜知悉。①

真德秀在这篇《潭州谕俗文》中,把当时的社会管理教化分为三个层次。即第一个层次以个体家庭为核心,在家庭内部,必须施行孝道、孝悌,"父母之恩,与天同大;为人子者,虽竭其力未足以报也"。"兄弟天伦,古人谓之手足,言其本同一体也"。在家庭内部施行了孝道、孝悌之后,就可以使得家庭各位成员尊老爱幼、相互体贴、和睦共处。在个体家庭这个社会基础之上,是宗族和乡族。因此真德秀在社会管理教化中设计了第二层次。"宗族之恩,百世不绝,盖服属虽远,本同祖宗,血脉相通,岂容间隔? 至于邻里乡党,虽比宗族为疏,然其有无相资、缓急相依、患难相救、疾病相扶,情义所关,亦为甚重。"这也就是说,从家庭内部的孝道、孝悌出发,扩展到宗族、乡族的层面,才可以做到乡里之间的缓急相依、患难相救、守望相助,使得宗族、乡族的基层社会,处于一个比较长期稳定的状态之中。在这两个层次之上,即第三层次,是民间基层社会与官府的关系。民间基层社会如果与官府没有一种比较良好的互动关系,社会的长期稳定与长治久安,只能是一句空话。因此,真德秀所向往的民间基层社会与官府的关系,应该是"谊同一家,休戚利害,合相体恤"。显然,真

---

① 真德秀:《西山先生真文忠公文集》卷四〇,《文》,第7~12页。

德秀把家庭的孝道、孝悌,进一步扩展到基层社会与官府的关系之上。民间与官府,只有做到像家人那样"谊同一家",社会的管理才能敬上抚下、合相体恤。

中国提倡"孝道"由来已久,这与长期以来我国农业社会紧密相关。以农作物生产为特征的农业社会,基本上必须维持一种安土重迁、邻里相依的社会状态。这种社会有别于商业社会和游牧社会的那种迁徙不定的生产及生活方式。生产与生活的相对稳定性,是农业社会得以延续和发展的基本条件之一。而要维持生产、生活社会环境的稳定性,强化家庭、家族、宗族、乡族等基层社会组织的自身凝聚力,使之能够比较自觉地敬老爱幼、守望相助,则充分启发人性的原始因素,即血亲之爱,无疑是发挥基层社会组织自身凝聚力的最有效的途径。因此可以说,在以农立国的中国传统社会里,提倡和施行"孝道",是维护基层社会相对稳定和谐、民间与官府关系相互体恤必不可少的手段。而当唐宋以来传统的诸侯、世家豪族等维护社会稳定的中坚体系已经崩溃瓦解的情况下,宋代的儒者们极力在继承传统的基础上,重新设计和建构一种适应于宋代社会的新的家族制度。这种新的家族制度,即民间基层社会的基本组织形式,不仅需要在硬件制度及组织上的设计与建构,而且还应该有与之相对应的道德价值观和行为价值观予以支撑。真德秀在《潭州谕俗文》中所阐述的以"孝道"为核心的社会管理教化的三个层次理念,无疑对于进一步完善南宋时期的民间基层社会组织及家族制度,起到了重要的宣化作用。

真德秀不仅在潭州任上以孝道劝谕地方的民众与官吏,在担任其他地方的官员时,也是如此。他在知泉州时,撰写了《泉州劝孝文》和《再守泉州劝谕文》等,也是以孝道作为教化民众和

管理基层社会的首要内容,"当职昨以三事谕民,首及孝悌"。①他在《再守泉州劝谕文》中以四字一组的通俗文字这样写道:

> 太守将至,郡人欢迎,自惭薄德,莫副民望,视事之始,合有教条,不惮谆谆,为尔开说。凡为人子,孝敬是先,其次友爱,协和兄弟。人非父母,岂有此身?父母生儿,多少艰辛,妊娠将免,九死一生。乳哺三年,饮母膏血。携持保抱,日望长成,如惜金珠,如护性命。慈乌反哺,犹知报恩,人而不孝,乌雀不若。兄弟之爱,同气连枝,古来取喻,名为手足。人无兄弟,如无四肢,痛痒相关,实同一体。长当抚幼,弟当敬兄,或值急难,尤须救助。其次族属,虽有亲疏,论其源流,皆是骨肉。譬如大木,枝叶分披,本同一根,气脉未远,岂宜相视,便若路人?其次乡邻,情义亦重,患难相扶,疾病相救,恩义往来,亦不可阙。以上四事,人道大端。凡尔良民,首当加勉。家家孝友,人人雍和,息事省争,安分循理,得已且已,莫妄兴词,一到讼庭,终身仇敌,更相报复,无有休期,坏产破家,多由于此。语言喧竞,或不能无,邻里之间,急宜劝止,莫令交手,致有斗伤,彼中汝拳,汝受官棒,本因小忿,近结深仇。何似始初,便从忍耐,触来莫竞,心下清凉。市井经营,虽图利息,亦须睹是。莫太亏瞒,秤斗称量,各务公当,大入小出,天理不容,湿米水肉,大为人害,放债收息,量取为宜。分数太多,贫者受苦,举债营运,如约早还,莫待到官,然后偿纳。饮酒无节,少不生灾,赌博不戒,多至为盗。游手浮浪,久必困穷。勤谨服业,终是得力。太守今此,为民复来,有大不平,当为伸雪,有大不便,当为蠲

---

① 真德秀:《西山先生真文忠公文集》卷四〇,《文》,第18页。

除。事若细微,不必相挠。于尔无益,于我徒劳。违法犯刑,最不可作,旧来有过,各许自新,教而不从,刑斯无赦。有过能改,即是善良。耆艾老成,宜推此意,诲尔子弟,及其乡人,有违此言,众共诮责。凡此忉怛,欲晓编民。读书为儒,师慕圣哲,自知义理,不待鄙言,所望以身,率先闾里,一方一所,有一仁贤,以善教人,人必感动。去薄从厚,弭灾召和,其始自今,永为乐国。①

真德秀在诸多的《劝谕文》《谕俗文》《劝孝文》中,常常引用前人或当地尽孝的典型例子劝导民间施行孝道,但是他对于某些极端的尽孝方式,如割股疗亲等等,似乎并不赞同,他在《泉州劝孝文》中说:"子之事亲,常须恭敬,不得慢易,盖父母者,子之天地也。为人而慢,天地必有雷霆之诛;为子而慢,父母必有幽明之谴。……亲年既高,不能无疾,人子当躬自侍,奉药必先尝。若有名医,不惜涕泣恳告以求治疗之法,不必剔肝刳股然后为孝。盖身体发肤受之父母,或不幸因而致疾,未免反贻亲忧。"②这种居于人道人情的劝孝,显然要比那些无限道德化的劝孝方式,更为切合民间社会的实际。

真德秀不仅仅只是在《劝孝文》《谕俗文》中宣扬孝道,在其他如《劝农文》《劝学文》中,也都以"孝道"为主要道德指南,化育民间社会。如在《隆兴劝农文》中说:"太守被命来守此土,两月于兹矣,闾阎之利病,田里之疾苦,朝夕访问,不敢一日忘。今者春行视农,获与尔父老周旋于郊外,敢竭诚意与父老言。……尔农有愁叹之苦,汝农亦宜尽力以务本、谨身以节用。与其怠惰而饥寒,何如勤苦而温饱;与其奢侈而困穷,何如俭约而丰足。有

---

① 真德秀:《西山先生真文忠公文集》卷四〇,《文》,第17~18页。
② 真德秀:《西山先生真文忠公文集》卷四〇,《文》,第19~20页。

子弟当教之以孝义,有妇女当课之以蚕织。兄弟宗族,恩义至重,不可以小利致争;邻里乡党,缓急相须,不可以小忿兴讼。喜争斗者,杀身之本;乐词讼者,破家之基。赌博乃偷盗之媒,耽酒是丧生之渐。凡此数事,为害至深,有一于此,必致祸败。父老其以此意遍谕,使更相劝勉,庶田亩辟、百谷丰,家给人足,风俗近厚,则尔农之利也,亦太守之愿也。"①在湖湘任上的《劝农文》说:"嗟尔湘人为生甚勤,土瘠而硗,俗婺且贫,太守之来,兢兢朝夕,惠利为心,可质天日。……父慈子孝,和气满堂,雍雍愉愉,为家之祥。子悖其亲,父虐其子,伤恩败教,皆由兹始。有媪曰陈百岁,康强若儿若女,鹤发成行。问其所致,曰慈曰孝。夫岂偶然,天道之报。陈民长少,县明道乡人,今年百有二岁,二男一女,皆近八十,缘其母慈子孝,所以天赐之高寿。我劝尔民,是则是效。"②

在《泉州劝农文》中说:"仲春劝农耕,郡国有常制。……父老记我言,归语尔子弟,及尔乡党间,各各修礼义,事亲与敬长,必也孝且悌,恩爱睦宗族,欢好洽邻里,全此乃为人,否则犬豕类。第一勿好饮,好饮多招累,颠冥触罪罟,太半缘酣醉。二则勿好博,好博为身祟,但观盗窃徒,多起捂蒲戏。三则勿好斗,逊顺人所贵。忘身及其亲,每每因忿恚。何如忍须臾,事过心如水。四则勿好讼,终凶圣所戒。小则糜赀财,大则遭缧系。何如退跬步,终身免颠踬。我昔初下车,谆谆尝揭示。今复重丁宁,尔民宜切记,谕农因谕俗。予心真笃至,不言而化行,有愧古循吏。"③真德秀第二次出任知泉州时,再次出榜《劝农文》,并且把

---

① 真德秀:《西山先生真文忠公文集》卷四〇,《文》,第30~31页。
② 真德秀:《西山先生真文忠公文集》卷四〇,《文》,第31页。
③ 真德秀:《西山先生真文忠公文集》卷四〇,《文》,第27~29页。

《孝经·庶人章》刊刻成册,广泛散发于民间,俾之有所遵行。《再守泉州劝农文》云:

> 太守前任三年而去,己卯《劝农文》有曰来岁相望,邈乎山川。盖睠睠泉民而不忍去之。十四年蒙恩复来,又因劝农,得举杯酒以饮父老,喜当如何?尔民之喜,当亦如太守之喜也。太守此来,精神气力不及前时,惟有真心爱民不减前时。今所望于父老者,劝化乡间后生子弟,各为善人,各修本业而已。《孝经·庶人章》曰:"用天之道,因地之利,谨身节用,以养父母,此庶人之孝。"此经乃至圣文宣王所作,大圣语言,应不误人。春宜深耕,夏宜数耘,禾稻成熟,宜早收敛,豆麦黍粟,麻苎菜蔬,各宜及时用功布种,陂塘沟港,潴蓄水利,各宜及时用功浚治。此便是用天之道。高田种早,低田种晚,燥处宜麦,湿处宜禾,田硬宜豆,山畲宜粟,随地所宜,无不栽种,此便是因地之利。既能如此,又须谨身节用,念我此身,父母所生,宜自爱惜,莫作罪过,莫犯刑责,得忍且忍,莫要斗殴,得休且休,莫生词讼。入孝出悌,上和下睦,此便是谨身。……财物难得,常须爱惜。食足充口,不须贪味。衣足蔽体,不须奢华。莫喜饮酒,饮多失事。莫喜赌博,好赌坏人。莫习魔教,莫信邪师。莫贪浪游,莫看百戏。凡人皆因妄费无节生出事端,既不妄费,即不妄求,自然安稳。无诸灾难,便是节用。谨身则不忧恼父母,节用则能供给父母,能此二者,即是谓孝。故曰:"以养父母,此庶人之孝也。父母虽亡,保守遗礼,勤修祭祀,亦与孝养一同。"《孝经》此章凡二十一字,今镂小本,烦尔父老散与乡民,劝其朝朝诵念,字字奉行。如此则在乡为良民,在家为孝子,明不犯王法,幽不遭天刑,比之游惰废业自取饥寒、放荡不谨自招危辱者,相去远矣。尔民既喜太守之复来,则当

信从太守之教令,其敬听之毋忽。①

再这份《劝农文》中,真德秀除了一再秉持"孝道"作为教化民间社会和睦相处、勤力为农之外,他还希望通过"孝道"的宣扬,摒弃各种不良的社会风气。特别是南宋时期的泉州地区,是当时中国著名的对外交通码头之地,随着中外文化交通的发展,一些海外的文化表现形态如摩尼教、基督教、印度教等,也随着阿拉伯商人及西方商人的来临,在泉州地区有所传播。真德秀作为一名纯正的儒者,自然是不能接受这些外来宗教在自己治下的区域内传播,因此他在这篇《劝农文》中,特别指出了这一点,"莫习魔教,莫信邪师。莫贪浪游,莫看百戏"。真德秀的这篇《劝农文》,既反映了真德秀始终把"孝道"的施行作为构建管理民间基层社会的首要道德教化内容,同时也从另一个侧面,反映出南宋时期泉州地区社会经济与文化的若干新的动向。而这一动向,已经为敏锐的儒者真德秀所注意。他所提出的以中国传统的"孝道"道德价值观来抵御外来文化的侵袭,无论是错还是正确,都是十分值得我们今天面对外来不良文化侵袭时所应当予以深思的。

三、真德秀推行孝道的其他措施

真德秀认为在民间推行孝道,建立比较和谐的宗族、乡族关系,除了广加劝谕之外,司法的配合也是重要的辅助环节。地方官员应该根据褒奖孝行、惩罚不孝的原则,强化孝道在民间社会的施行。如上引他在《潭州谕俗文》中所说:"或其间有昧于礼法

---

① 真德秀:《西山先生真文忠公文集》卷四〇,《文》,第33~34页。

之人,为不孝不悌之行,乡里父老其以太守之言,曲加诲谕,令其悛改。""若上违太守之训言,下拒父老之忠告,则是败常乱俗之民,王法所加,将有不容已者。一蹈刑戮,终身不齿,虽悔何及尔?民其思之毋忽。"他在《泉州劝孝文》中也强调了这一想法,他说:

> 数月以来,累据诸厢申到,如黄章取肝以救母,刘祥取肝以救父。近又有承信郎周宗强者,其母安人陈氏得疾几危,宗强割股救疗,母遂平复。虽非圣经所尚,然其孝心诚切,实有可嘉。今忽据百姓吴拾同妻阿林,诉其子吴良聪不孝。再三审问,具言其详。当职忝为郡守,不能以礼义训人,致使民间有此悖逆,日夕惭惧,无地自容。周承信除依条支赏外,特请赴州,置酒三行,以示宾礼之意,用旗帜鼓乐鞍马伞扇送归其家。吴良聪罪该极刑,姑与从轻杖脊二十,髡发拘役一年,仍就市引断。使人知孝于其亲者。有司所深敬;不孝其亲者,王法所必惩。兼此邦之人本来易化,只缘官司不加训励,故有无知而轻犯者。今为尔民略陈大义。昔者圣人作《孝经》一书,教人以事亲之道。其纪孝行章曰:"孝子之事亲也,居则致其敬,养则致其乐,病则致其忧,丧则致其哀,祭则致其严,五者备矣,然后能事亲孝之始终,无出于此。"①

真德秀的这种以道德教化和司法奖惩相互配合的推行"孝道"之举,对于稳定民间基层社会和民间与官府的关系,势必起到比较良好的社会效果。然而,真德秀认为仅凭官府司法的强制,还不是最好的办法,作为真德秀设计民间社会建构与管理的

---

① 真德秀:《西山先生真文忠公文集》卷四〇,《文》,第18~19页。

第三层次,即民间与官府和谐互为体恤方面,官府的以身作则、严于律己、表率民众,从而秉公施政,同样也是督促民间施行孝道、官民和谐的必不可少的方面之一。为此,真德秀还专门撰写了劝谕官吏的文字,他在《谭州谕同官咨目》中谆谆劝谕同僚与属下云:

  某猥以庸虚谬当闻寄朝夕怵惕,思所以仰答朝廷之恩、俯慰士民之望,惟赖官僚叶心同力,庶克有济。区区辄有所怀,敢以布于左右。盖闻为政之本,风化是先。……今欲因其本俗,迪之于善,已为文谕告,俾兴孝悌之行,而厚宗族邻里之恩。不幸有过,许之自新,而毋狃于故习。若夫推此意而达之民,则令佐之责也。继今邑民以事至官者,愿不惮其烦而谆晓之,感之以至诚,持之以悠久,必有油然而兴起者。若民间有孝行纯至友爱著闻,与夫协和亲族赒济乡间为众所推者,请采访其实以上于州,当与优加褒劝,至于听讼之际,尤当以正名分、厚风俗为主。昔密学陈公襄为仙居宰,教民以父义母慈、兄友弟恭,而人化服焉。古今之民同一天性,岂有可行于昔而不可行于今?惟毋以薄待其民,民将不忍以薄自待矣。此某之所望于同僚者也。然而正己之道未至,爱人之意不孚,则虽有教告,而民未必从,故某愿与同僚各以四事自勉,而为民去其十害。

  何谓四事?曰律己以廉。凡名士夫者,万分廉洁,止是小善,一点贪污,便为大恶。不廉之吏,如蒙不洁,虽有他美,莫能自赎。故此以为四事之首。抚民以仁。为政者当体天地生万物之心,有一毫之惨刻,非仁也。有一毫之忿疾,亦非仁也。存心以公。《传》曰公生明。私意一萌,则是非易位,欲事之当理,不可得也。莅事以勤是也。当官者一日不勤,下必有受其弊者。古之圣贤,犹且日昃不食,坐以待旦,况其余乎?今之世有勤于吏事者,反以鄙俗目之;而诗酒游宴则谓之风流娴雅,此政之所以多疵,民之所以受害也,不可不戒。

何谓十害?曰断狱不公。狱者民之大命,岂可小有私曲?听讼不审。讼有实有虚,听之不审,则实者反虚,虚者反实矣。其可苟哉?淹延囚系。一夫在囚,举室废业,囹圄之苦,度日如岁,其可淹久乎?惨酷用刑。刑者不获已而,用人之体肤,即己之体肤也,何忍以惨酷加之乎?今为吏者好以喜怒用刑,甚者或以关节用刑,殊不思刑者,国之典,所以代天纠罪,岂官吏逞忿行私者乎?不可不戒。泛滥追呼。一夫被追,举室皇扰,有待引之需,有出官之费,贫者不兑举债,甚者至于破家,其可泛滥乎?招引告讦。告讦乃败俗乱化之原,有犯者自当痛惩,何可勾引?今官司有受人实封伏与出榜,召人告首,阴私罪犯,皆系非法不可为也。重迭催税。税出于田,一岁一收,可使一岁至再税乎?有税而不输,此民户之罪也,输已而复责以输,是谁之罪也?今之州县,盖有已纳而钞不给,或钞虽给而籍不销,追至官呈钞乃免,不胜其扰矣。甚者有钞不理,必重纳而后已,破家荡产、鬻妻卖子,往往由之。有仁心者,岂忍为此?科罚取财。民间自二税合输之外,一毫不当妄取。今县道有行科罚之政,与夫非法科敛者,皆民之深害也,不可不革。纵吏下乡。乡村小民,畏吏如虎。纵吏下乡,犹纵虎出柙也。弓手士兵,尤当禁戢,自非捕盗,皆不可差出。低价买物是也。物同则价同,岂有公私之异?今州县有所谓市令司者,又有所谓行户者,每官司敷买,视市直率咸十之二三,或不即还,甚至白着民户,何以堪此?

某之区区,其于四事,敢不加勉?同僚之贤固有不俟丁宁而素知自勉者矣,然亦岂无当勉而未能者乎?传曰过而不改,是谓过矣。又曰谁谓德难厉其庶而贤不肖之分在乎勉与不勉而已。异时举刺之行,当以是为准,至若十害,有无所未详知,万一有之,当如拯溺救焚,不俟终日。毋狃于因循之习,毋牵于利害之私。或事关州郡,当见告而商榷焉,必期于去民之瘼而后已,此又某之所望于同僚者也。抑又有欲言者,夫州之与县,本同一家,长吏僚属亦均一体。若长吏偃然自尊,不以情通于下,僚属退然自默,不以情达乎上,则上下痞塞,是非莫闻,政疵民隐,何从而理乎?昔诸葛武侯开府作牧,首以集众思广忠益为先。某之视侯,无能为役,然虚心无我,乐于闻善,盖平日之素志,自今一道之。利病某之所当知者,愿以告焉。某之所为有不合于理、有不便于俗者,亦愿以告焉。告而适当,敢不敬从?如其未然,不厌反复,则湖湘九郡之民,庶乎蒙赐;而某也,亦庶乎其寡过矣。敢以诚告,尚其亮之幸甚。①

真德秀在这份《谕同官咨目》中,列举了当时官场常见的十种弊病,即"十害"。他希望从自己做起,为官应当坚持律己以廉、抚民以仁、存心以公、莅事以勤,努力抵制十种弊病。只有这样,官府才能做到清明为政,从而与民间建立起相互体恤、上下和谐的官民关系。而这种上下和谐的官民关系,正是居于"孝道"道德基础之上的,所谓"教民以父义母慈、兄友弟恭,而人化服焉"。

真德秀再次知泉州时,发现泉州由于海外贸易的发达,财货茂盛、奇珍汇集,民间一有讼诉,往往贿赂官府,因此他又撰写了

---

① 真德秀:《西山先生真文忠公文集》卷四〇,《文》,第4～7页。

《谕州县官僚》一文,劝诫当地的官吏同僚们。该文略云:

> 某昨者叨帅长沙,尝以四事谕勉同僚,曰律己以廉、抚民以仁、存心以公、莅事以勤。而某区区实身率之,以是二年之间,为潭人兴利除患者,粗有可纪。今者蒙恩起废,再抚是邦,窃伏惟念所以答上恩而慰民望者,亦无出前之四事而已,故愿与同僚勉之。盖泉之为州,蛮舶萃焉,犀珠宝货,见者兴羡,而豪民巨室,有所讼愬,志在求胜,不吝挥金,苟非好修自爱之士,未有不为所污染者。不思廉者士之美节,污者士之丑行。士而不廉,犹女之不洁,不洁之女,虽功容绝人,不足自赎。不廉之士,纵有他美,何足道哉?……己欲安居,则不当扰民之居;己欲丰财,则不当朘民之财。故曰己所不欲、勿施于人。……矧当斯民憔悴之时,抚摩爱育,尤不可缓,故愿同僚各以哀矜恻怛为心,而以残忍掊克为戒。则此邦之人,其有瘳乎?……公事在官,是非有理,轻重有法,不可以己私而咈公理,亦可狥公法以狥人情。……然人之情,每以私胜公者。盖殉货贿,则不能公;任喜怒,则不能公。党亲昵、畏豪强,顾祸福、计利害。则皆不能公,殊不思是非之不可易者,天理也。轻重之不可逾,者国法也。以是为非、以非为是,则逆乎天理矣;以轻为重、以重为轻,则违乎国法矣。居官临民而逆天理、违国法,于心安乎?雷霆鬼神之诛,金科玉条之禁,其可忽乎?故愿同僚以公心持公道,而不汨于私情、不挠于私请,庶几枉直适宜,而无冤抑不平之叹。……今之居官者,或以酬咏遂放为高,以勤强敏恪为俗,此前世衰弊之风也。盛明之时,岂宜有此?……今愿同僚共体此意,职思其忧,非休浣毋聚饮,非节序毋出游,朝夕孳孳,惟民事是力,庶几政平讼理,田里得安其生。……某虽不敏,请以身先,毫发少渝,望加规警。前此

官僚之间,或于四者未能无愧,愿自今始洗心自新。①

真德秀在江西任上时,亦时时不忘官府的自律,他在《隆兴劝农文》中说:"太守被命来守此土,两月于兹矣,闾阎之利病,田里之疾苦,朝夕访问,不敢一日忘。今者春行视农,获与尔父老周旋于郊外,敢竭诚意与父老言。夫劝农,故事也。然知劝农而不知去其害农者,则亦文具而已矣。盖不时之科敷害农也,无故之追扰害农也,夏秋租税已纳重催害农也。近者约束十条亦既禁止丁宁之矣。目今以往,贼盗之殃汝,吾为汝除之;豪猾之侵汝,吾为汝戢之。一害尚存,太守断不敢自安。"②在福州任上时,颁布《谕俗文》,也向民众表达了严厉管束官府所为的决心,"自到福州,一意讲求。赋输太重者,首议蠲减。科须病民者,以次革除。禁公人下乡之扰,除保司代纳之害。戒谕十二县官属,毋滥刑,毋横敛,毋徇私,毋黩货,毋通关节,毋任胥吏。……今以申饬十二县者,行下诸州,各察其属,务去前六者之弊,使斯民各安于田里。尔民幸遇清平之政,宜知爱身寡过,务本着业。……当职以本路之人为本路之帅,其视八州皆如乡党,其待百姓一如子弟。官吏贪残者,当为尔惩之;豪强侵暴者,当为尔戢之;盗贼剽窃为汝之害,当为剪除之。尔既安其生,异思自保父母之身,勿犯有司之法。……自今以往,家家礼义、人人忠孝。变七闽之俗为邹鲁之乡"。③

---

① 真德秀:《西山先生真文忠公文集》卷四〇,《文》,第22~25页。
② 真德秀:《西山先生真文忠公文集》卷四〇,《文》,第30页。
③ 真德秀:《西山先生真文忠公文集》卷四〇,《文》,第25~26页。

四、对于真德秀推行孝道与民间社会管理理念的省思

从上面的分析中,我们可以看到真德秀在地方官任上劝喻民间施行"孝道",无论是在以家庭为中心的父义母慈、兄友弟恭,敬老抚下;还是以"孝道"的精神贯彻于宗族、乡族之内,使宗族、乡族内部得以有无相资、缓急相依、患难相救、疾病相扶,情义相关;以及强调官府为政行为的自律,营造民间与官府相互体恤、和谐的关系,从家庭、宗族、官府的三个层次入手,相辅相成,宣扬和推行"孝道"。其最终的目标,就是建构一个以"孝道"价值观为基础的、和谐相助的民间基层社会。真德秀推行"孝道"以及他的民间社会管理理念及其实践,可谓良苦用心。

真德秀希望通过"孝道"的三个层次的建构和推行,在民间形成一个长期稳定而又贫富相资、邻里相助的和谐社会。对于这一愿望,他在劝谕文、谕俗文中屡屡有所表达。如在湖湘《劝农文》中如是说:"贫富相资,今古同之;富而无贫,谁耕谁耘?贫而无富,谁依谁怙?田连阡陌,禾满囷仓,宜念细民,朝无夕粮。厚积深藏,乘时邀价,众怨是丛,天岂汝赦?厚德长者,幽明所扶,一子克家,万金弗如。为富不仁,鬼神所瞰,累世之储,荡于一旦。我劝尔民,宜以为鉴。……我示尔民,休戚由己,期汝听从,何惜词费?父老来前,劝汝一觞。归语于家,以及其乡。守既爱民,民盍自爱。返朴还淳,迁善远罪。家给人足,复见古风。"① 在《劝立义廪文》中,他更是把先师朱熹的《西铭解》中的

---

① 真德秀:《西山先生真文忠公文集》卷四〇,《文》,第31~33页。

名言加以发挥,"夫人之贫富,虽有不同,推其由来,均是天地之子。先贤有言,凡天下之疲癃残疾茕独鳏寡,皆吾兄弟之颠连而无告者也。我之与彼,本同一气;我幸而富,彼不幸而贫,正当以我之有余,而济彼之不足。自古及今,能以惠恤为念者,其子孙必贤,其门户必兴。盖困穷之民,人虽匆之,天地之心,则未尝不悯之也。我能惠恤困穷,则是合天地之心。合天地之心,则必获天地之佑。此以理言者也。若以利害计之,无饥民则无盗贼,无盗贼则乡井安,是又富家之利也"。①

宋代政府推行保甲制度,人们多以为是准军事的武装自卫组织,真德秀在向自己家乡的父老乡亲们解说的时候,同样别有新意,认为政府建立保甲,实际上最终的目标还是为了乡里和谐、出入相友、守望相助、疾病相扶持。他在《浦城谕保甲文》中说:"古者于乡田,同井之义甚重。出入相友、守望相助、疾病相扶持。今之里社,亦古之遗意。然今人少知此义,邻里相视,往往皆如路人。近因官司举行保甲,某甚以为喜。盖不惟可备不虞之患,亦欲因此与里社相亲,渐还古意。以诸隅区处未定,故未能行。近者官司又再催促,而各隅之人返生疑惑者,恐其别有差使故也。某尝闻令君与丞公之议矣,大抵保甲之行,止是堤防小窃与遗漏而已。一家有盗不能自获也,邻里毕至,则其获必矣。一家有火不能自灭也,邻里毕至则其灭必矣。若夫扞御外盗,近则有尉寨之兵与招募之兵,远则有朝廷之大兵,不以责之保甲也。一家一名,特其大纲耳。贫士之无仆者,单丁之老弱者,不强之使出也。五日一点,欲见其大数耳。虽有拽队巡警之说,未必常行也。此皆县官本意,而外人未尽知,故有疑论。不

---

① 真德秀:《西山先生真文忠公文集》卷四〇,《文》,第12~13页。

知此法之行,实以恤民,而非扰民。特疑之者过耳。某卜居于此,倏已六年,阖邑之人,皆吾邻里乡党也,思一聚会而未能。今因此遍会吾同邑之人,而力有所不及,将以此月中旬与同社百家修祀于本坊之社,牲牢酒醴,皆一力自备,退而分胙,则百家之人皆预,不以士农工商为间,庶合古人崇重乡社之意。其坐次则别有区处,是日当为陈说,邻里乡党,相亲相睦之义,及官司所以团结保甲本意,庶几众心晓然,无复疑惑。今先浼隅官总首遍行告报,仍为此文揭之门首,庶邻里通知焉。"①

综观真德秀在地方官任上倡导"孝道"的最终目标,是为了建构一个父慈子孝、兄友弟恭、邻里互济、贫富相资、守望相助的民间基层社会。固然,中国历代政府,包括宋代的统治者在内,提倡"孝道"的意识形态与政治化倾向是毫无疑问的,但是,作为建构与管理民间基层社会的核心价值观——孝道,其所发挥的作用也是不能忽视的。事实上,在中国传统的农业社会里,以"孝道"为道德价值观基础构建起来的民间基层社会,是最为理性、最有生命力的。我们实在想象不出在中国的传统农业社会里,有哪一种道德标准所建构起来的民间基层社会模式,可以替代这种以"孝道"为道德价值观基础构建起来的民间基层社会模式。正因为如此,这种以"孝道"为道德价值观基础构建起来的民间基层社会,是可以跨越时代的、跨越王朝体系的。甚至时至今日,中国已经逐渐进入与传统农业社会不甚相同的新的时代,这种"孝道"为道德价值观基础构建起来的民间基层社会仍然有着相当的生命力。我们从真德秀一系列的《劝谕文》《谕俗文》《劝农文》《谕州县同僚》中,看到了宋代儒者对于建构这种以"孝

---

① 真德秀:《西山先生真文忠公文集》卷四〇,《文》,第15~16页。

道"为道德价值观基础的民间基层社会理念的不懈追求。我们在讨论中国"孝道"的时候,切不可只把眼光关注在所谓"孝道"的意识形态政治化之上,真德秀等宋代儒者对于建构民间基层社会所做出的努力和杰出贡献,同样是不可抹灭的。

"孝"观念的深入与张居正夺情的冲突

田澍

张居正夺情是明代中后期仅次于"大礼议"而对统治阶层具有极大震动和显著影响的重大事件。面对张文明的突然去世，根本没有思想准备的神宗、李太后和太监冯保不可能使"顾命之臣"张居正离开万历政坛而回家尽孝守制。但在"大礼议"之后，"孝"观念日益凸显，张居正的夺情又必然背离这一浓烈的社会风气，势必引起轩然大波，并对张居正本人及万历政治带来极大的负面冲击。对于张居正夺情，学界从不同的角度有不同的认识。如孟森认为："综万历初之政皆出于张居正之手，最犯清议者乃夺情一事，不恤与言路为仇，而高不知危，满不知溢，所谓明于治国而昧于治身，此之谓也。"[①]黄仁宇认为该事件是张居正不愿遵守"忠孝大节"所引发的官员愤怒且遭镇压迫害的事件[②]；韦庆远认为张居正夺情是一场权力斗争，反映着部分官员对张居正的行政以及个人作风等方面的严重不满，借机进行宣

---

① 孟森：《明史讲义》，北京：中华书局，2006年，第287页。
② 黄仁宇：《万历十五年》，北京：中华书局，1982年，第20～24页。

泄报复,"甚至企图借此迫他回籍守制三年的机会,削夺其职权,拉他下马"①;汤纲等人认为张居正的"改革整顿触犯了另外一部分官员的利益,因此有更多的官员反对'夺情'"②。不难看出,学界对张居正夺情事件的认知分歧极大,很有必要继续讨论。本文另辟蹊径,以"大礼议"为视角,以"孝"为主线,对张居正夺情事件予以重新审视,以期从总体上对张居正及与该事件有关的人物、万历政局以及明朝后期历史走向有更加全面和理性的认知。

一、"大礼议"与"孝"观念的凸显

发生在正德、嘉靖之际的"大礼议"表面上是有关礼仪性问题的争论,实际上是礼仪掩盖下的权力更迭和秩序重建。长期以来,学界对"大礼议"表述含混,仅仅认为是对世宗之父兴献王尊号的争论,而极少有人明确指出是对世宗能否改换父母这一核心问题的大论战。因为讨论兴献王的尊号问题,首先要明确兴献王与世宗是何种关系。如正视其与兴献王的父子关系,兴献王必然要称皇称帝;如无视父子关系,那自然就不能称皇称帝。在登基之后,君临天下的世宗与兴献王本来就是父子关系,无可争议。当时,兴献王已逝,兴献王之妻蒋氏即世宗之母健在,且世宗为其独子。但以杨廷和为首的朝臣决意要强行剥夺世宗与兴献王的父子关系,极力拆散世宗与蒋氏的母子之情,即朝臣要强迫皇帝改换父母,这是史无前例之事!所以,"大礼议"

---

① 韦庆远:《张居正和明代中后期政局》,广州:广东高等教育出版社,1999年,第794页。
② 汤纲、朱元寅:《明史》,香港:中华书局,2006年,第205页。

争论的核心只是一个问题,那就是世宗能不能解除与兴献王父子关系的问题,或者说是能否更换父母的问题,而绝不是其他无关紧要的问题。以杨廷和为首的一批武宗旧臣想当然地要强迫世宗改换父母,试图要把当朝皇帝塑造成见利忘义的不孝之子。但就其行政资源和行政能力而言,杨廷和及其追随者要在世宗登基之后完成这一棘手问题是根本不可能的,故其失败是必然的。在他们失败的过程之中,"大礼议"对"孝"观念的传播却具有极大的影响,即"大礼议"的胜利就是"孝"的胜利。

在杨廷和提出世宗改换父母的提议后,张璁首先就用"孝"的武器向其发起了精准而又致命的反击。他在《正典礼第一》之疏中开宗明义,明确指出:"臣窃谓孝子之至莫大乎尊亲;尊亲之至莫大乎以天下养。伏惟皇上应天顺人,嗣登大宝,乃即敕议追尊兴献王以正其号,奉迎圣母以致其养,此诚孝子之心,有不能自已者也。"①可见张璁一开始就抓住了"大礼议"的关键,并以此为议礼的鲜明观点,通过全面的阐释,将杨廷和的主张予以否定,取得了胜利。张璁此疏刚一上达,正在对杨廷和不近人情的主张满腹疑虑且"殊不悦"的世宗如获至宝,以少年天性般的口气说道:"此论一出,吾父子必终可完也。"②并表示杨廷和如要因此为难自己,就"避天子位,奉母妃归藩"。③ 不难看出,少年天子敏锐地认识到杨廷和的真实意图就是要剥夺自己与兴献王的父子关系,使自己成为失孝之主,这是自己完全不能接受的。一个从湖北只身前来登基的少年以自己的天性感受极度厌恶老臣杨廷和冰冷的说教,并用纯粹的孝心鼓励自己向强大的杨廷

---

① 张璁:《张璁集·奏疏》卷一,《正典礼第一》。
② 《明世宗实录》卷四,正德十六年七月壬子。
③ 《明史》卷一一五,《睿宗献皇帝传》。

和集团展开了积极而又灵活的斗争,全力维护自己与兴献王的父子关系,最后达到了目的,并趁机干净利落地清除了杨廷和集团。换言之,"孝"是世宗在"大礼议"中强大的精神支柱,是战胜貌似强大的杨廷和集团的法宝。正如张璁所言:"伏念议礼之初,党比雷同,纲常风扫,臣时初叨进士,积忿朝班,不得不为皇上明辩其事。时群众交攻猛于虎口,一人议论轻于鸿毛。伏惟皇上纯孝之心降自天衷,匪由人夺,然犹欲稽公论,不任私恩,遂致廷臣三年聚讼。"①

在"大礼议"中,争论双方都拿"纲常"说事。其中杨廷和一派用"汉宋旧例""宋儒之说"等"纲常"来议礼,以不合时宜的旧事为"天理",强迫世宗改换父母;而张璁等人强调"义理根于人心",以"孝""父子至情""人伦"等"纲常"和顺应人心为"天理"进行还击,保全了世宗的父子之情。张璁始终认为:"父子之恩天性也,不可绝也。"②桂萼亦言:"今兴献帝不在于皇与不皇,实在于考与不考。推尊者,人子一时之至情。父子者,万世纲常,不可易也。"③席书也说:"父子君臣,天经地义,非人所能改也……宋儒论汉事,曰始于讲学不明,终于固执之私意,至今日诸臣之谓也。"④只有让当事人心安气顺,"礼"才能规范社会。张璁认为:"尝闻律设大法,礼顺人心,道民之路也。"⑤父子之情是最大的孝情,是真正的"纲常",不可剥夺,这是张璁等人在"大礼议"中始终坚持的核心立场。正如张璁所言自己支持世宗成全父子

---

① 《张璁集·奏疏》卷一,《辞升翰林学士》。
② 《张璁集·奏疏》卷一,《大礼或问》。
③ 《明世宗实录》卷三七,嘉靖三年三月丙戌。
④ 《明世宗实录》卷三九,嘉靖三年五月癸未。
⑤ 《张璁集·文稿》卷二,《送俞曲靖序》。

之情,"惟在乎彰圣明之孝、振纲常而已"。① 不要说世宗不能答应杨廷和的主张,世宗之母也绝不会因为儿子意外获得皇位而失去自己的独子。她明确告诉杨廷和等人:"安得以吾子为他人子!"②也就是说,至高无上的皇位未能蒙蔽世宗母子的眼睛,在皇位和父子面前,世宗母子选择了后者。"大礼议"的结果就是尊重事实,按照人伦孝情摆正和明确了世宗与孝宗、武宗、兴献王的关系,即世宗以孝宗为伯父,以武宗为堂兄,以兴献王为父。如此,避免了非议,使世宗能够有尊严地君临天下。正如张璁诗言:"请看大孝成天下,从此君臣共太平。"③

在钦定"大礼议"之后,世宗严厉批评杨廷和等人的主张是"毒离父子之亲,败乱天伦之正",而高度肯定张璁之"正义"使"人伦溃而复叙,父子散而复完"④,并认为"人君能尽伦理以立于上,万姓化于下,伦序明而人道备,福将自至"。⑤ 而张璁也理性地看到,世宗的孝心在"大礼议"中起着关键的作用,认为"两议相持,众寡不敌。揆之以天理人心,定之以中正仁义,皇上一人而已"。⑥ 对此,言官也给予高度认可,如嘉靖四年(1525 年)御史王木认为:"陛下议礼出自宸断,纯仁至孝,格于皇天,今卿士民无不悦服。"⑦次年,刑科给事中管律亦言:"大礼之议,出自陛下至性,为臣子者,第宜钦承以孝治天下之怀,各供厥职,无事

---

① 《张璁集·奏疏》卷三,《再陈》。
② 《明史》卷一一五,《献皇后传》。
③ 《张璁集·诗稿》卷三,《四月十一日发龙江柬桂子实》。
④ 《明世宗实录》卷一〇四,嘉靖八年八月戊寅。
⑤ 《明世宗实录》卷八一,嘉靖六年十月丙寅。
⑥ 《张璁集·文稿》卷一,《奉敕撰〈明伦大典〉后序》。
⑦ 《明世宗实录》卷四四,嘉靖四年十月乙卯。

希望可也。"①"大礼议"其实就是否定杨廷和"谬议"而实现张璁主张的过程,张璁观点的胜出,世宗孝心的维护,则进一步凸显了"孝"文化,使"孝"的观念在钦定"大礼议"之后更加深入人心。张璁据此认为:"礼莫大于父子之伦,而明王之治天下必本于孝。孚敬既以是上赞圣天子光明之治,则畴昔之所好而致力者似不为欺世之空文,而或者可以对扬于名教。"②又说:"近因议大礼实始于仓卒定论,诸臣不暇考礼,遂致聚讼四年,更诏三遍,此诚出于皇上因心之孝,亲自裁定,非臣等凡庸所能与也。"③他清醒地认识到"大礼议"背后所反映的其实就是世宗的"纯孝之心",认为"大礼出于皇上因心之孝"④,"我皇上真能大孝尊亲,推己以及人也"⑤。皇帝以"孝"治国,臣民则以"孝"治家。张璁明白地告诉世人:"予佐圣天子修明礼乐,敦叙伦纪,以孝治天下,而资两甥同心协恭,毗赞中兴之盛,竭忠于国,固所以成孝于家也。"⑥张璁去世后,世宗说道:"张孚敬赞大孝于君,彼亦可为孝。然孝即是忠,与谥文忠。"⑦毋庸置疑,"大礼议"进一步强化了以孝治天下的观念,并对当时和后世产生了极大的影响。

在否定杨廷和大礼主张之后,世宗能够以正当的父子兄弟关系立于万民之上,既维护了父子之情的神圣性,又确保了自己的尊严,使尊亲养亲更加深入人心。对此,张居正在嘉靖年间有一精辟深刻的论述,说道:"臣闻古先哲王,立爱以教睦,率德以

---

① 《明世宗实录》卷八一,嘉靖五年六月丁丑。
② 《张璁集·文稿》卷一,《〈礼记章句〉序》。
③ 《张璁集·奏疏》卷二,《论解言礼诸臣》。
④ 《张璁集·奏疏》卷二,《请给假焚黄》。
⑤ 《张璁集·奏疏》卷二,《再请给假》。
⑥ 《张璁集·文稿》卷一,《庆溪桥王公偕配安人齐寿荣封序》。
⑦ 《张璁集·奏疏》卷八,《附疏·谢恤典》。

兴行,盖未有不以孝理天下者……惟我皇上,冠道履德,体睿穷几,固以总百王之条贯,包万善而时出矣……故践祚之初,首命廷臣议举尊崇之礼。而当时议者,率牵章缝之谀见,执叔季之陋议,纷纭靡定。时厪睿思,亲赐折衷,然后观其会通,协于礼义。鸿号之称定,则一本之义昭;宗祀之礼成,则严父之道显……繇此观之,圣孝根心,非天所授,讵能然乎?且夫析众疑而阐湮典,大智也;不阻不回,断之在独,大勇也;修义明礼,万世为则,大烈也;广爱覃恩,以幸海内,大惠也;承天道,顺人心,上下和洽,嘉祥屡降,大顺也。然皆自尊亲一念以始之。信乎圣人之德,无以加于孝矣!"①隆庆初年,穆宗强调:"朕惟礼不可以忘本,而孝莫大乎尊亲。是以自古圣帝明王暨我祖宗列圣,缵祚膺图,君主天下,莫不致隆于所生,盖天理人情之至也。"②高拱对徐阶等人利用皇位更替之际依据旧例平反昭雪而试图否定"大礼议"结论的行为予以严厉的批评和及时的纠正,对穆宗说:"臣惟君臣之义,一毫不可或干;父子之恩,一毫不可或背。此乃万古纲常所在,不止唐虞三代用此为治,即后代之君亦未有舍此能立国者也……夫大礼,先帝亲定,所以立万世君臣父子之极也献皇帝尊号已正,《明伦大典》颁示天下已久矣。而今于议礼得罪者,悉从褒显,将使献皇在庙之灵何以为享?先帝在天之灵何以为心?"为此,他强烈要求予以改正,严肃对待"大礼议"的成果。高拱认为只有如此,"则父子之道正,而皇上之大孝足以永垂于万代;君臣之道正,而皇上之大法足以永于万方"。③穆宗完全认这一主张,立即下令予以纠正。经过嘉靖、隆庆之际的反复,彻底打碎

---

① 《张太岳集》卷一〇,《承天大志纪赞·圣孝纪》。
② 《高拱全集·玉堂公草·上圣母尊谥诏》。
③ 《高拱全集·掌铨题稿》卷一,《正纲常定国是以仰裨圣政疏》。

了部分朝臣在世宗死后否定"大礼议"而捞取政治资本的图谋，标志着"大礼议"最终被高拱画上了句号。

神宗即位后，继续高举"孝"的旗帜。在并尊两宫太后的问题上，神宗以"尊亲"为由，很快达到了目的。神宗认为"礼缘分定，而孝因心推"，要求改变旧制，使生母能与嫡母并尊①。为此，他要求张居正："皇后是朕嫡母，皇贵妃是朕生母，尊号上先生可多加几个字。"②张居正心领神会，以杨廷和为戒，决意促成神宗孝情，借此进一步加强与神宗的关系。他对神宗说："仰稽我祖宗旧典，惟天顺八年，宪宗皇帝尊嫡母皇后为慈懿皇太后，生母皇贵妃为皇太后，则与今日事体正为相同。但与嫡母特加二字，而于生母止称皇太后，则尊尊亲亲之别也。然今恩德之隆，既为无间，则尊崇之礼，岂有有殊？且臣居正恭奉面谕，欲兼隆重其礼，各官仰体孝思，亦皆乐为将顺。今拟两宫尊号，于皇太后之上各加二字，并示尊崇。庶于祖制无忝，而于圣心亦慰。"③就这样，神宗与张居正轻松地实现了两后并尊的计划，既满足了神宗母子的愿望，也进一步奠定了张居正良好的政治基础，确保了万历初政的稳定。

神宗与张居正成功并尊两宫之事，充分说明当时人们对于包括皇帝在内的人子厚待母亲的宽容与认可，不再拘泥于皇后和贵妃的区别而争论不休。那么，当张居正的父亲去世时，人们自然而然地要求张居正回家守制，以尽人子应有的孝情。

---

① 《明神宗实录》卷三，隆庆六年七月辛亥。
② 《张太岳集》卷三七，《两宫尊号议》。
③ 《张太岳集》卷三七，《看详礼部议两宫尊号疏》。

二、守制应为张居正的首选

"大礼议"是世宗想保住固有的父子关系却被杨廷和等人试图剥夺孝情的事件,张居正夺情则是人们要求其离职尽孝而被张居正拒绝的事件。"大礼议"最后以成全世宗的孝情而告胜利,夺情事件则以未能成全张居正的孝情而告失败。

张文明的去世,对处于特殊地位的张居正来说,能否尽孝是要立即明确回答的问题。在明朝,官员若遇父母辞世,恰有重任急务而不能离职丁忧,经皇帝特批,可夺情任职如故。典型的如将领带兵出征,军务在身,必须夺情,不会引发争议。而在职文官借口夺情,一般都会引起不同程度的争论。但在明代前期,文臣特别是阁臣夺情并未引发太大的分歧,更没有因此而引发政局的震荡。如永乐年间,"杨荣先丁父忧,继丁母忧,两情俱夺;黄淮母丧,胡广母丧,俱以特旨夺情;宣德初,金幼孜母忧,张瑛父忧,杨溥母忧,亦遵眷留之旨其,未尝终丧"。① 然而,朝臣频频夺情而无视孝情的行为引起了人们的焦虑,不断有人上疏要求严格禁止此类行为,强调守制的重要性,以便引导群臣以孝为上,维护社会的良性秩序。景泰年间,吏科给事中林聪疏言"夺情非令典,请永除其令"。② 都御史萧维祯得知母亲去世时,便自觉要求守制,认为:"君亲,人之大伦;而孝者,百行之原。使不孝于亲,未必能忠于君。臣职总风宪,苟亏孝道,何以振肃纪纲,

---

① 《万历野获编·补遗》卷三,《阁臣夺情奉差》,北京:中华书局,1959年。

② 《明史》卷一七七,《林聪传》。

表率庶僚?"①正德十六年(1521年)七月,即位不久的世宗要求朝臣不得以任何理由夺情,严格执行守制,以尽人子之孝。为了"示教而惩不孝",世宗特令:"自今有亲丧者,不得夺情。着为令。"②嘉靖十六年(1537年),四川道试御史苏木甚至提出废止洪武祖制中武臣夺情的规定,要求文武朝臣一体守制,但被世宗否决③。终嘉靖朝,除个别参与剿灭倭寇的官员之外,对文官的守制之令得到了严格的执行。正是在这一背景之下,张居正想要夺情就必然面对前所未有的压力。换言之,根据"大礼议"之后日益浓厚的孝情之风和世宗以来用守制对孝道的保护,张居正夺情将要挑战更为严峻的政治形势和社会舆论,与成化年间李贤夺情所面对的情势完全不同。所以,反对张居正夺情者并非简单地反对张居正个人,亦非反对所谓的张居正"改革",更非什么保守派,而是反映着主流意识,代表着强大的政治和社会力量,代表着人心和孝情,代表着历史潮流。

首先站出来反对夺情的是张居正的门生、编修吴中行。他要求张居正奔丧尽孝,疏言:"居正父子异地分睽,音容不接者十有九年。一旦长弃数千里外,陛下不使匍匐星奔,凭棺一恸,必欲其违心抑情,衔哀茹痛于庙堂之上而责以吁谟远猷,调元熙载,岂情也哉!居正每自言谨守圣贤义理,祖宗法度。宰予欲短丧,子曰:'予有三年之爱于其父母乎?'王子请数月之丧,孟子曰:'虽加一日愈于己。'圣贤之训何如也?在律,虽编氓小吏,匿丧有禁;惟武人得墨衰从事,非所以处辅弼也。即云起复有故事,亦未有一日不出国门,而遽起视事者。祖宗之制何如也?事

---

① 《明英宗实录》卷二三五,景泰四年十一月己卯。
② 《明世宗实录》卷四,正德十六年七月癸丑。
③ 《明世宗实录》卷二〇二,嘉靖十六年七月乙巳。

系万古纲常，四方视听，惟今日无过举，然后后世无遗议。销变之道无逾此者。"①检讨赵用贤要求仿效杨溥、李贤故事，"听其暂还守制，刻期赴阙，庶父子音容乖睽阻绝于十有九年者，得区区稍伸其痛于临穴凭棺之一恸也"。②这些建议于理于情于势都是能讲通的。在"权"和"孝"之间，作为文臣首领的张居正带头选择尽孝，其政治效应远大于恋权夺情，对自己，对万历政治，都有积极意义。故吴中行等人的要求符合各方的最大利益，其提议本身绝无恶意。如果当时朝中无人发声，那才是怪事！

在吴中行之后，员外郎艾穆和主事沈思孝联名上疏，理由与吴中行相同，但语气更为强硬，极力要求张居正守制，他们说道："陛下之留居正也，动曰为社稷故。夫社稷所重，莫如纲常。而元辅大臣者，纲常之表也。纲常不顾，何社稷之能安？且事偶一为之者，例也；而万世不易者，先王之制也。今弃先王之制，而从近代之例，如之何其可也……为人臣者，移孝以事君矣，未闻为所夺也。以礼义廉耻风天下犹恐不足，顾乃夺之，使天下为人子者，皆忘三年之爱于其父，常纪坠矣。异时即欲以法度整齐之，何可得耶？陛下诚眷居正，当爱之以德，使奔丧终制，以全大节。则纲常植而朝廷正，朝廷正而百官万民莫不一于正，灾变无不可弭矣。"③提出让张居正奔丧乃至守制要求的首先是非言官身份的文臣，这与"大礼议"中非言官的张璁、桂萼等人站出来反对杨廷和主张的情形相似。紧接着，观政刑部进士邹元标指责的语气更为强烈，在批评张居正行政之失的同时，说道："臣观居正疏言'世有非常之人，然后办非常之事'，若以奔丧为常事而不屑为

---

① 《明史》卷二二九，《吴中行传》。
② 《明史》卷二二九，《赵用贤传》。
③ 《明史》卷二二九，《艾穆传》。

者。不知人惟尽此五常之道,然后谓之人。今有人于此,亲生而不顾,亲死而不奔,犹自号与世曰我非常人也,世不以为丧心,则以为禽兽,可谓之非常人哉?"①

同时,部分大臣对张居正夺情也表达了反对意见,只是表达的方式有所不同罢了。张文明于万历五年(1577年)九月十三日去世,二十七日,神宗同意张居正夺情,要求吏部转告张居正,"准过七七,不随朝,照旧入阁办事、侍讲读。待制满之日随朝"。② 对于神宗的旨意,吏部尚书张瀚不以为然,一来认为张居正夺情与否,是礼部的事,不关吏部;二来认为张居正理当守制,鄙视张居正阳为守制、实欲夺情的行为。据《明史·张瀚传》载:"中旨令瀚留居正,居正又自为牍,风瀚属吏,以覆旨请。瀚佯不喻,谓:'政府奔丧,宜予殊典,礼部事也,何关吏部?'居正复令客说之,不为动,乃传旨责瀚久不奉诏,无人臣礼。廷臣惴恐,交章留居正,瀚独不与,抚膺太息曰:'三纲沦矣!'居正怒。嗾给事中王道成、御史谢思启摭他事劾之,勒致仕归。"③张瀚是当时重臣之中明确反对张居正夺情的代表人物,他不怕因张居正的报复而丢掉官位。张居正之所以将夺情之事交于吏部办理,就是认为张瀚能够听令成全此事。在此之前,资历较浅的张瀚因在吏部尚书的选任中得到张居正的偏爱而被委以要职,故与张居正有较好的配合,但在夺情问题上,他能够顺应大义,不违背良心和孝心,让急于夺情的张居正大出意外。但与吴中行等人不同,张瀚并未公开上疏批评张居正,而是"密晤江陵,动以微

---

① 《明史》卷二四三,《邹元标传》。
② 南炳文、吴彦玲:《校注万历起居注》,万历五年十月二十七日庚辰。
③ 《明史》卷二二五,《张瀚传》。

言,因流涕。"①吏部侍郎何维柏支持张瀚的态度,认为张居正守制"天经地义,何可废也"。②侍讲田一俊"会王锡爵等诣居正,陈大义"。③张瀚等人对张居正守制的要求,应该说是出于对制度、对纲常、对孝情的尊重,是合情合理的一种主张,当然是对张居正真正的保护。平日为张居正所厚的修撰于慎行也反对夺情,张居正闻讯大怒,对他说:"子吾所厚,亦为此耶?"于慎行从容对答:"正以公见厚故耳。"④但张居正对不同意见"怒不测","心嗛之",决意"藉要津利器以防民之口"⑤。

三、对反对夺情者处置失当是张居正最大的政治失误

"阁臣百僚师表,夺情不丧,何以示天下!"⑥对张居正来说,既然不愿首选守制,那就要非常小心和稳妥地处理反对夺情的强大力量。张居正的夺情之所以闹得沸沸扬扬,并使张居正"晚节不保",因此成为具有极大争议性的人物和事件,关键的问题是因为蔑视"孝"情的巨大影响而没有妥善处理好夺情中的反对者。由于"大礼议"之后的观念变化和政局的演变,显然不能拿正统和成化年间的事例来比附万历时期张居正所面对的新问题,就像杨廷和集团不能拿汉宋旧事来套用明世宗所面临的新问题一样。如果一开始简单地沿袭旧例而试图随意地搪塞舆论

---

① 张瀚:《松窗梦语·张太宰恭懿公传》。
② 《明史》卷二一〇,《何维柏传》。
③ 《明史》卷二一六,《田一俊传》。
④ 《明史》卷二一七,《于慎行传》。
⑤ 《国榷》卷七〇,万历五年十月丙戌。
⑥ 《万历野获编·补遗》卷二,《阁臣夺情奉差》。

和以快刀斩乱麻的方式来解决自己面对的问题,则是昧于世情而过于自信了。

夺情事关明王朝的根本利益,对社会的长久稳定和价值导向具有重要意义,守制则对眼前的政治秩序和权力运行有暂时的积极作用。正如张居正的门客贡士、华亭人宋尧愈所说:"相公留,天下苍生幸甚;相公去,天下万世幸甚。"①对张居正而言,面对父亲的去世,可以选择夺情之下策,但必须要处理好必然的反对之声。从张居正幕后活动来看,他一方面真心不想放弃权力,"恐一旦去,他人且谋己"②,只能以继续执政自保;另一方面,他自知孤悬在上,朝中重臣无人站出来明确支持自己,更不可能形成群臣挽留的景象。据于慎行所载:"江陵闻丧在疚,三日不出阁,吏以函捧章奏就第票拟,次相在阁坐候,票进乃出"③。《明史纪事本末》又载:"张居正父丧讣至,上以手谕宣慰,视粥止哭,络绎道路,又与三宫赙赠甚厚,然亦无意留之。所善同年李幼孜等倡夺情之说,于是张居正惑之,乃外乞守制,示意冯保,使勉留焉。"④毋庸置疑,夺情是张居正个人意志的体现。朱东润就此论道:"从居正以上,高拱、徐阶、严嵩、夏言,凡是当过国家大权的,最后都支付了最大的代价。有的被杀,有的儿子被杀;即使幸而不死,也常有被杀的危险。这一个传统太危险了,时时给居正以威胁。万历五年,居正没有去位,实际也不免有些惧祸的意思。"⑤所以说,丧权失势对张居正来说是极其

---

① 《国榷》卷七〇,万历五年十月丙戌。
② 《明通鉴》卷六六,万历五年九月己卯,北京:中华书局,2013年。
③ 于慎行:《榖山笔麈》卷四,《相鉴》。
④ 谷应泰:《明史纪事本末》卷六一.《江陵柄政》。
⑤ 朱东润:《张居正大传》,武汉:湖北人民出版社,1981年,第344页。

可怕的事情,故其对夺情的任何不同意见非常敏感,丝毫不允许别人挑战自己特殊的权威。换言之,他越对反对者不能容忍,就越说明他内心的脆弱和烦躁,越说明政局的诡异。对任何一位拥有权势的人物来说,不论在何种情况下,都要懂得人心向背,通过正常和合法的渠道决定重大问题,同时必须直面必然的反对之声。特别是对与自己密切相关的问题,应主动回避,理性应对。但此时的张居正没有独裁者的名分,却有独裁者的胆量,他赤膊上阵,决意对持不同意见者予以肉体摧残,创造了在短时间内残酷镇压反对者的明代纪录,同时也为自己挖掘坟墓。明人冯梦祯认为夺情事件是张居正在万历时期为政风格剧变的分水岭,并因此而"晚节不终"①。

面对各方的反对,有冯保支持的张居正使出浑身解数,决意严惩持不同意见者。十月二十三日,在张居正的策划下,年纪尚轻而不懂事理的神宗将张居正夺情的事全部揽在自己身上,试图要表现出独立行使皇权的能力和敢于担当的形象,语气极为强硬,对群臣斥道:"朕受天明命,为天下君,进退予夺,朕实主之,岂臣下所敢自擅……朕为社稷至计,恳切勉留,群臣都助朕留贤,才是同心为国。叵奈群奸小人,藐朕冲年,忌惮元辅忠正,不便己私,乃借纲常之说,肆为挤排之计,欲使朕孤立于上,得以任意自恣,殊为悖逆不道,倾危社稷,大伤朕心。兹已薄示处分,用惩奸罔。凡尔大小臣工,宜各明于大义,恪共职业,共成和衷之治。如或党奸怀邪,欺君无上,必罪不宥。"②很显然,神宗所言是虚妄之语。如按此论调,既然自己能够独自担责来处理国事,有无张居正都无关紧要,夺情也就无任何意义了。此言只是

---

① 《国榷》卷七〇,万历五年十月丁酉。
② 南炳文、吴彦玲:《校注万历起居注》,万历五年十月二十三日丙午。

张居正试图借助神宗之口震慑天下的表演而已,目的在于堵塞言路,否则便以"欺君""党奸""悖逆""小人""怀邪"之类的莫须有罪名将反对者置于绝地。不难看出,张居正"挟天子以令诸侯",小题大做,已将夺情事件上升到关系君主安危和明朝存亡的高度,决意与民意势不两立。在"大礼议"中,被杨廷和集团包围而皇权受到极大威胁的世宗也没有发出这样的怪论来吓唬杨廷和及其追随者。可以看出,张居正对反对夺情已经神经过敏,并上纲上线,要用严刑峻法教训反对者。事实上,在神宗发布此令前一日,张居正就已经开始严惩异己者了。如要求张居正奔丧且葬毕回朝的吴中行和赵用贤各杖六十,发回原籍为民,"永不叙用",而要求丁忧守制的艾穆和沈思孝则各杖八十,"发极边充军,遇赦不宥"。① 在此令发布后的次日,因邹元标上疏在先,故处置按照艾穆、沈思孝之例执行。被杖六十和八十只是表面上的区别,实际执行时取决于行刑者对当权者意图的揣摩,故所用技巧和力度大不相同。如看似处罚较轻的吴中行就差点丧命。据《明史·吴中行传》载:"中行等受杖毕,校尉以布曳出长安门,舁以板扉,即日驱除都城。中行气息已绝,中书舍人秦柱挟医至,投药一匕,乃苏。舆疾南归,刲去腐肉数十脔,大者盈掌,深至寸,一肢遂空。"②

与此同时,张居正迫使神宗不断下诏吓阻反对者。十月二十六日,神宗斥道:"这厮每明系藐朕冲幼,朋兴诋毁,欲摇动我君臣,倾危社稷。"③十一月六日,神宗对张居正保证:"那群奸小

---

① 南炳文、吴彦玲:《校注万历起居注》,万历五年十月二十二日乙巳。
② 《明史》卷二二九,《吴中行传》。
③ 南炳文、吴彦玲:《校注万历起居注》,万历五年十月二十六日己酉。

人乘机排挤的,自有祖宗的法度处治他,先生不必介怀。"①面对谤书到处传播,神宗"诏谕群臣再及者诛无赦"②。张居正"知天下不附己"者众,故对于其他或明或暗的反对者也不手软,借"闰察"等方式将其全部清除。如三年前被张居正称为"清贞简靖"的吏部尚书张瀚被赶走;侍郎何维柏被罢官;侍讲赵志皋、张位和修撰习孔教被贬;学士王锡爵和修撰沈懋学被迫称病回家;右佥都御史庞尚鹏被张居正借故罢官;南京浙江道御史朱鸿谟、南京右佥都御史张岳被革职;为吴中行"挟医视汤药"的秦柱被罢官;宁国府诸生吴仕期因被怀疑伪造海瑞攻击张居正之疏而被害致死。通过严惩和考察清除等一系列高压措施,"廷臣争慑栗,各倡保留之议"③,主张守制的声音从表面上被压制住了,张居正暂时取得了胜利,但拉大了与官僚士大夫的距离。"自江陵不奔父丧之后,中外多忌冯(保)者"④,张居正失势的时机一到,人们是不会轻易放过张居正和冯保的。

从上述中不难看出,张居正对其父去世的突发事件缺乏周全的应对办法,一味地采取镇压和全部清除的措施。在他之前的"大礼议"中,世宗之所以能够理直气壮地坚决反对杨廷和强迫自己改换父母,就在于有武宗遗诏作为法理依据。但即使如此,皇权暂时不稳固的世宗只能逐渐扭转局面,而无法在短时期内完全惩治杨廷和集团,更无法用威胁皇权和国家安危等高调吓唬他们。而神宗时期的皇权非常稳固,神宗暂时没有皇权威胁的明显忧虑,张居正也没有强大的竞争对手,所以面对完全可

---

① 南炳文、吴彦玲:《校注万历起居注》,万历五年十一月六日戊午。
② 《明史》卷二一三,《张居正传》。
③ 谷应泰:《明史纪事本末》卷六一,《江陵柄政》。
④ 胡丹:《明代宦官史料长编》,南京:凤凰出版社,2014年,第1776页。

以争论的问题,张居正就是不让争论,而要用严刑峻法压制舆论,完全忘记了张璁因为第一个站出来反对杨廷和的大礼主张而脱颖而出,成为明代自内阁创制以来从入仕到入阁时间最短的人;海瑞因为上《治安疏》严词批评嘉靖君臣而毫发无损,而且名震天下。对夺情反对者的不当处置表明张居正无力妥善处理个人的进与退、忠与孝之间的矛盾及当权者与反对者、眼前利益和长远利益、生前的权势和死后的报复等诸多复杂关系,不仅没能化敌为友,反而树敌太多,将自己置于官僚士大夫的对立面,扩大了仇恨和反对自己的社会基础。那种被扣在反对者身上的"守旧派""张居正改革的反对派""逆流"等虚妄之词都是需要彻底摒弃的。与"大礼议"中争论双方输赢的结果正好相反,夺情反对者的失败是暂时的,张居正的胜利也是暂时的。换言之,张居正并没有取得夺情的真正胜利,相反,对张居正因夺情而产生的更严厉的冲击和报复正在等着他。谈迁认为:张居正在逐出高拱后,"驱除异己者,即考察廷臣。及夺情起,物议纷嚣,借星变又考察焉。果出于虚公,犹招磨涅,况以嫌忌先之乎?管仲夺骈邑三百,没齿无怨言,终古仅仅,于以卜江陵之不终矣!"①

四、张居正夺情与万历政治的剧变

在研究张居正时,大多数人背负着一个先入为主而无法甩掉的包袱,那就是作为"改革家",张居正不应离开万历政治,否则改革就要停顿。其实这是一个荒谬的逻辑。学界将万历新政称之为"张居正改革"本身就是有问题的,过分凸显张居正个人

---

① 《国榷》卷七〇,万历五年十一月癸丑。

的绝对作用,既是对张居正的一种伤害,又是对明代政体和政情的一种误读。张居正可以无视明代的政体而与宦官勾结,但研究者对此不能喝彩!张居正可以无视明代的廷议制度而独自决策,幕后操纵,但研究者不能忘记明代的基本制度!不能因为张居正在夺情之后和临终之前做了推广土地清丈和一条鞭法等事,就可以倒过来论证夺情的合理性,更不能因此而无视其对万历政治稳定的极大破坏!张居正死后为什么遭到清算?用改革家必然要付出生命代价等似是而非的借口来敷衍,绝不是真正的学术表达!张居正什么样的改革得罪了人?是清丈土地还是推广一条鞭法?至今无人说清楚!要说得罪人,比张居正年长五十岁的张璁在"大礼议"中和随后的变革中要比张居正得罪的人更多!与张居正同时代的海瑞得罪的人也要比张居正多得多!但是他们都是善终!张居正死后的悲惨遭遇其实就是钳制舆论、打压异己、误处夺情及其个人不廉等因素直接造成的。

张居正在隆庆二年(1568年)的《陈六事疏》中就对当时杂音太多的言论极为不满,认为:"顷年以来,朝廷之间议论太多,或一事甲可乙否,或一人而朝由暮跖,或前后不觉背驰,或毁誉自为矛盾,是非淆与唇吻,用舍决于爱憎,政多纷更,事无统纪。"①为此,他向穆宗提出如下对策:"伏望皇上自今以后,励精治理,主宰化机,扫无用之虚词,求躬行之实效。欲为一事,须审之于初,务求停当;及计虑已审,即断而行之,如唐宪宗之讨淮蔡,虽百方阻之,而终不为之摇。欲用一人,须慎之于始,务求相应;既得其人,则信而任之,如魏文侯之用乐羊,虽谤书盈箧,而

---

① 《张太岳集》卷三六,《陈六事疏》。

终不为之动。"①万历二年(1574年),张居正直言:"诸凡谤议,皆所不恤。"②万历四年(1576年),张居正认为,重处几位"摇乱朝政"者,在于"定国事""一人心",并再次表示为了"安国家"、"定社稷","怨仇何足恤乎"!③张居正完全继承了严嵩、徐阶、高拱等人打击异己的恶劣习气,"朝而执政,夕而刚狠"④,顺我者昌,逆我者亡,将自己所谓"以善养人,为国惜才"⑤,"仆之求士,甚于士之求己"⑥之类的高调置于脑后。为政需要刚柔并用,不论打着何种招牌,一味用"刚",不可能统一思想,更不可能稳定朝政。当然作为一个政治人物,如判断准确和巧抓机遇,在一些问题上确实需要力排众议,暂时可以无视异议而独断专行。但这绝不是政治常态!如果张居正将自己的这一认识视为常态,以自己的是非为是非,拒绝包容,完全将自己凌驾于舆论监督之上,借"省议论"的名义打击异己,处处用"刚",一意孤行,必将大失人心,不可避免地产生严重的政治问题!嘉靖末年礼科给事中曹栋曾言:"大臣体国,与言官论事当如和羹相济,不嫌异同。言官之无忌,益见大臣之有容;大臣之休休,乃有言官之谔谔。故尧舜虽圣,不能无吁咈;四岳虽贤,亦不能识鲧于未试。近乃有小臣尽忠言事,而大臣为之悻悻不平者,不知天下国家之事,果一人一家所能办否乎?"⑦张居正被"权势贪欲蒙蔽了自己的

---

① 《张太岳集》卷三六,《陈六事疏》。
② 《张太岳集》卷二六,《答应天巡抚宋阳山论均粮足民》。
③ 《张太岳集》卷二八,《答奉常陆五台论治体用刚》。
④ 《世宗实录》,《国朝典故》卷三八,北京:北京大学出版社,1993年。
⑤ 《张太岳集》卷二七,《答少参吴道南》。
⑥ 《张太岳集》卷二七,《答刘虹川总宪》。
⑦ 《明世宗实录》卷五四一,嘉靖四十三年十二月壬申。

理智"①,镇压反夺情者就是明显的恶例,而不是他所谓的简单的"刚过之病",此举必将带来难以想象的政治恶果。

　　为了压制言论,张居正一方面禁毁书院,另一方面钳制言路,并用严厉手段打击攻击自己的官员。张居正认为万历初年出现的不批评皇帝和宦官而只批评自己的现象是不可思议的,这些人用心险恶,"蓄意甚深,为谋甚狡,上不及主上,旁不及中贵,而独剚刃于仆身。又无所污蔑,而独曰'专擅''专擅'云云,欲以竦动幼主,阴间左右,而疑我与上耳"。②当门生刘台上疏攻击自己时,张居正难以置信,认为是对自己"素以至诚待人"的一种讽刺,说道:"近日之事,则反噬出于门墙,怨敌发于知厚,又适出常理之外,无所容于防也。"③在张居正的内心深处,对攻击自己的人深恶痛绝,"寝不安席",故自己在位一日,就绝不会放过反对者一天。如在夺情之前批评张居正的给事中赵参鲁被贬,御史郑岳被夺俸,给事中余懋学被削职,御史傅应祯和刘台被流放。其中刘台因批评之词极为尖锐,"江陵恨台甚,竟以法成之,使至于死"。④对于张居正蔑视言官及其惩治言官的过激行为,尚宝卿王樵提出了严厉批评,认为:"自古明主欲开言路,言不当,犹优容之;大臣欲广上德,人攻己,犹荐拔之。如宋文彦博于唐介是也。今居正留而(刘)台得罪,无乃非仁宗待唐介意乎。"⑤万历初年镇压的结果是言官在张居正时代噤若寒蝉,从表面上来看,张居正暂时实现了自己"省议论"的目的,将君主专制的独裁作用发挥到了极致。南京兵部主事赵世卿极言:"近者

---

① 王其榘:《明代内阁制度史》,北京:中华书局,1989年,第251页。
② 《张太岳集》卷二六,《答奉常陆五台论治体用刚》。
③ 《张太岳集》卷二八,《答廉宪胡公邦奇》。
④ 于慎行:《穀山笔麈》卷四,《相鉴》。
⑤ 《明史》卷二二一,《王樵传》。

台谏习为脂韦,以希世取宠。事关军国,卷舌无声。图撼不急之务,姑塞言责。"①尽管张居正暂时封住了言官的口,但不可能封住所有人的嘴,也不可能凝固人们的思想。但这一用强权镇压换来的暂时的成功使张居正忘乎所以,试图在夺情问题上如法炮制,不让别人说话。在夺情之中,被张居正打压的言官的确默不作声,但非言官的翰林等官员纷纷起来反对,特别是他的门生和乡人加入反对行列,让张居正防不胜防,极为尴尬,不得不说:"昔严分宜时,未有同乡攻击者,我不得比分宜矣。"②当然,处于强势的张居正一不做二不休,不计后果,迷信暴力,继续挥舞大棒镇压反对者。换言之,严惩刘台等人就是镇压夺情反对者的一次提前预演,而镇压夺情者则是"省议论"的再次冒险试验,对明代的政治监督体制带来了巨大的创伤,使嘉隆以来较为开放的言路"至此为居正所尽毁"。③

嘉靖前期,世宗面对言论的混杂并没有采取蛮横的手段予以钳制,而是采取渐进的方式加以改革和控制,以便确保言论的相对客观性,对嘉靖政局的平稳发展起到了积极的作用④。对此,手中无权的张居正在隆庆年间还是清醒的,他说:"查照嘉靖初年所定宪纲事理,再加申饬,秉持公论,振扬风纪,以佐皇上明作励精之治。"⑤但到了万历时期手握首辅大权以后,张居正就

---

① 《明史》卷二二〇,《赵世卿传》。
② 《明通鉴》卷六六,万历五年十月乙巳。
③ 姜德成:《徐阶与嘉隆政治》,天津:天津古籍出版社,2002年,第427页。
④ 参见田澍:《嘉靖前期监察制度改革述论》,《兰州大学学报》2003年第4期。
⑤ 《张太岳集》卷三六,《陈六事疏》。

没有如此理性。面对反对声,张居正"闻谤而不知惧,忿戾怨毒,务快己意"。① 史称"江陵之锋,触之立碎"②,"自夺情后,益偏恣。其所黜陟,多由爱憎"③,"异己者率逐去之"④。章嵚论道:夺情之后,张居正"渐专政固位,好谀自尊,士大夫始誉以伊周五臣,继竟拟之舜禹,居正恬不为怪。其所黜陟,或不免由爱憎,左右用事之人,恒通贿赂,渐为正直人所诟病。"⑤后来韦庆远也认为:"张居正上恃皇帝的支持,下则滥用刑狱贬革的权柄,未两月即将反对派的声浪压了下去,取得了表面的胜利,但其实已付出了沉重的政治和道义代价,加深了潜在的危机。夺情事件是居正人生道路上带关键性的环节和转折之一。"⑥事实上,对夺情反对者的严酷镇压不仅给张居正本人及家族带来了灾难性的后果,而且对万历政治产生了巨大的创伤。被张居正堵塞的言路在其死后如脱缰之马而不可驾驭,如决堤之水而不可阻挡,当时"言路势张,恣为抨击。是非瞀乱,贤否混淆,群相敌仇,罔顾国是"。⑦ 张居正本人最终也成为最大的受害者,付出了惨重的代价。

就明代的法律和政情而言,除谋反、谋大逆、杀人、大不敬、奸亲、贪贿、职务犯罪等外,在权力斗争中因政见不同而受到打压的官吏通常会被平反,健在者一般皆被起用。但张居正全然不顾这一反复出现的政治现象,试图用"遇赦不宥""永不叙用"

---

① 《明史》卷二二三,《赞曰》。
② 吴应箕:《东林本末》,北京:北京古籍出版社,2002年,第21页。
③ 《明史》卷二一三,《张居正传》。
④ 《明史》卷二一八,《申时行传》。
⑤ 章嵚:《中华通史》,上海:商务印书馆,1934年,第1228页。
⑥ 韦庆远:《张居正和明代中后期政局》,第809页。
⑦ 《明史》卷二一九,《赞曰》。

等自欺欺人的言辞吓唬反对者和为自己壮胆。在快速镇压夺情反对者之后,张居正没有及时化解与士人的冲突与矛盾,对"召还直臣,收人心"①之类的谠言反应迟钝,充耳不闻,丧失了自我纠正的最佳机遇,坐等死后反对者东山再起。换言之,张居正不包容异己者在先,异己者不包容张居正在后。不出所料,张居正一死,"朝议大起废籍"②,揭开了讨伐和清算张居正的序幕。神宗为了顺应社会的强烈要求,重塑自己的新形象,收揽人心,便重复前朝故事,利用张居正的舛误来否定张居正,在全力清除"张居正余党"的同时,全面起用在夺情等事件中被张居正革职和清除的反对者,出现了自"大礼议"以来明代又一次重大的人事变动。但这一变动的影响却是负面的,以冤冤相报开始,以崩溃亡国结束。在这一失控的政治报复中,明末朋党之争便以燎原之势开始登台表演,舆论从此"激昂抗词","忠厚之意薄,而炫沽之情胜也"③。明人吴应箕指出:"张江陵败后,诸不得志于江陵者悉被显擢,一时气节之士,锐然以荡灭余党为事。"④而"东林所自始,而本之于争夺情"⑤。已经成年且摆脱张居正束缚的神宗此举表明他对张居正镇压反对夺情者的行为是不能认同的,他不再为张居正的镇压行为继续袒护和担责。神宗深知只有与张居正彻底切割,划清界限,顺势合理地利用其失误,起用张居正的反对者,才能真正树立自己的威权和新形象,捞取更多的政治资本。

① 《明史》卷二二〇,《王之诰传》。
② 《明史》卷二二四,《蔡国珍传》。
③ 《明史》卷二三四,《赞曰》。
④ 吴应箕:《东林本末》,第14页。
⑤ 吴应箕:《东林本末》,第21页。

如果说后张居正时代神宗擅长玩弄权术,无视舆论,那只能说明张居正培养效果显著。经筵教育和《帝鉴图说》等一系列教育手段没有将神宗培养成一位尧舜式的圣明之君,倒是张居正儒法混杂的功利思想和居中弄权的日常行为深刻地塑造了神宗的帝王性格和行政风格。高寿仙就此指出:张居正"或许也应该感到欣慰,因为皇帝对他的无情清算和过分打击,与他的政治理念和行事风格倒是十分契合。"①换言之,非海瑞眼中"真君子"或被海瑞视为"半真半假"之人的张居正要以自己的私欲和权谋将神宗培养成圣君,只能是南辕北辙,缘木求鱼。神宗只能说是张居正全方位培育下的怪胎,故人们不能把所有的不满都洒向神宗个人。谷应泰就此论道:"自居正以钱谷为考成,而神宗中叶大启矿税。居正以名法为科条,而神宗末造丛脞万几。呜呼!手实之祸,萌自催科,申、商之后,流为清静,则犹居正之贻患也。"②章嵚认为明亡的一个重要原因就是"言官与政府之争","而其祸要自居正当国始之。居正以前,言官所争者为公是非;居正以后,则所争者为私是非矣!为公是非而争,虽言者论调相同,于党乎何害?若为私是非而亦出于争,争论所集,党见从之而异,卒也公是非转无由而明,朝政因以大坏!此党事误国所以为明社倾覆之一因也"。③

神宗起用张居正的反对者是顺势而为,是明代政治的常态,并非异常现象。但这一举措如果失控,对万历政治来说将是灾难性的。嘉靖初年世宗借助"大礼议"清除杨廷和集团而进行了

---

① 高寿仙:《治体用刚:张居正政治思想论析》,载《张居正研究》(第一辑),武汉:湖北人民出版社,2012年,第16页。
② 谷应泰:《明史纪事本末》卷六一,《江陵柄政》。
③ 章嵚:《中华通史》,第1229页。

大规模的人事更迭和全面革新,而过度清算张居正或彻底否定张居正在客观上彻底扭转了嘉隆万改革的走向,使明朝乱象丛生,从此步入自我毁灭的轨道。据《明史·刑法志》所载:"万历五年,以争张居正夺情,杖吴中行等五人。其后卢洪春、孟养浩、王德完辈咸被杖,多者至一百。后帝益厌言者,疏多留中,廷杖寝不用。"①廷杖已对阻塞言路已毫无作用,神宗最终从张居正用强权钳制的"省议论"自然而然地走向闭目塞听,无视言论,随心所欲,我行我素。吏部尚书宋纁痛心地说道:"时事得失,言官须极论,正要主上动心,宁可怒及言官,毕竟还有警省,今若一概不理,就如痿痹之疾,全无痛痒,无药可医矣。"②

张居正生前严厉镇压夺情的反对者,一味钳制言论,大搞一言堂,用强权过分打压异己,但又无力化解矛盾;去世之后,神宗一方面极力清算和否定张居正,另一方面自觉或不自觉地延续着张居正的独裁作风,"深恶言官",随心所欲地蔑视言论。神宗在清算和否定张居正的过程中日渐懈怠,言而无信,视诏令如"戏言",违背民心,任情搜刮,进一步造成了万历政治生态的恶化,导致明代后期的政治分裂和政局动荡,亡国便是唯一下场。

---

① 《明史》卷九五,《刑法志》。
② 于慎行:《穀山笔麈》卷五,《臣品》。

民国时期孝道的传承和转变

虞和平

孝是中国传统道德的一个组成部分,甚或居于诸德之首,被誉为中华之根。辛亥革命后,由于国体的改变,思想意思的西化,新文化运动的兴起,以"忠孝"为首的中国传统道德曾受到比较严重的冲击,甚至一度出现过"非孝"思潮和行为。但是,在总体上来看,整个民国时期孝道仍在传承,并朝着理性化和公益化的方向转变,也出现了一些功能异化的现象。

一、民国时期的孝道传承与教育

民国成立以后,传统道德曾被视作封建观念和习俗而受到批判和否定,但孝道并没有被废弃,而是在官方和民间继续传承着。从官方而言,民国成立后北京政府于1912年12月颁布的《小学校教则》[①],把"孝悌"列在初等小学校"道德"和"修身"课

---

① 《教育部订定小学校教则及课程表》,璩鑫圭、唐良炎编:《中国近代教育史资料汇编·学制演变》,上海:上海教育出版社,1991年,第690~691页。

程的第一项。在民国时期所使用的国民小学的教科书中就有以《敬老》为篇名的课文。如民国元年初版小学用《共和国教科书新国文》第 4 册第 40 课就是《敬老》。见图 1、图 2。

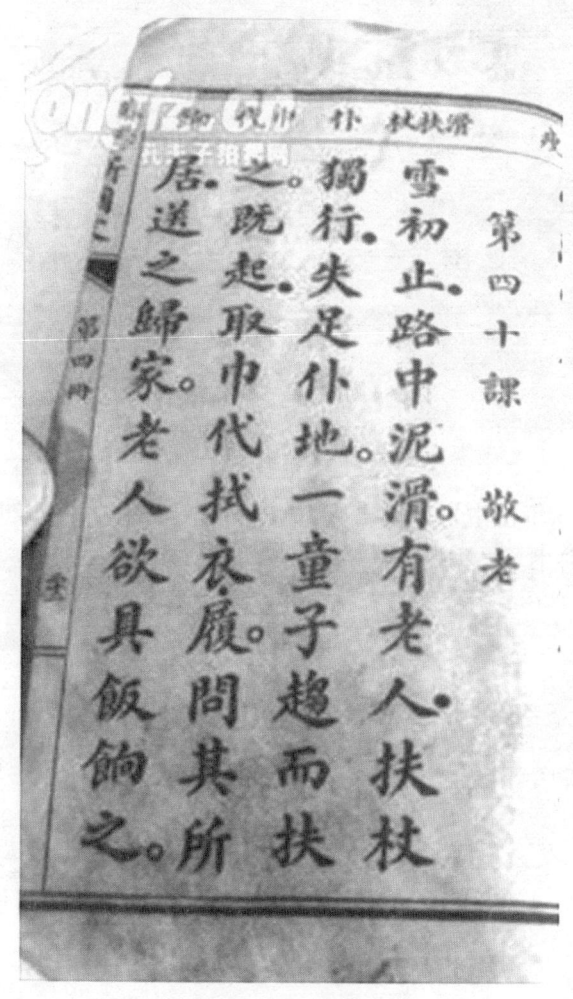

图 1　敬老课文

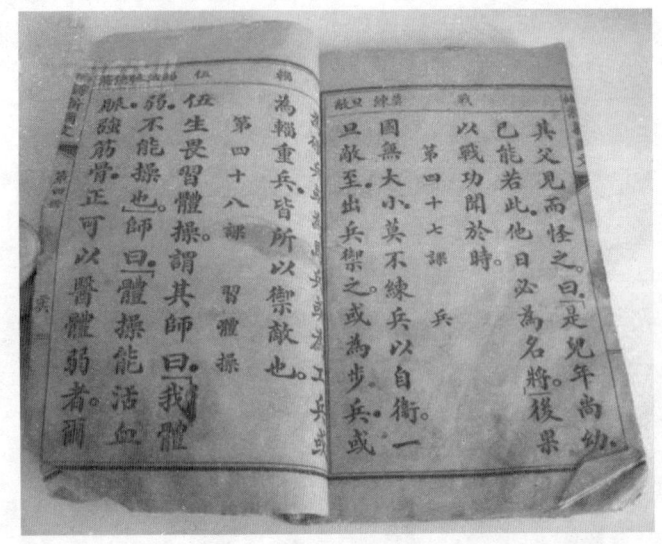

图 2　敬老课文

1915年由中华书局出版由教育部审定的国民学校用《新式修身教科书》第2册第9课亦为《敬老》。见图3、图4。

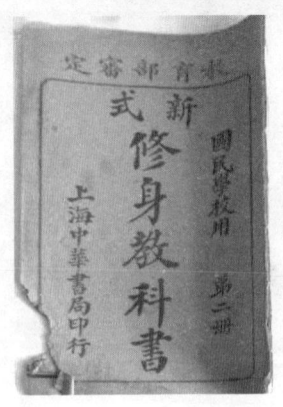

图 3　新式修身教科书

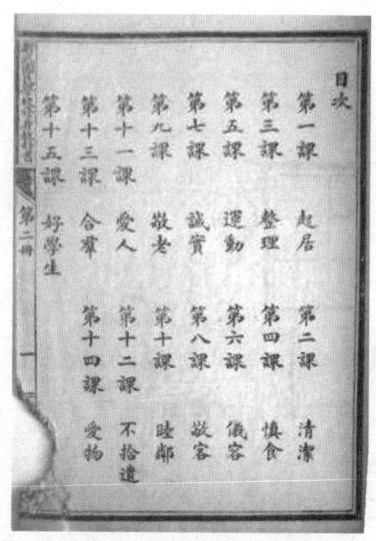

图4 新式修身教科书

1921年由广益书局出版的《言文对照初学论说启蒙》卷四册中亦有《说重阳》《说敬老》篇。见图5。

1924年,作为民国缔造者的孙中山先生明确指出了否定孝道的错误性和传承孝道的必要性。他说:"此刻中国正是新旧潮流相冲突的时候,一般国民都无所适从,前几天我到乡下进了一所祠堂,走到最后进的一间厅堂去休息,看见右边有一个'孝'字,左边一无所有,我想从前一定有个'忠'字。像这种景象,我看见了的不止一次,有许多祠堂或家庙都是一样的。不过我前几天所看见的'孝'字是特别的大,左边所拆去的痕迹还是很新鲜。推究那个拆去的行为,不知道是乡下人自己做的,或者是我们所驻的兵士做的,但我从前看到许多祠堂庙宇没有驻过兵,都

舜帝与孝道的历史传承及当代意义

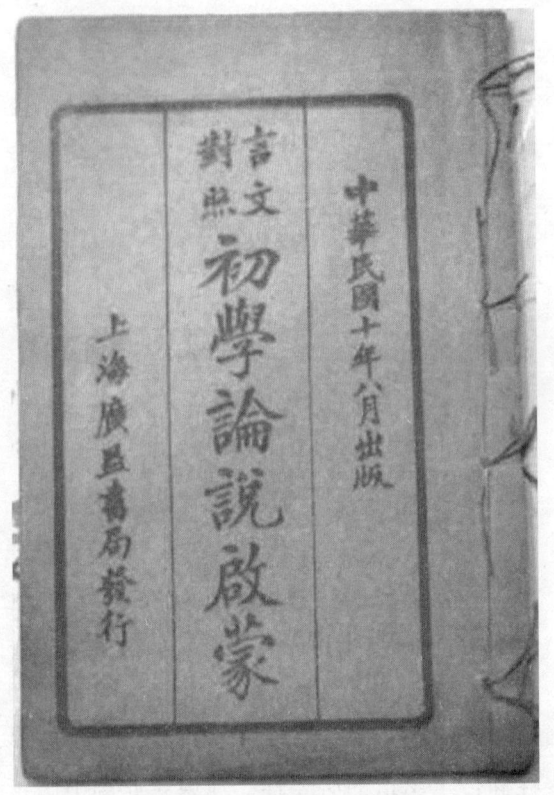

图 5　言文对照初学论说启蒙

把'忠'字拆去了。"①这就是说,在批判旧道德中,人们虽排除了"忠",但却保留了"孝",而且还是大"孝"。

　　孙中山接着又说:"古时所讲的忠,是忠于皇帝,现在没有皇帝便不讲忠字,以为什么事都可以做出来,那便是大错。……我

---

①　孙中山:《三民主义》,广东省社会科学院历史研究所等编:《孙中山全集》第九卷,北京:中华书局,1986 年,第 243 页。

们在民国之内,照道理上说,还是要尽忠,不忠于君,要忠于国,要忠于民……忠于事"。"讲到孝字,我们中国尤为特长,尤其比各国进步得多。《孝经》所讲孝字,几乎无所不包,无所不至。现在世界中最文明的国家,讲到孝字,还没有像中国讲到这么完全。所以孝字更是不能不要的。国民在民国之内,要能够把忠孝二字讲到极点,国家便自然可以强盛。"①孙中山的这段话是在讲三民主义中的民族主义部分中,专门解答"怎么样可以恢复我们民族的地位"这一重大问题中所讲的,他不仅讲了"忠孝",而且讲到了"仁爱""信义""和平"。他意在把传承弘扬中国传统道德作为中华民族凝聚团结和生存发展,"恢复民族的精神","恢复民族的地位"②的一个重要文化因素和途径。

除了官方之外,民间对传统文化的传承就更多了。上述孙中山所讲到的许多祠堂、家庙中的去"忠"存"孝",无疑是民间普遍传承孝道的一个有力印证。

其他方面的民间传承还有很多。如烟草公司以广告形式传播孝道。据李茂青介绍,20世纪30年代前后南洋兄弟烟草公司为推销"长城牌"香烟发行了一套《二十四孝》香烟画片。另外华成、大东、安利、新民、天一等50余家烟草公司都发行过以"二十四孝"为题材的香烟画片。其内容均是:孝感动天、戏彩娱亲、鹿乳奉亲、百里负米、啮指痛心、芦衣顺母、亲尝汤药、拾葚异器、埋儿奉母、卖身葬父、刻木事亲、涌泉跃鲤、怀橘遗亲、扇枕温衾、行佣供母、闻雷泣墓、哭竹生笋、卧冰求鲤、扼虎救父、恣蚊饱血、

---

① 孙中山:《三民主义》,广东省社会科学院历史研究所等编:《孙中山全集》第九卷,北京:中华书局,1986年,第244页。

② 孙中山:《三民主义》,广东省社会科学院历史研究所等编:《孙中山全集》第九卷,北京:中华书局,1986年,第241~142页。

图 6 二十四孝图

尝粪忧心、乳姑不怠、涤亲溺器、弃官寻母。① 烟草公司以发行"二十四孝"图作为香烟的促销方法,一方面说明民间对"孝"文化有着普遍的欣赏,另一方面亦起到了对青少年的教育作用。图6是南洋兄弟烟草公司发行的"二十四孝"图的一部分。

又如,吉林永吉印书局于1935年刊行了《百孝图诗传合编》,既有图又有诗,以图文并茂的方式传播孝文化。见图7、图8。

图7 百孝图诗传合编

1937年,北京和记印书局出版龙凤山述古老人编的《百孝

---

① 李茂青:《"二十四孝"话烟画》,烟草在线,2011年2月12日。

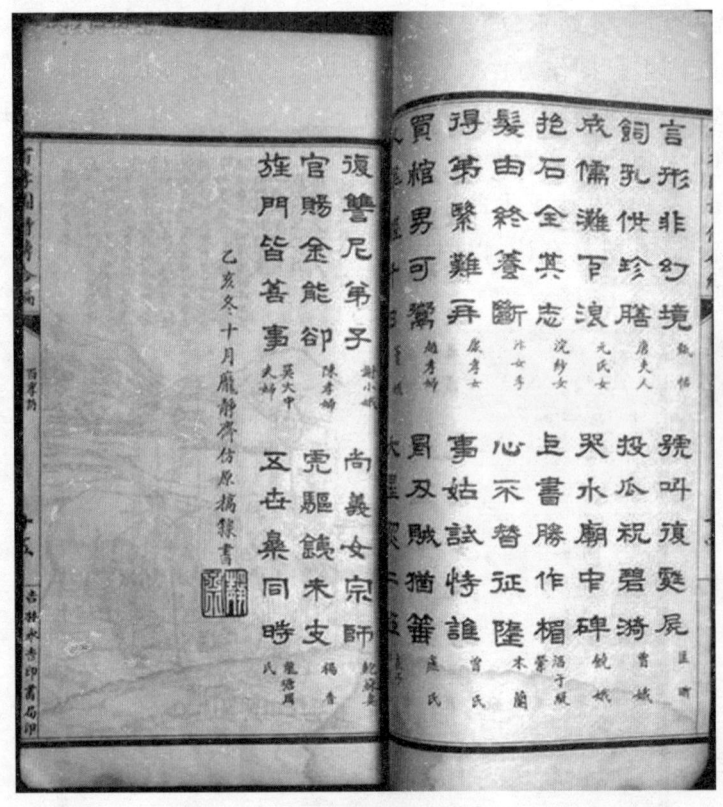

图 8　百孝图诗传合编

图说》两厚册,收图 200 余幅。见图 9 至图 11。

还有利用艺术品,如玉器、瓷瓶、雕刻作品绘制或塑造敬老的图像,宣传孝道。图 12 是民国时期王涛制作的粉彩人物敬老图笔筒。

由上可见,民国时期对孝道的传承是相当广泛和持续的。

图9　百孝图说

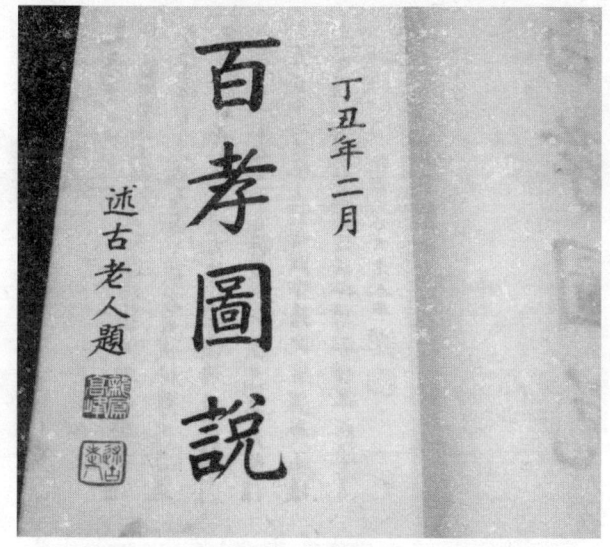

图10　百孝图说

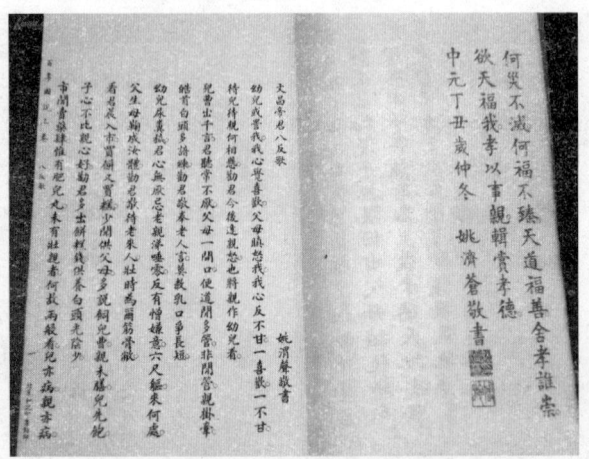

图 11　百孝图说

图 12　瓷器古玩

二、民国时期孝道内涵的转变

民国时期虽仍在传承传统的孝道和孝文化,但其内涵已发生了质的变化,即日益向着理性化和公益化的方向转化,其中最主要的转化有以下几个方面。

一是把孝和忠分开,重新解释忠的内涵。如孙中山先生所说的那种去"忠"存"孝"现象,以及将旧有的忠于君改为忠于国、终于民、忠于事。

二是反对愚孝,反对绝对的孝。所谓非孝运动的主要出发点也大多于此。

三是将孝转化为敬老、助老和养老。民国时期对孝的传承和教育,有不少是以敬老的面貌出现的,特别是官方的孝道宣传和教育活动,几乎都以敬老的名义进行。

四是把敬老推广为官方和民间的公益事业,创办了不少敬老、养老机构。如敬老会、养老院、安老所与抗战前后在全国各地多有设立。如1929年江苏吴县就有养老院出现,1934年12月2日的《新天津画报》登载了北平市社会局民众教育馆举行"敬老会"的报道,图题为"参加平市敬老会之乡村老人刘德泰夫妇,年八十九"(见图13)。

1934年,湖北省民众教育馆也举行了第一次敬老会,还出版了《湖北省立实验民众教育馆第一次敬老会专刊》,全书209页,内容颇为丰富。

1942年,国民政府在社会部在重庆设立"直属重庆实验救济院",内设有"安老所",收容了约百名老人。[①]

---

① 参见林顺利:《民国时期社会养老发端与机构养老转型》,《中国社会工作》2013年第8期。

图13　敬老会报道

图 14　《敬老会》

　　1947 年万叶书店还将默林写的《敬老会》一书作为"万叶文艺新辑"之一种出版,将敬老会作为一种新的社会文化现象进行描述和推介(见图 14)。奉天也有同善堂养老院的设立(见图 15)。

图 15　同善堂养老院

据 1946 年底国民党中央社会部的统计,全国 29 个省市共有社会救助机构 3045 个,其中公立的有 2034 个,其中有相当一部分是敬老、养老机构。以四川省为例,1937—1938 年,共有官办救济院所 121 处,其中安老所即有 76 处,占比高达 63%。

上述这些孝道的转变,在民国之前已有萌生,只是很少付诸行动,而在民国时期开始得到发扬光大。

民国时期是中国从君主皇权制度转向民主共和制度的时期,作为皇权制度下产生和丰富起来的孝道和孝文化,其在民国时期的传承和转变过程也是一种适调的过程,总结其这一过程的经验教训,对我们继续理性传承和发扬孝道和新时期中国特色社会主义现代化建设颇有借鉴意义。

略论儒家孝道之衍化

——以清代太谷学派孝悌观为中心

方宝川

中国传统的"孝"文化,是中国传统社会生活中最具传统力量的基本伦理道德。"孝"的观念,起源甚早,其内涵亦随着历史的发展而在不断地衍化。据有关专家研究,在已发现的甲骨文中虽还没有"孝"字,但是从殷墟甲骨文中颇多有关生育记录的卜辞以及有"孝"字原始字形的"好"等会意字推论,殷商时期可能有了"孝"的观念,且与生育崇拜的敬天思想有关。在西周的金文中,"孝"字已频繁出现,大多是表述以求子为目的的一种祭祀活动。因此,"孝"字的原始构形意图,就是表示父子相承的"(爻)"或"考"。若以此推论,可以得知:殷商的"孝",从"爻"、从"子",反映是男女交媾,生儿育女;西周的"孝",从"父"(考)、从"子",强调的则是父子相承了,其孝道的内涵就是尊祖敬宗,祭祀则为主要的表现形式,这就奠定了中国孝道观念中最为显著的特点。

春秋时期,孔子总结了此前的宗法人伦思想,创立和发展了一套完整的宗法人伦道德体系,以仁为核心,以孝为基础,儒家的孝道文化由此而形成。《论语》中,孔子多次论孝,或回答弟子

所问,说法多端,教导不一。例如:

《论语·学而》曰:"弟子入则孝,出则弟,谨而信,泛爱众而亲仁。"又说:"父在观其志,父没观其行。三年无改于父之道,可谓孝矣。"《论语·为政》记载:"孟懿子问孝。子曰:'无违。'……生,事之以礼;死,葬之以礼,祭之以礼。""子游子问孝。子曰:'今之孝者,是为能养。至于犬马,皆能有养。不敬?何以别乎?'"又载:"子夏问孝。子曰:'色难。有事,弟子服其劳;有酒食,先生馔。曾是以为孝乎?'"由此可见,孔子对于孝的理解与阐发,涵义深广。其归根结底则在于"善事父母"和"无违父母"。具体则要求做到:对待父母,不但只是供养、满足他们的衣食住行等物质上的需要,而且重要的是,父母在,既养又敬,使之常常愉悦;父母没,无违于父母生前的意志,坚守志向,行为端正。

孔子以后,儒分为八。由于《论语》中每一弟子问孝,孔子的回答总是不同,目的在于因材施教,有的放矢。所以儒家各派对孝的理解亦不甚一致,后人也因此对"忠恕孝悌"内涵的理解和阐析,各执一是。被孔子称为"能通孝道"的曾子,以孝著称。他进一步发扬和完善孔子的孝道理论,使之更为系统化和规范化。《大戴礼记·曾子本孝》记载了以下许多有关曾子的孝行言说与故事。如:

"忠者,其孝之本欤。"这里的所谓忠,指的是中与心,即要有发自内心的忠诚与真诚,强调孝应当是内心情感的流露。曾子还指出:"夫孝,天下之大经也。"从这一命题出发,孝被赋予了更为广泛的意义,于是就有了"居处不庄,非孝也;事君不忠,非孝也;莅官不敬,非孝也;朋友不信,非孝也;战阵无勇,非孝也"等结论。当孝的范围被扩大到人们社会生活中的各个层面之时,孝也就成了"置之而塞于天地,衡之而衡于四海,施诸后世而无朝夕,推而放诸东海而准,推而放诸西海而准,推而放诸南海而准,推而放诸北海而准"的真理了。

曾子之孝道,还有一个十分显著的特点,就是将尽孝建立在身心性命修养的基础之上,也就是《大戴礼记·曾子立孝》中所说的:"著心于此,济其志也。"因此,他强调慎终追远,以达到民德归厚的目的。

世称"亚圣"的孟子,对孝道的理解与阐发,亦别有体验。他不仅把仁、义、礼、智均置于孝悌的影响与制约之下,总结性地提出了"尧舜之道,孝悌而已矣"①的观点,直接把孝悌看作儒家思想的一个核心。而且还大力提倡"谨庠序之教,申之以孝悌之义",②要对人们有系统地进行孝悌方面的伦理思想教育。在孟子看来"不孝有三,无后为大"。③ 所谓三不孝,即"阿意曲从,陷亲不义,一不孝也;家穷亲老,不为禄仕,二不孝也;不娶无子,绝先祖祀,三不孝也"。④ 所谓"无后为大",即明确把不能传宗接代视为最大的不孝。这种思想,对后世影响甚大。

从孔子到曾子、孟子等,其孝道思想的发展,还有一个共同的特点,就是将孝的内涵逐渐向政治领域渗透和延伸。一般以为是孔子弟子及其再传、三传弟子们所编的《礼记》,则比较集中地反映了这一特点。如《礼记·大学》曰:"故君子不出家成教于国。孝者,所以事君也;弟者,所以事长也;慈者,所以使众也。"《礼记·祭义》云:"至孝近乎王,至弟近乎霸。至孝近乎王,虽天子必有父;至弟近乎霸,虽诸侯必有兄。先王之教,因而弗改,所以领天下国家也。"又说"事君不忠,非孝也"等等。"忠孝一本"

---

① 《孟子·告子下》。
② 《孟子·梁惠王上》。
③ 《孟子·离娄上》。
④ 《孟子·离娄上》注。

的概念,遂日趋准确。

稍后于《礼记》的《孝经》,系统地总结了孝道的思想,将孝道全面泛化,并作为一种永恒不变的真理来阐发。全书以孝为纲,分"开宗明义、天子、诸侯、卿大夫、士、庶人、三才、孝治、圣治、纪孝行、五刑、广要道、广至德、广扬名、谏诤、感应、事君、丧亲"等十八章,具体说明了天子、诸侯、卿大夫、士、庶人等各阶层的人所应恪守的孝道,以及以孝治身、治家、治官、治国、治天下的道理。如《孝经·开宗明义章》说:"夫孝,始于事亲,中于事君,终于立身。"孝要从侍养自己的双亲开始,继而转化为忠诚于君王,只有不断完善自身的孝道修养,才能做到事亲效忠。把孝提高到"天之经也,地之义也,民之行也"①的高度。并大倡要移孝于忠,曰:"君子之事亲孝,故忠可移于君;事兄悌,故顺可移于长;居家理,故治可移于官。"②孝与忠,密不可分,合二为一。可见。《孝经》所宣扬的孝道,其主要目的是为了治理天下和建立于尽孝全忠的封建社会秩序。

汉初统治者将《孝经》奉为至德要道,据以提出"以孝治天下"的口号,也就是要求人们必须绝对遵守这种天经地义的孝道,使其统治可世代长存。汉武帝"独尊儒术"后,对孔子所提倡的孝道思想更是愈加崇尚。汉武帝在即位之时便下诏:"今天下孝子、顺孙,愿自竭尽,以承其亲,外迫公事,内乏资财,是以孝心阙焉,朕甚哀之。"③董仲舒则更直接把孝道神学化,在孝道的基础之上,以"三纲"思想和"五常"规范,来论证君臣、父子、夫妇的关系是绝对的统治和被统治的关系。董仲舒的这些思想,后来

---

① 《孝经·三才章》。
② 《孝经·广扬名章》。
③ (汉)班固:《汉书·武帝纪》。

又为《白虎通》所发扬。东汉的马融,更仿《孝经》作《忠经》,明确指出:"君子行其孝,必先以忠。"忠君遂胜于尽孝,尽孝是为了忠君,先秦时期的孝道原始内涵,已完全被异化。所以,汉代以"仁孝"治天下,是中国古代孝道发展的一个关键性转折时期。

唐代继续奉行"孝治天下"的基本国策,唐代统治者也多次下诏敕政令倡导孝道。此时,"孝"已经成为社会道德的基础。尤值一提的是,在唐代选举官员的科举考试中,《孝经》已作为必考内容出现在明经与进士两科中,用来考察官学生徒对孝道的理解与践行。

宋朝开国,依然遵循着"以孝治天下"的准则,将儒家传统的仁爱、孝悌思想融入治国理念之中。而理学家们又逐渐对传统孝道文化做出了重新梳理,构建了充满理性思辨的天理和人道合一的封建统治伦理体系。孝道在国家政治中占有的史无前例的重要地位,世人皆将孝道视为修身、齐家、治国、平天下的精神灵魂。如朱熹所著的《孝经刊误》,基于对《孝经》的批判而展示了其创新的精神。他将"孝"作为一种人之天性,将儒家思想中的"仁"与"孝"共同融合于理学,从性理关系和仁孝关系对儒家的孝道思想做出了进一步探讨和阐述,为"孝道"立足于社会,成为主流意识形态奠定了坚实的理论基础。

明清时期,封建社会除了一些合理的孝道之外,愚孝、伪孝等各种畸形化的孝道也开始应运而生,愈到封建社会的后期,就愈成为一种教条、一种桎梏,因而也就成为吃人的封建礼教中最突出的一个部分。

然而清代中后期,正当迂腐的孝道逐渐成为一时之风气的背景下,盛行于江苏、山东等地的一个以儒家思想为中心的民间学术流派——太谷学派,则重新发掘了先秦的孝道哲学意蕴,重新着重阐释了包括生育崇拜和身心修养两重意义的孝的内涵。

太谷学派初无其名,学派取义《周易·蒙卦》:"蒙以养正,圣功也。"称圣功弟子,其门人则自称门中人,意即某先生的及门弟子。由于太谷学派起于民间,又传于民间,经清同治五年(1866年)的"黄崖教案"劫后,学派活动矜秘莫测,遂使学派蒙上了一层神秘的色彩。外间不明真相者,肆为揣测,故世有所谓"太谷教""大成教""大学教""泰州教""圣人教""黄崖教""崆峒教""密密教""骷髅白骨教"等种种名称。学派门人刘大绅在《关于〈老残游记〉》一文中曾指出:"实则吾门中无论何人,均不承认此种种教名……咸外人强加诬枉者也。"①称太谷学派者,始于20世纪20年代。卢冀野撰《论太谷学派与宗教答章行严》②与《太谷学派之沿革及其思想》③二文,因该学派创始人为周太谷而定其名。此后,太谷学派之称基本上被学术界所承认。

　　太谷学派学人的大部分著述,语涉玄渺,词句隐晦,且在很长的一段时间以抄本的形式在民间秘密流传。现从本人编撰整理的《太谷学派遗书》等大量原始资料来看,太谷学派对于儒家孝道之理解与阐发,主要可概括为:人的生命起源是受命于天,受身于父母,父母又受生于父母之父母而祖宗之父母,直至于元始之父母。按照这一生命规律,无论经历了多少代,其血脉总是代代相承而相通。不管什么人,只要孝敬之心一动,就能通过慕父母,慎终追远,由父母而父母之父母,以至于元始之父母,代代感应上去,以与天通。因此,孝就成了希天配天的圣功和捷径了。悌是从兄之道,兄弟与自己同气连枝,故悌就是孝的旁通,要求人人爱而不弱,再扩而充之,也就达到了"老吾老以及人之

---

① 北平辅仁大学校刊《文艺》1939年第1辑。
② 《国闻周报》第4卷第18期。
③ 《东方杂志》第24卷第14号。

老"的目的了。太谷学派把这种的修身方法名之曰"下学上达",即通过孝心的启动,逐渐达到与天相通的境界。

例如太谷学派的创始人周太谷所撰的《周氏遗书》卷四中有《痛心》一文。曰:

> 痛亲也,痛心! 怎忘教育? 痛亲孕予痛深也,痛亲孕予离胞,痛之深深深也。痛亲乳予痛深也,痛亲予不乳亲不食也,痛亲予不眠亲不寝也。痛亲见予疾病,亲不疾病而疾病也。痛亲疑予饥寒,亲不饥寒而饥寒也。痛亲见予出门,而亲心亦出门也。痛亲闻予善,亲颜悦而心喜也。痛亲闻予过,亲额蹙蹙而心戚戚也。予痛亲心千端,亲痛予心千千端。于戏! 忍忘亲乎? 亲肯忘子乎? 予痛心! 予痛心! 予痛心!①

可见周太谷是如何发自肺腑,深切思亲,痛心之情,溢于楮墨。

《周氏遗书》卷四中还有一篇《思不孝》文,就更耐人寻味:

> 予父将殁,予儿嬉于邻,召归始哭其终,死罪一也。母没,游学于千里之外,未能奔哭其终,死罪二也。家财权予,祖用、母用、兄用、弟用,皆取于予,死罪三也。将逾悼时,身多疾病,食必美于父母,死罪四也。将成童时,体又怯寒,衣必丰于父母,死罪五也。王(亡)父教严,心厌其严,母责其非,心疑其非非,死罪六也。予乡逢令节,必美衣服,予少降于人,必咆哮跳哭于父母之前,死罪七也。吁! 予负不孝之罪有七。欲生乎其心下于虎,欲死乎其心又下于虎。仰思问于天,天何言? 俯思问于地,地何语? 反思问于心,予愤

---

① (清)周太谷:《周氏遗书》卷四,方宝川编撰:《太谷学派遗书》第一辑第一册,扬州:江苏广陵古籍刻印社,1997年,第189~190页。

志读书能赎其罪乎？心曰可。于戏！予将五十，唯恐难厌志，唯予之子孙有能卒予志，赎予罪者，斯可谓予之子孙也已矣！①

在周太谷所谓的"七不孝"之中，首列则是"予父将殁，予儿嬉于邻，召归始哭其终"。先师刘蕙孙教授曾解释说：初看太谷未免矫情，家里有了丧事，先把孩子叫回，似乎也没什么不对。继而想之，其实是心痛父亲之死，还是更关心孩子？轻重是颠倒了。周太谷这样诛心之论，是不错的。譬如关心孩子是下达，是下楼梯。再要上楼的时候，先向下走几层，岂非阻碍了上达的进程！

太谷学派二传南宗李龙川在龙川草堂讲学时，曾悬挂出"尧舜之道孝悌而已矣，夫子之道忠恕而已矣"的楹联，开门见山地表明了该学派的道统渊源和问学途径。

据李龙川的传人黄葆年的《黄氏遗书》卷一记载，李龙川也写过一篇《思不孝》文。曰：

> 幸也，予知受命于德。知受命之德，而罔以报天恩。呜呼！死莫赎其罪也。幸也，予知受身之德。知受身之德，而罔以报亲恩。呜呼！百死莫赎其罪也。幸也，予知身命合德之所以为德。知身命合德之所以为德，而罔以报师恩。呜呼！虽千死万死，莫能赎其罪也。②

说的也是"下学上达时"的道理。

黄葆年讲学苏州归群草堂时，也曾自言：

---

① （清）周太谷：《周氏遗书》卷四，方宝川编撰：《太谷学派遗书》第一辑第一册，扬州：江苏广陵古籍刻印社，1997年，第192～193页。

② （清）黄葆年：《黄氏遗书》卷一，方宝川编撰：《太谷学派遗书》第一辑第四册，扬州：江苏广陵古籍刻印社，1997年，第41页。

略论儒家孝道之衍化——以清代太谷学派孝悌观为中心

小子年读周氏《思不孝篇》而痛心曰:"思己之不孝,罪无可赎也。"呜呼!罪无可赎,年之不孝也,其于父母何?思父母之慈,罪无不可赎也。呜呼!罪无不可赎,父母之慈也,其如年之不孝何?①

所以,黄葆年自己也作了一篇《思不孝》文。称:

孕我,乳我,眠我,食我,衣我,学语教我,学步提我,疾痛疴痒同我,饥饱寒暑,忘其身而忧我,皆母氏之劬劳也。自始生而至于孩提,自孩提以至于成童,自成童以至于受室。身抚焉,其事千端;心系焉,其事万端。有子七人,母氏之圣善至,母氏之劳苦极矣。人少则慕父母,知好色则慕少艾,有妻子则慕妻子,因物有迁,凡民之情也。丧既除矣,棘心其夭。夭矣,黄鸟其好音矣。爰有寒泉,在浚之下,斯孝子之所痛心,而我夫子之所恸泪交流不忍终诵者也。呜呼!七子而皆孝也,则《凯风》可以不作。《凯风》之作,殆一子痛而众子悔也。凡为人子者,诵《凯风》而知痛,庶其思己之不孝,而思父母之慈而已已。思己之不孝,而思父母之慈,庶其终身慕父母也已。②

说的又都是"下学上达"的道理。

此外,黄葆年的《黄氏遗书》,以解答弟子问学为主,内容涉及儒家经典的各个方面。其中则以回答弟子问"孝悌"的为最多,此为归群之学的一个显著特点。他在回答弟子们的问孝时,也同孔子一样,解说不一,教由所生,用意更为明了。例如谓弟

---

① (清)黄葆年:《黄氏遗书》卷一,方宝川编撰:《太谷学派遗书》第一辑第四册,扬州:江苏广陵古籍刻印社,1997年,第73页。
② (清)黄葆年:《黄氏遗书》卷七,方宝川编撰:《太谷学派遗书》第一辑第四册,扬州:江苏广陵古籍刻印社,1997年,第495~496页。

子曰:"知孝然后知弟。知孝知弟,然后知圣人。"①又说:"孝弟率性之本也,故曾子得一贯而为《大学》。率性又孝弟之本也,故子思得中庸而为《中庸》。由孝弟而率性,由率性而孝弟,皆所以为仁也,故孟子兼之而为《七编》。"②"绍元问孝,希平(黄葆)曰:'汝恂恂,孝子也。吾见汝有愧色焉。虽然,昔尝闻教于圣人矣。夫孝也,由父母而达诸天地。父母赋我曰身,不学其修身乎?天之赋我曰命,上达其至命乎?'……太谷曰:'知受命之德,则孝于天。孝于天者,尚不愧于屋漏。'……太谷曰:'知受身之德,则孝于亲。孝于亲者,无恶于人色也者。'"③弟子问孝悌,曰:"孝自养气始。气者,心之母也。心依于气,则气顺而心正矣。弟自持志始。志者,气之帅也。气辅其志,则志持而气不暴矣。由此而事父兄,由此而事师友,由此而事君长,由此而事天地山川宗庙社稷。呜呼!志气者,火之始燃,泉之始达也。以直养而无害,则塞乎天地之间矣。"④很显然,在黄葆年的认识中,自孔子、子夏、孟子等开始,对孝的理解就不是一种形式。只有奉养而没有内心的诚敬,就谈不上真正的孝。

总而言之,在太谷学派看来,从孔子到曾子,子思到孟子,对孝的理解就不是一种形式,孝本身可随着生命产生的规律逐渐上达,强调通过孝敬之心,上溯祖气,以求与天相通,故成了一种

---

① (清)黄葆年:《黄氏遗书》卷二,方宝川编撰:《太谷学派遗书》第一辑第四册,扬州:江苏广陵古籍刻印社,1997年,第121页。

② (清)黄葆年:《黄氏遗书》卷二,方宝川编撰:《太谷学派遗书》第一辑第四册,扬州:江苏广陵古籍刻印社,1997年,第117~118页。

③ (清)黄葆年:《黄氏遗书》卷四,方宝川编撰:《太谷学派遗书》第一辑第四册,扬州:江苏广陵古籍刻印社,1997年,第273页。

④ (清)黄葆年:《黄氏遗书》卷六,方宝川编撰:《太谷学派遗书》第一辑第四册,扬州:江苏广陵古籍刻印社,1997年,第417~418页。

身心性命的修养内容。只要诚其气,持其志,正其心,毋自欺,就能真正达到"下学上达"的目的和"希天配天"的境界。这种孝道观与明清时期部分迂腐的孝道相比,确有其独特的见解和令人一新耳目的感觉。启人孝思,发人深省矣!

同种异花

——儒家"孝""忠"观念的流布及其在中日两国的分野

于逢春

近来有个事关婚龄男女比例严重失调——男多女少问题，困扰着中国社会，特别是传统文化浓厚地区的汉族农村社会。有人认为，这是因为伴随着国家"一孩"生育政策的实施，一些喜欢男孩的家庭借助孕期性别识别技术，实施了"留男去女"式的性别选择的结果。固然这种说法尚无资料支撑，但汉族家庭，特别是"重男轻女"观念较强的农村汉族家庭普遍喜欢男孩则是不争的事实。与之相反，日本家庭对于生育男孩女孩大都随其自然，一些有产业需要发展的家族则更喜欢女孩。应该说，中日两国对于生男生女态度之别，固然有经济社会发展状态不同因素，但更多地与"孝""忠"观差异及隐藏在"孝""忠"观背后的家族制度有关。

国内外关于中日两国的"孝""忠"文化研究成果，已有不少积累。有关"孝""忠"文化在中日两国传统家族伦理中之异同问题,王家骅①、朱健华②、夏建中③、王子今④、李卓⑤、崔世广⑥、森岛通夫⑦、尾藤正英⑧等学者曾予以比较深入探讨,也有学者从家族制度和家族伦理视角探究中日两国何以产生了"孝""忠"观念相异问题,但也许囿于眼界所限,尚不多见有人探讨前汉以降的中日两国家族制度与家族伦理何以不同的问题。换言之,鲜有学者从中日两国的政治体制、社会结构乃至意识形态的角度考察是什么原因造成了"孝""忠"文化在中日两国产生了同种(儒家思想)异花(孝忠观不同)的结果,特别是这种相异的"孝""忠"文化本位对近现代中日两国究竟产生了何种影响问题。本文拟在汲取先行研究成果基础上,结合自己多年的思考探究上述议题。

---

① 王家骅:《儒家思想与古代日本人的"孝"道》,《日本学刊》1992年第2期。

② 朱健华:《"忠"在中日传统伦理中的地位》,《贵州师范大学学报》1999年第3期。

③ 夏建中:《"孝"的文化与"忠"的文化——中日传统家族伦理之比较》,《中国人民大学学报》1996年第2期。

④ 王子今:《"忠孝"与"孝忠":中国道德史的考察》,《长江师范学院学报》2015年第2期。

⑤ 李卓:《中日家族制度比较研究》,北京:人民出版社,2004年。

⑥ 崔世广、李含:《中日两国忠孝观的比较》,《东北亚论坛》2010年第5期。

⑦ (日)森岛通夫著,雷克译:《中日文化和民族精神的比较研究》,《世界史研究动态》1986年第1期。

⑧ (日)尾藤正英等著,王家骅译:《日中文化比较论》,杭州:浙江人民出版社,1992年。

一、孝忠观在古代中国的演变

(一)"孝道"的生成与演化

汉字"孝"字,至迟出现于商朝,殷墟出土的甲骨文上面就有该字,但将该字内涵加以引申与再诠释,以"孝道"之名纳入上古中国某学派的学说体系之中,则是很晚的事,似应在春秋战国"百家争鸣"之际。虽然当时许多学派都有关于"孝亲之道"的言论,但最重视该"孝道"问题者当属儒家。

"孝"字出现后,该字演化到汉代,其含义大致有两种:其一,"善父母为孝";①"孝,善侍父母者";②"子爱利亲谓之孝"③,类似表述还有数种,此类"孝"主要是对普通人的要求;其二,"夫孝者,善继人之志,善述人之事也"④,此种"孝"是对王公贵族的要求,故《礼记》有"武王、周公,其达孝矣乎"的礼赞,因为他们"践其位,行其礼,奏其乐,敬其所尊,爱其所亲,事死如事生,事亡如事存",进而达到了

---

① (晋)郭璞撰,(宋)邢昺疏:《十三经注疏·尔雅注疏》,北京:北京大学出版社,1999年,第112页。

② (汉)许慎撰,(清)段玉裁注:《说文解字》,北京:中华书局,1963年,第173页。

③ (汉)贾谊撰,阎振益、钟夏校:《新书校注·道术》,北京:中华书局,2000年,第302页。

④ (汉)郑玄注,(唐)孔颖达疏:《十三经注疏·礼记正义》卷五二,《中庸》,北京:北京大学出版社,1999年,第1438页。

"孝之至也"①的境界。

实际上,将"孝"作为议题并上升到"道"的境地者,当属儒家学派。儒家开山鼻祖孔子一直重视该议题,其"孝弟也者,其为仁之本欤"②、"夫孝,德之本也,教之所由生也"③、"教民亲爱,莫善于孝"④、"人之行莫大于孝"⑤等说教,比比皆是。

当然,真正将"孝"议题纳入儒家理论体系的则是孟子。儒家学说的立论大多通过追溯或建构三代圣君圣人形象,借助于唐尧、虞舜、夏禹、商汤、周文王、周公等事迹、传说乃至神话、寓言来完成。虽然孔孟均推崇尧舜禹三圣,但孔子对尧则更情有独钟,赞颂道:"大哉尧之为君也!"⑥孟子则虽然"言必称尧舜"⑦,但更青睐舜帝,认为"舜明于庶物,察于人伦,由仁义行,非行仁义也"⑧。更重要的是,孟子对"孝道"

---

① (汉)郑玄注,(唐)孔颖达疏:《十三经注疏·礼记正义》卷五二,《中庸》,北京:北京大学出版社,1999年,第1439页。

② (魏)何晏注,(宋)邢昺疏,朱汉民整理:《十三经注疏·论语注疏》卷一,《学而》,北京:北京大学出版社,1999年,第3页。

③ (唐)李隆基注,(宋)邢昺疏,邓洪波整理:《十三经注疏·孝经注疏》卷一,《开宗明义》,北京:北京大学出版社,1999年,第3页。

④ (唐)李隆基注,(宋)邢昺疏,邓洪波整理:《十三经注疏·孝经注疏》卷六,《广要道章》,北京:北京大学出版社,1999年,第42页。

⑤ (唐)李隆基注,(宋)邢昺疏,邓洪波整理:《十三经注疏·孝经注疏》卷五,《圣治》,北京:北京大学出版社,1999年,第28页。

⑥ (魏)何晏注,(宋)邢昺疏,朱汉民整理:《十三经注疏·论语注疏》卷八,《泰伯篇》,北京:北京大学出版社,1999年,第106页。

⑦ (汉)赵岐注,(宋)孙奭疏,廖名春等整理:《孟子注疏》卷五,《滕文公上》,北京:北京大学出版社,1999年,第127~128页。

⑧ (汉)赵岐注,(宋)孙奭疏,廖名春等整理:《孟子注疏》卷八,《离娄下》,北京:北京大学出版社,1999年,第223页。

的伦理阐释与理论建构,是通过倾注巨量笔墨将舜帝塑造成"大孝"之典范来实现的。

首先,孟子将舜帝的父亲瞽叟及继母、异母弟弟象塑造成十恶不赦的坏人,他们合起伙来多次下黑手企图杀害善良的舜帝,但舜帝脱险后毫不记恨,仍对父母恭顺,对弟弟慈爱。有此铺垫,孟子便有了"视天下悦而归己,犹草芥也,惟舜为然。不得乎亲,不可以为人,不顺乎亲,不可以为子。舜尽事亲之道而瞽叟厎豫,瞽叟厎豫而天下化,瞽叟厎豫而天下之为父子者定,此之谓大孝"① 的论断。进而发挥说"大孝终身慕父母。五十而慕者,予于大舜见之矣"②。即直到五十岁仍然留恋父母,把父母看得比天下还重者,惟有舜帝。

其次,孟子预设了一个师徒问答形式,设定了一个"窃负而逃"的情节将舜帝的"大孝"形象推上至高无上的道德高峰。场景是这样的:某日,一弟子来请教孟子说:舜帝贵为天子,执法不阿的皋陶为司法官,如果舜帝的父亲瞽叟仗势杀了人,舜帝该如何处置呢?孟子则以"舜视弃天下,犹弃敝蹝也。窃负而逃,遵海滨而处,终身欣然,乐而忘天下"③ 作答。于是,一个为了孝顺顽冥不化的父亲,视君主之位为敝履的"至孝"者——舜帝跃然纸上。为了强化这种造像,儒家经典之一——《尚书·尧典》曾通过四岳之口来说明他本人为什

---

① (汉)赵岐注,(宋)孙奭疏,廖名春等整理:《孟子注疏》卷七,《离娄上》,北京:北京大学出版社,1999年,第211页。
② (汉)赵岐注,(宋)孙奭疏,廖名春等整理:《孟子注疏》卷九,《万章上》,北京:北京大学出版社,1999年,第244页。
③ (汉)赵岐注,(宋)孙奭疏,廖名春等整理:《孟子注疏》卷十三,《尽心上》,北京:北京大学出版社,1999年,第371页。

么推荐舜帝为唐尧的王位继承人:"瞽子,父顽,母嚚,象傲,克谐。以孝烝烝"。①

最后,孟子借助于"尧舜之道",揭橥了"孝道"的本质。孟子认为"人皆可以为尧舜",而"尧舜之道,孝弟而已矣"②。那么,人皆可以做到的"孝悌"者为何?"孝弟也者,其为仁之本欤!"③也就是说,"孝悌"者,乃儒家之核心思想——"仁学"之根本与立论基础。

到了战国后期,"孝道"愈发受到了各派的重视。当时,为了强化该理念,《吕氏春秋》特设《孝行览》篇并开宗明义道:"凡为天下,治国家,必务本而后末。所谓本者,非耕耘种植之谓,务其人也。务其人,非贫而富之,寡而众之,务其本也。务本莫贵于孝。"④

前汉建立后,鉴于秦朝暴政短命,提倡"以孝立国",与民休息,故此时期先后有《孝经》《孝子传》登场,特别是前者作为儒家十三经之一,将"孝"提到前所未有的高度,奠定"孝道"在古代中国社会不可替代的尊崇地位。

值得注意的是,春秋时期提倡孔子"父父,子子"⑤,战

---

① 龙韶华纂:《归善斋〈尚书〉二典章句集解》(下),北京:社会科学文献出版社,2014年,第716页。

② (汉)赵岐注,(宋)孙奭疏,廖名春等整理:《孟子注疏》卷九,《万章上》,北京:北京大学出版社,1999年,第244页。

③ (魏)何晏注,(宋)邢昺疏,朱汉民整理:《十三经注疏·论语注疏》卷一,《学而》,北京:北京大学出版社,1999年,第3页。

④ (秦)吕不韦:《吕氏春秋·孝行览》,哈尔滨:北方文艺出版社,2014年,第160页。

⑤ (魏)何晏注,(宋)邢昺疏,朱汉民整理:《十三经注疏·论语注疏》卷十二,《颜渊》,北京:北京大学出版社,1999年,第163页。

国时期孟子重视"父子有亲"①，秦汉之际提倡"父慈，子孝"②，旨在强调父子双方应各守本分，各司其职。

但到了西汉中期，伴随着汉武帝加强君主专制，服膺汉武帝的董仲舒则随之"君为臣纲，父为子纲，夫为妻纲"③理论，将原本双向互动性的君臣、父子、夫妻关系建构成"天定的""永恒不变"的单方面服从关系：君为主、臣为从；父为主，子为从；夫为主，妻为从。董仲舒进而认为，仁、义、礼、智、信五常之道则是处理三纲、等级关系的基本法则。东汉班固更在董仲舒提出的"三纲"之外，衔接上了"六纪"。"六纪者，谓诸父、兄弟、族人、诸舅、师长、朋友也。"④到了东汉末期，经学家马融将董仲舒提出但没有做逻辑衔接的"三纲"和"五常"并提连称，旨在把原本提倡人们遵守的纲纪和道德原则挂钩，建构了一个具有内在逻辑的政治伦理体系。迨至南宋时期，朱熹把"三纲五常"与"天理"勾连在一起，认为三纲五常是天理的外在形态，是社会得以良性运行的秩序与规范。而"三纲"之中，"父为子纲"是根本，所以，子女对父母是要绝对的单方面服从的，否定"父慈子孝"。

与上述董仲舒、班固、马融、朱熹在理论上长时段不间断地阐释相呼应，相应的普及读物也如影随形地登场，唐代圆鉴大师开创了古代中国现存最早的"二十四孝"作品之滥觞——

---

① （汉）赵岐注，（宋）孙奭疏，廖名春等整理：《孟子注疏》卷五，《滕文公上》，北京：北京大学出版社，1999年，第146页。

② （汉）郑玄注，（唐）孔颖达疏：《礼记正义》，北京：中华书局，1963年，第1422页。

③ （汉）董仲舒撰，张世亮、钟肇鹏、周桂钿译注：《春秋繁露》，北京：中华书局，2013年，第465页。

④ 陈立：《白虎通疏证》，北京：中华书局，1994年，第375页。

《二十四孝押座文》，南宋赵子固则承继其后创作了"二十四孝书画合璧"，元代郭守正更是将24位古人孝道的事迹辑录成书，王克孝将其绘成《二十四孝图》流传世间，将"孝道"推上了无以复加的境地。

（二）"忠道"的生成与演化

汉字"忠"字的出现较晚，一般认为该字自"中"字演化而来，大致出现于春秋时期，几经演变，最终蜕变为对主人、君主的"尊敬""尽心竭力"之义，进而产生了"忠君之道""忠主之道"，简称"忠道"。

关于"忠"字，《说文解字》解释说："忠，敬也，从心，中声"；段玉裁注曰："敬者，肃也。未有尽心而不敬者"。[①] 该"忠"的本意是指尽力做好个人本分的事。因此之故，《论语》有"夫子之道，忠恕而已矣"[②]，《墨子》有"知而不争，不可谓忠"[③]，《左传》有"忠之属也，可以一战，战则请从"、"上思利民，忠也"、"临患不忘国，忠也"等表述。[④] 所以，朱熹注释《论语》之"忠恕"一词时说："尽己之谓忠，推己之谓恕。"[⑤] 也就是说，"忠"字在春秋时期出现时，其本意是指

---

① （汉）许慎撰，（清）段玉裁注：《说文解字注》，上海：上海古籍出版社，1981年，第502页。

② 杨伯峻：《论语译注》，北京，中华书局，2006年，第42页。

③ 李小龙译注：《墨子》，北京：中华书局，2007年，第263页。

④ （春秋）左丘明撰，（晋）杜预注，（唐）孔颖达正义：《十三经注疏·春秋左传正义》卷八，《庄公十年》，第240页；卷六，《桓公六年》，第174页；卷四一，《昭公元年》，第1146页。

⑤ 陈文新主编：《四书大全校注·论语集注》（上），武汉：武汉大学出版社，2009年，第315页。

不论一个人处于什么地位，从事什么工作，都应全心全意、尽职尽责地把自己分内的应做之事做好。即使运用到君臣关系上，也是"君臣有义"①、"君使臣以礼，臣事君以忠"②，即君主有礼有义，臣才应该"忠"，这种"忠"是双向的而非单方面的付出。

春秋战国时期的君臣关系，齐景公与晏子的一段对话，大致能反映当时的景况：

> 晏子侍于景公，朝寒，公曰："请进暖食。"晏子对曰："婴非君奉馈之臣也，敢辞。"公曰："请进服裘。"对曰："婴非君茵席之臣也，敢辞。"公曰："然夫子之于寡人何为者也？"对曰："婴，社稷之臣也。"公曰："何谓社稷之臣？"对曰："夫社稷之臣，能立社稷，别上下之义，使当，其理；制百官之序，使得其宜；作为辞令，可分布于四方。"③

上面援引的齐景公与晏子之间的互动，可以看出春秋时期君臣关系是由礼义与规范来界定的，如果不合乎礼义，国君即使让大臣端一碗热汤、递一件衣服，大臣都可以拒绝。

上古中国社会崇尚的"忠""义"之士模式，可以从《史记·刺客传》所记春秋战国时期的曹沫、专诸、豫让、聂政、荆轲等人行为，以及协助他们行事的人们身上找到印记。他们

---

① （汉）赵岐注，（宋）孙奭疏，廖名春等整理：《孟子注疏》卷五，《滕文公上》，北京：北京大学出版社，1999年，第146页。
② （魏）何晏注，（宋）邢昺疏，朱汉民整理：《十三经注疏·论语注疏》卷三，《八佾》，北京：北京大学出版社，1999年，第41页。
③ （战国）晏婴撰，石磊译注：《晏子春秋译注》，哈尔滨：黑龙江人民出版社，2003年，第196页。

共通的信条都是"士为知己者死",为了践行自己的诺言,莫不诉诸忠诚,莫不视死如归,气壮山河。所以,司马迁称赏道:"自曹沫至荆轲五人,此其义或成或不成,然其立意较然。不欺其志,名垂后世,岂妄也哉!"[1]

当然,另一个有名的故事是发生在春秋时期并以"赵氏孤儿"之名登场。该故事说的是晋国贵族赵朔遭到了晋景公的猜忌,晋国司寇屠岸贾借机陷害,屠杀赵朔及全族,独余赵朔之妻怀着遗腹子走脱。后屠岸贾听说赵朔妻产下遗腹子赵武,便收索被藏匿于宫中的赵武,以期斩草除根。为了保住暂时侥幸逃脱的赵武,赵朔客卿公孙杵臼与赵朔友人程婴决定盗取他人孩子冒充赵武,由公孙杵臼携该被盗孩子一起赴死,让屠岸贾信以为真,程婴则独自抚养赵武。过了十五年后,程婴帮助已长大成人的赵武诛杀仇人,报仇雪恨。至此,程婴便诀别晋国诸大夫,并对赵武说:"昔下宫之难,皆能死。我非不能死,我思立赵氏之后。今赵武既立,为成人,复故位,我将下报赵宣孟与公孙杵臼。"[2] 赵宣孟者,赵武之先祖也。赵武苦劝,程婴仍义无反顾地自杀,以向公孙杵臼兑现相约共同赴死的诺言,以及赵宣孟的知遇之恩。对此,《史记》裴骃《集解》引《新序》曰:"程婴、公孙杵臼可谓信友厚士矣。"[3] 对于司马迁这段有关赵氏孤儿记载的真实性,今人有提出异议者,即便

---

[1] (汉)司马迁撰:《史记》卷八六,《刺客传》,北京:中华书局,1959年,第2538页。

[2] (汉)司马迁撰:《史记》卷四三,《赵世家》,北京:中华书局,1959年,第1785页。

[3] (汉)司马迁撰:《史记》卷四三,《赵世家》,北京:中华书局,1959年,第1785页。

如此，也多少反映了时人对"忠""义"的理解。

对恩主、知己与朋友忠心乃至献出生命，"赵氏孤儿"中的程婴、公孙杵臼与"刺客"曹沫、专诸、豫让、聂政、荆轲等传递着相同的社会意蕴，证明直至秦汉之际，此乃社会价值标准与评价尺度。值得一提的是，秦汉之际以前的"忠""义"绝非仅仅对君主。

"忠"之对象的转折点肇始于汉武帝，完成于东汉。历史进入东汉中期，伴随着由汉武帝集大成建构的君主专制体制愈益深化，"以孝治国"作为汉初以降一直标榜的意识形态也随之深入人心，但对专制君主而言，"有孝无忠"是件很危险的事。有鉴于此，马融（79—166 年）纂修的《忠经》适时登场。至于为什么撰写该书，马融在该书"序"解释说：世上已有以孔子之说为本而撰就的《孝经》，而"忠则犹阙"，故仿《孝经》体例，基于"孝者忠之本，忠者孝之推"宗旨，纂修《忠经》。① 因此之故，《忠经》之首章——《天地神明章》开宗明义道："天下至德，莫大乎忠"，而"为国之本，何莫由忠。忠能固君臣，安社稷，感天地，动鬼神，而况于人乎"。所以，在整个汉帝国"善莫大于忠，恶莫大于不忠"②，"仁而不忠则私其恩，知而不忠则文其诈，勇而不忠则易其乱"③，故要对臣民"一其心"，都接受忠君理念。

实际上，早在《忠经》登场以前，成书于秦汉之际的《孝

---

① （东汉）马融撰：《忠经》，西安：三秦出版社，2008 年，第 1 页。
② 陈才俊主编：《忠经全集》，北京：海潮出版社，2011 年，第 120 页。
③ 陈才俊主编：《忠经全集》，北京：海潮出版社，2011 年，第 136 页。

经》便假孔子之名，提出了"君子之事亲孝，故忠可移于君"①的构想。这是因为在先秦时期君臣之间还是"君仁，臣忠"式的朋友关系，进入秦朝，特别是汉武帝时代以降，"君主"已经蜕变成全体臣民的"君父"，所以，最高统治集团要求人们对君主应该向对自己父母一样，持无条件的恭顺、顺从态度。

到了明朝，伴随着朱元璋废除宰相，随意当众裸杖大臣，独揽朝纲，进而确立绝对君主专制体制，普天之下所有人都只能忠于并供养朱氏一家，成为不可置疑的祖训与成法。于是，"君要臣死，臣不得不死"便频繁地出现在明代吴承恩《西游记》、陈仲琳《封神演义》、诸圣邻《秦王逸史》等大众文学作品之中，并随着普及力与传播力极强的"说书人"演绎与洗脑，愈益深入人心。

（三）孝忠观在古代中国的演变

战国时期以前的"孝道""忠道"基本上是并立与共存的，各自表述，自成体系。而希冀通过国家的力量将该二者杂糅到一起的尝试，当始于秦朝，收效于前汉武帝时期。伴随着汉武帝"罢黜百家，独尊儒术"国策的确立，古代中国君主专制政体也随之奠定。此时的"孝道"与"忠道"被紧紧地捆绑在一起，"孝"与"家"、"忠"与"国"被纳入到统一的坐标系之上。

根据《左传·文公十八年》中"孝敬忠信为吉德，盗贼藏奸为凶德"的表述，可判断"孝"与"忠"二字结合作为观念

---

① （唐）李隆基注，（宋）邢昺疏，邓洪波整理：《十三经注疏·孝经注疏》卷七，《广扬名章》，北京：北京大学出版社，1999年，第46页。

至迟应出现在春秋时期,但当时的"孝"尚与"敬"连用,"忠"与"信"结合,而"忠"字在此时是指某个人对工作应尽力把自己分内的事情做好,对朋友与君主应尽到自己应尽的那份职责,与秦汉以降,特别是后汉以降从"忠"字引申出来的意涵有很大的区别。

"孝""忠"二字之间被正式勾连在一起并加诸新的内容,已是秦汉以降。适应秦帝国建立实施的君主专制体制,当时成书的《孝经》援引据称是孔子的话语重新诠释了"孝""忠"关系:"君子之事亲孝,故忠可移于君"。① 《孝经》作者觉得这句话还不够直截了当,于是,将该句话含义诠释为"以孝事君则忠"。② 西汉戴圣所编《礼记》则说:"所谓治国必先齐其家者,其家不可教而能教人者,无之。故君子不出家而成教于国,孝者所以事君也"。③ 后来成为古代中国人理想的"修身齐家治国平天下"④ 箴言也产生于此时期。嗣后,修身以仁,齐家以孝,治国以忠成为古代中国知识分子终生追求目标与行为准则。

于是,在大约成书于东汉中期的《大戴礼记》中则先有"君子立孝,其忠之用,礼之贵"之论,进而有"忠者,其孝

---

① (唐)李隆基注,(宋)邢昺疏,邓洪波整理:《十三经注疏·孝经注疏》卷七,《广扬名章》,北京:北京大学出版社,1999年,第46页。

② (唐)李隆基注,(宋)邢昺疏,邓洪波整理:《十三经注疏·孝经注疏》卷七,《广扬名章》,北京:北京大学出版社,1999年,第14页。

③ (汉)郑玄注,(唐)孔颖达疏:《礼记正义》,北京:中华书局,1963年,第1674页。

④ (宋)朱熹:《孟子集注》,北京:中华书局,1983年,第209页。

之本欤"① 的引申，最终达到"事父可以事君""使子犹使臣"② 的境地。

到了东汉时期，伴随着马融《忠经》的出现，"忠"字最终被最高专制统治者拔高到前所未有的与"孝"并驾齐驱的地步，进而呈现出压倒"孝"的趋势。关于"孝""忠"之关系，《忠经》曰："夫惟孝者，必贵于忠。忠苟不行，所率犹非其道。是以忠不及之而失其守，匪惟危身，辱其亲也。故君子行其孝必先以忠，竭其忠则福禄至矣。故得尽爱敬之心则养其亲，施及于人，此之谓保孝行也"。③

"孝""忠"作为儒家文明体系重要构成部分，对秦汉以降的中国社会道德、社会伦理与政治曾产生过重大影响，对东亚儒教（家）文化圈的朝（韩）、越、日等国也产生过程度不同的影响。有论者认为，"移忠作孝"、"以孝事君"、"忠孝两全"，是前汉以降中国传统政治所设计的理想的政治伦理与道德规范，通过"将家族和国家混同起来，将家长和君主并列起来，将孝道和忠道统一起来，把子女对父家长顺从引导为臣民对君主的臣服，以服务于日益集中的专制君主的政治权力"④，进而适应前汉以降所建构的具有宗法性政治色彩的"家国同构"型社会结构，特别是君主专制性国体的需要。按照这种制

---

① 王聘珍：《大戴礼记解诂·曾子立孝》，北京：中华书局，1983年，第81页。

② 王聘珍：《大戴礼记解诂·曾子事事》，北京：中华书局，1983年，第78页。

③ 陈才俊主编：《忠经全集·辩忠章》，北京：海潮出版社，2011年，第144页。

④ 朱汉民：《忠孝道德与臣民精神：中国传统臣民文化论析》，郑州：河南人民出版社，1994年。

度设计,当人们面临着必须在"忠"与"孝"之间进行抉择时,在法律与政治层面,"忠"的要求更高;而在伦理与道德层面,则"孝"自然居于本体之位。但令人尴尬的是,"中国传统政治虽然力图消除这个矛盾,但始终未能做到"①。因为"孝"的对象是直系血亲,"忠"的对象则是自称为臣民君父的君主,而且古代中国历史上真正意义上的仁君是罕见之物,在此情况下,希冀违背基本伦理让人们在二者之间抉择,实际上是很难的。于是,"忠孝自古难以两全"变成为古代中国社会的真实写照。

二、孝忠观在日本的流布与演变

耐人寻味的是,就现存的文献与先行研究成果来看,从秦汉至清末二千多年历史长河中,当人们在"孝"与"忠"之间必择其一时,"孝亲"往往是第一选项,"忠君"经常是第二选项。也正因为如此,秦汉以降的古代中国任何一个皇朝,长命者不过三百年,短命者数十年乃至十数年,但有绵延二千多年的家族及长永不替的家族姓氏。与此相反,日本自儒家"孝""忠"观念传入之后,"忠主""忠君"经常是人们的第一选项,"孝亲"往往是第二选项,从而使得天皇家族近二千年来始终拥有皇权而从从来没有取而代之者,普通百姓则直至1867年明治维新以后才有自己的姓。正如有学者所论:"同属一个儒家文化圈的中日两国,其家族伦理的基础与核心有着重大差别,概括成一句话,就是中国的家族伦理是以'孝'为核心,

---

① 秦志华:《心治与政治:论中国德治主义传统》,南宁:广西人民出版社,1993年。

日本的家族伦理是以'忠'为核心。"① 揆诸流传下来的文献记载，此结论与历史事实应该是大体上吻合。

孝忠观在日本的流布与演变，与古代日本的国家与社会形态密不可分。古代日本的国家体制形成较晚，奠定现在日本基础的国度——大和政权，直至公元三四世纪才兴起于近畿地区。至今尚对日本社会有一定影响的氏姓制，便是大和国的伴生物。"姓"系母系氏族社会的家族徽号，乃同一个女性祖先的家族共有的标记；"氏"乃父系氏族社会的产物，是"姓"的衍生物。南宋学者郑樵在其名著《通志》中认为，"姓者，统其祖考之所自出；氏者，别其子孙之所自分"。也就说，在姓、氏分离时代，在一个父系氏族共同体中，男子有"氏"，以标示自身血统来源；女子有"姓"，以防止同姓人们通婚。古代中国自商周时期开始便逐步实施"同姓不婚"之俗。也就是说，人类社会是先有姓，后有氏，后来合二为一，简称姓氏。就中日两国而言，古代中国在秦汉时期便将姓氏合二为一，平民也开始有姓。而日本则长时期姓、氏分离，平民直至明治维新时期才有姓。氏姓制是伴随着大和国家征战四方而逐渐形成的社会组织和政治制度。大和国兴起之际，日本各地尚未进入真正意义上的国家阶段，各地有势力集团大都以"氏"共同体形式存在，这些"氏"是由势力强大的氏族首领直系与旁系血缘家族，以及一些非血缘家族构成，所以，一个氏姓组织就成为一个既源于氏姓，但却超出血缘家族的社会集团。大和国在征讨四周过程中并没有将这些"氏"集团解散，而是将这些"氏"集团纳入国家体系并利用其首领进行统治。这些大

---

① 夏建中：《"孝"的文化与"忠"的文化——中日传统家族伦理之比较》，《中国人民大学学报》1996年第2期。

大小小的"氏"集团首领，势力大者供职朝廷，势力弱者统辖地方，但他们大都有氏名而无姓，而这些氏名的来源或以居住地方为氏，如葛城氏、石川氏；或以职业为氏，如车持氏、服部氏；或以祖先名或部族来源为氏，如久米氏、汉氏、秦氏，等等，甚是混乱。每个"氏"都自成体系，它既类似于一个父家长制大家族，又不是全部根据血缘关系来构成，同时还是大和国家的社会组织。该诸氏的首领名号通称为"氏上"，"氏上"既统领着氏内具有血缘关系的氏人，也统治氏内无血缘关系的成员，如氏民、部曲、奴婢等。当然，"氏长"可以接纳非血缘成员并将自己的"氏"赋予新加入成员。对于氏上而言，他一方面对内主持氏内大事与祭祀，另一方面对外代表本氏与其他氏乃至朝廷交涉，势力强大的氏长还可以担任朝廷的官员。

至于"姓"，大和政权兴起前夕的各地氏族首领有各种各样的称呼，类似于原始的姓，并无高下、尊卑之别。大和政权建立后，天皇将各氏首领——"氏上"的姓的赐予权或剥夺权掌握在自己手里，成为天皇驾驭贵族的手段。天皇根据各氏上的出身赐予不同的姓，譬如将"臣""公""连"分别赐予皇室后裔、神别氏；将"直""村主""造""首"等姓赐予地方有力首领；将"史""稻置""译语""吉士"等姓赐予大陆移民中的代表性人物。后来，一些氏姓随着时间推移演变成了特殊权利集团，日本最尊贵的源、平、藤原三大氏姓便由此而来。当然，后来的大贵族也可以将自己的氏姓赐给部下。古代日本"赐姓"制度有利于氏姓制度的延续。由此可见，古代日本的"姓"是基于"氏"产生并依附或服务于"氏"，故此"姓"与古代中国用以区分血缘和作为婚姻关系依据的"姓"大相径庭，大和政权时代日本之"氏姓者为人之根本"①也，是贵族身份高低、尊卑的标记。

就此而言，氏集团与原始社会的氏族组织有着本质的不同。氏姓制是超越氏族制、部族制而形成的一种独有的制度，它是父家长制、血缘集团与社会组织（非血缘集团）的混合体，"氏"有区分贵族身份，"姓"则有标志地位尊卑、等级高下的功能。直至日本律令时代，这种"氏"一直由若干个有血缘关系或无血缘关系家族组成，既有数个家族的小氏，也有数十个家族乃至数百个家族构成的大氏，尽管家族（户）是构成氏的有机部分，但其没有社会地位，也得不到国家的承认。同一氏姓集团内的非血缘家族，"尽管非亲家庭成员比血缘家族地位要低，但其分家的权力是同等的"②。实际上，对于成长在氏姓体制内的古代日本人而言，只要加入到了某个氏姓，就成为该氏姓的一员了，非血缘成员与其他有血缘关系成员之间是没有本质区别的，也正因为如此，同一氏姓集团内养子、赘婿与嫡子具有同等的继承家业的权利。这在以血缘划分家族、宗族的古代中国人看来是不可思议的。

正因为如此，父权在家族中是较弱，不消说，这种家族制度就无法产生古代中国风的"孝道"，这种氏姓高于血缘的观念必然产生日本特有的"忠""孝"观。即氏姓本身就不可避免地成为氏姓集团成员忠诚的对象，某个氏姓集团中的庶民和武士只需对氏长和氏姓本身忠诚即可，借以保持本氏姓发达。

---

① （日）黑板胜美主编：《国史大系·令义解》，东京：吉川弘文馆，1975年，第39页。

② （日）司马辽太郎：《国家·宗教·日本人》，东京：讲谈社，1999年，第65页。

这些行为方式又被武士体制予以移植，从而使得"氏姓家族"体制长久不衰。

一般认为，儒家经典成规模与体系传入古代日本大约在公元5世纪，但直至8世纪初期，"孝道"理念并没有根植于日本社会。自646年大化革新以降，律令制在日本开始实施，"孝道"逐步传到日本，并被纳入制定于718年的《养老律令》之中。迨至孝谦女皇（749—758年在位）时期，曾下旨令贵族家庭学习《孝经》。即便如此，此时期的"孝道"更多的是给皇室、贵族制定的，尚未成为整个社会规范。

日本进入中世（1185—1603年）后，父权家长制下的家族体制逐渐确立，武士阶层开始兴起，非常注重汉文化修养的武士们注重《忠经》的同时，也开始推崇《孝经》的孝行理念，孝道渐渐成为武士的道德准则之一。

到了近世（1603—1867年），随着儒学成为官学与基础教育的推广，"孝行"从武士阶层下沉到平民世界，有学者认为日本近世的"孝道"已成为各个阶层道德教育的根本，并得到理论上的升华。[①] 这种理论上的升华，得益于日本的"孝道"借助于佛教"报恩"伦理，将子女对父母尽孝是报答父母的"恩情"，而"恩情"是"孝道"的前提，这种对恩情的等量偿还，便是"义理"。对此，崔世广等认为近世日本亲子之间终生的"恩情""孝道"关系形成了家族内永久性的"恩义关系"。这种关系绝不仅仅局限于家庭内部，作为一个近世日本人，自出生之日起到离开人世，其一生都活在"恩"的世界中，无时无刻不受到"义理"的约束。

---

① 陈景彦：《江户时代日本知识分子对儒家的态度》，《东北亚论坛》2008年第4期。

耐人寻味的是，即便是进入近世，日本的氏姓制度仍然非常发达，家庭仍然被涵盖在氏姓体制之中，高级武士既是氏姓首领，也是扩大了的大家族首领。浸淫了儒释道思想的武士固然也主张应对父母尽孝，但更强调忠诚于主人。所以，有人武士道伦理世界有"父子一世，夫妇二世，主从三世"的表述。也就是说，对武士而言，父子之情薄于夫妻之义，夫妻之义低于主从关系。换言之，在武士道伦理中"忠"高于"孝"，如果非要在二者做出选择的话，"忠"是毋庸置疑的首选，而且此"忠"是"从一而终"。

如前所述，日本近世武士社会提倡的"孝道"的前提是父子之间的"恩义"，而"忠道"的前提也是"恩义"，因为武士社会中的领主给予家臣以"御恩"，家臣就应以"奉公"偿还。日本这种"恩义型"父子关系与中国的"无条件孝顺型"父子关系有着本质的差别，由此衍化而出的则是中日两国的"忠""孝"关系有着本质的差异。

三、中日两国"孝""忠"观念相异的生成原因

从表象看，宗族制度下的家族是秦汉以降历代皇朝的编户齐民，一方面，这些家族从法律上来说，是皇帝的属民；另一方面，皇朝的郡县长官在法律上或从理论上说只是作为皇朝代理人代国家向平民收赋征役而已。也就是说，这些民众不但不归属其他任何机构，而且在中央政府与家族之间也不存在着中间社会集团，家族本身就是一个小社会单位。于是，家族便成为人们赖以生存、繁衍与发展的终极庇护所，故"孝亲"是巩固并延续家族必不可少的事业。因皇权不下县，地方自治，使得家族往往游离于国家行政体系之外，从而使得"国"经常浓

缩为一个抽象概念,其最高统治者——"君主"对平民而言,显得遥不可及,故改朝换代对平民而言,几乎不受什么实质性影响。又由于从"孝"衍生而来的"忠"的对象是国家最高统治者——"君主",此时此刻的"忠"已是一个极为稀释的东西,远不及"孝"重要。

反观日本,中世(1185—1603年)以降的氏姓组织横亘于家族与藩之间,庶民及下级武士家族的活动空间被局限于氏姓组织之内,上不及藩,"国"及其最高统治者——天皇对庶民及下级武士而言是虚无缥缈的。所以,人们效忠的对象只能是自己直接主人,而非更高层的统治者。当然,对于藩主而言,他们则直接对天皇尽忠。所以,在中世以降的日本社会,"忠"远远重于"孝"。也就是说,如果将"孝""忠"地位排位的话,古代中国是"孝忠",古代日本是"忠孝"。

中日两国家庭及家族制度之所以不同,主要是因为政治体制的不同。中国自秦汉以降,盛行中央集权体制,国家为了尽可能地征收赋税,需要方便管理且不足以抗衡国家及地方官府小门小户家庭的存在,极力打击与瓦解能够与国家颉颃的世家巨族。所以,国家便通过法律与行政手段逼迫各个家庭将家产平分给其所有男性子孙。前汉为了解决尾大不掉的诸侯王而实施"推恩令",使用的是同样的手段。所以,殷海光说:"孝是中国家族中心主义的灵魂与基本命题。"①

在秦汉以降的中国,任何大家巨族经过几代子孙的平均分析,数代过后都会变成细族、寒族。所谓"富不过三代"即指此。因为所有男性子孙都能分得家产,而国家只征收赋税而不

---

① 殷海光:《中国文化的展望》,北京:中国和平出版社,1988年,第107页。

提供社会福利与养老,这养老任务便成为子孙们的义务,为了将这些义务内化于心,维护社会的稳定,"孝道"便成为最有力的抓手。反观日本,因实施长子或一个男性,乃至过继或入赘一个没有血缘关系但只要改姓本氏姓即可的男性来继承全部家业,使得世家巨族得以数代、数十代乃至上百代延续。同时,因为长子以外男性成员无法继承家业乃至家姓,又无财产,这些人只得依附他人或组织一个小集团,凡此种种,都需要忠诚集团首领来维持,而不需要"孝"来支撑。所以,山鹿素行有一个著名的训诫:"得主人而尽奉公之忠;交朋,厚信,独慎身,专在于义。而己身之父子兄弟夫妇乃不得已交接也。"①

结　语

自先秦儒家开始提倡孝道,前汉王朝进而推行"以孝治天下",此后的两千多年,历代王朝均高举"孝"的旗号,并作为治国理政的国策。之所以如此,应该与秦汉以后中原王朝或割据王朝大体上实施君主专制体制有关。古代中国各王朝均以农牧业为支柱生业,生产力水平低下、交通不便,加之历朝重农抑商,导致商业欠发达,更难以产生近代工业,在此情况下如要维持一个巨大帝国,实施君主专制体制是一个难以逾越的选择,而为了治理一个广袤的国家,便需要一支庞大的官僚队伍,还要维持人数众多的皇亲国戚及达官贵人的奢靡生活,以及服务于这些人的超巨大人群。同时,赈灾、兴修水利、建设

---

① (日)依田憙家著,卞立强译:《日中两国近代化比较研究》,北京:北京大学出版社,1991年,第194页。

防御设施与战争等也是不可或缺的国家职能。在没有其他收入来源的情形下，只能向普通百姓征收苛捐杂税，以维持王朝体制的运转。如此一来，自秦汉以降，中原王朝实施姓氏合一制度，平民开始有姓，便于国家精准征税派赋。在此之前的商周时期，天子有姓而无氏，如周武王，姓姬，名发，没有氏。诸侯、卿大夫既有姓又有氏，平民则只有名，无姓无氏。与此同时，为了使经常被榨干的百姓老后或丧失劳动力之后不至于老死沟壑，极力推行孝道，将国家的养老义务转嫁到其子女身上。应该说，"孝道"被极端化乃至将"孝"由道德修养制定为法律制度，以期通过"孝道"来维护家长特权，只因为"一家一户长期在一小块土地经营的生产方式"① 有利于支撑君主专制体制的运行。也正因为如此重视"孝道"，在另一个方面必然对冲"忠道"的实施，以至于人们在"忠孝"不能两全之际，往往选择"孝"而放弃"忠"。同时，当家族利益优先之时，对国（皇帝）"尽忠"则只能从权了。这也是古代中国经常改朝换代的原因之一。

观诸日本，自公元3世纪前后天皇体制确立后，其单一皇统延绵近2000年而至今不绝。期间，自公元12世纪末直至19世纪中后期，日本先后经过赖源朝建立镰仓幕府、足利尊氏设立室町幕府、织田信长与丰臣秀吉开创安土桃山时代、德川家康开幕于江户，600多年来数十代将军或权臣们个个权势熏天，大权在握，其力量压倒性地盖过皇室，但没有一个人想取天皇宝座而代之，虽然其中原因有多个方面，但脱胎于氏姓制的武士道及其伴随着武士道而生的"忠义观"成为社会意识形

---

① 李卓：《中日家族制度比较研究》，北京：人民出版社，2004年，第72页。

态并主导人们行为方式应该是主要缘由。

如前所述，氏姓制以及脱胎于氏姓制的武士道，是氏姓重于血亲关系的，一般百姓和低中级武士只需对氏长和氏姓忠诚，一般氏长只需对位于其上的藩主忠诚，藩主、将军及其他公卿大臣只需对天皇忠诚即可，而且这种忠诚带有"从一而终"的性格。此时此刻的"孝"只能让位于"忠"。所以，日本明治时代学者新渡户稻造认为浸淫了儒家忠孝观的武士也有"欲忠则不孝，欲孝则不忠"式的困惑性选择，但当主君需要时，"武士道会毫不迟疑地选择忠。妇女也鼓励她们的儿子，为主君而牺牲一切"，武士的妻女"为了忠义她们会毅然决然，好不踌躇地舍弃他们的儿子"。这是因为武士们"把生命看作是臣事主君的手段，而其理想则放在名誉上面。因此，武士的全部教育和训练就是以此为基础来进行的"[①]。所以，建立在这种伦理基础上的日本社会是没有一位将军会试图取天皇宝座而代之的。

---

① （日）新渡户稻造著，张俊彦译：《武士道》，北京：商务印书馆，1993年，第54、57页。

舜帝后裔在金门

——金门陈氏源流及其宗祠墓庐与人物*

陈庆元

"系出舜胄",这是康熙九年(1670年)庚戌金门陈睿思《浯阳陈氏族谱·陈氏世纪考》②开篇的第一句话,木有本,水有源,不忘所自来也!也就是说,金门陈氏,都是无论何派何房,都是舜帝之苗裔。

一、金门陈氏源流及分布

根据光绪《金门志》等的记载,西晋末年,士人南渡,苏、陈、吴、蔡、吕、颜等六姓避地浯岛(即金门),但是这一记载过于简略,语焉不详,加上时日久远,文献缺失,东晋陈姓到金门之后的状况也就无从考证了。一般认为,陈政为陈氏入闽之始祖,陈政传数世为陈田,陈田为金门发祥之祖。田

---

* 项目基金:福建省社科重点项目《明清金门作家系列研究》,编号:FJ2016A029。

② 陈宗江纂:《浯阳陈氏家谱》,清光绪二十五年钞本。

生道,道生通及弟达。一般尊陈达为陈氏迁金门阳翟之始祖。据《浯阳陈氏家谱》记载,陈达(898—933)于五代后梁乾化三年(913年)癸酉,时年十六,闽主王审知榜求陈元光之后,陈达与兄陈通同往,王审知留陈通麾下,授节度使;王审知加陈达承事郎,又命陈达领父命,"奏镇同安浯洲盐场"。陈达到金门之后,"择地居之,名曰'阳翟',从固始地名,不忘本也"①。就是说,阳翟用的是河南固始的旧地名,即不忘本根之意。可知陈氏早在五代后梁时期已经移住金门,且从事金门食盐的生产和浯洲盐场的管理工作。

为什么说陈达是阳翟的始祖,而不是金门陈氏的始祖?因为迁徙到金门民众有先有后,陈氏也不例外;陈达之后,还有若干陈姓家族从大陆各地迁入。在历史的长河中,迁徙到金门的陈氏至少有十五个支派,称"十五陈"。

表1 金门陈氏支派表

支派名	始迁祖名	迁入时间	迁入地	迁出地	支派分居之地
阳翟陈一	陈达	五代后梁	阳翟		庵前(陈纲之后)
阳翟陈二	陈七郎	宋末	阳翟	晋江围头陈卿村	后园
下坑陈	陈六郎	宋末	夏兴	晋江围头陈卿村	山外、东洲、何厝、高坑

---

① 陈宗江:《浯阳陈氏家谱》载浯洲阳翟陈氏开基世纪,关于陈氏始祖陈达有较详细的记载。

续表

支派名	始迁祖名	迁入时间	迁入地	迁出地	支派分居之地
陈坑陈	陈八郎	宋末	成功	晋江围头陈卿村	
湖前陈	陈一郎	宋末	成功	晋江围头陈卿村	塔后
后山（碧山）陈	陈二十三郎	元初	后山	晋江深沪	
斗门陈一	陈二十五郎	宋末		漳州拱斗堂	何厝
斗门陈二	文贤家者				
埔后陈		元末	涂山	陈友谅族人	后移方车山（今埔后），灯号为"上学堂"
高坑陈	陈良显	明初		本岛夏兴	新前墩、营山、何厝
古垵陈	陈必性	明初	古垵	泉州	派下于清雍正年间分居新头
烈屿陈		明中叶	湖下	厦门店前	湖下、后井、中墩、上库
金城陈	陈朝阳	清初	金门城	南安洪濑	
后浦陈	清季	清季	后浦	南安溪尾	
东浦陈	俟考				
官路边陈	俟考		后浦西门		

此表据叶均培《金门姓氏分布研究》(金门县政府，1997年)的有关资料制成。略作说明如下：

1. 阳翟陈一：陈达已如上述。

2. 阳翟陈二：陈达一派外，尚有一支陈七郎的后裔，陈七郎与陈坑始祖陈六郎、陈八郎为（从）兄弟，在宋末自晋江陈卿村迁金门，支派分居后园。

3. 陈坑陈：宋末陈六郎、陈八郎兄弟，自晋江陈卿村迁此。又可细分为两个小支派：六郎居坑北（今夏兴），称下坑陈。下坑陈又分支为：山外陈、东洲陈和何厝陈；八郎居于坑南（今成功），称上坑陈。

4. 湖前陈：始祖陈一郎，与陈六郎、陈八郎为（从）兄弟，宋末自晋江陈卿村迁来，其分支居塔后，称塔后陈。

5. 后山陈：始祖陈二十三郎（字存仁），元初自晋江深沪移入后山。

6. 斗门陈一：始祖陈二十五郎，宋末自漳州拱斗堂迁来；分支何厝，称何厝陈。

7. 斗门陈二：此派不同于陈二十五郎，以灯号"文贤家者"为别。

8. 埔后陈：元末陈友谅之族人，蕲黄兵起，携资来岛上，始居涂山（今金城），后移方车山（今埔后），灯号为"上学堂"；其分支居洋山，称洋山陈。

9. 高坑陈：始祖陈良显，由本岛夏兴陈氏分出。

10. 古丘陈：始祖陈必性，明初来自泉州。分支于清雍正年间分居新头，称新头陈。

11. 烈屿陈：明中叶自厦门店前迁来，定居湖下。分支后井、中墩、上库，称后井陈、中墩陈、上库陈。

12. 旧金城陈：始祖陈朝阳，清初自南安洪濑迁来。

13. 后浦陈，清季先后自南安溪尾来迁来，聚居后浦（今金城）。

14. 东浦陈，迁入时间与始祖、聚居地俟考。

15. 官路边陈，迁时间与始祖俟考，聚居于后浦西门。

从上表我们可以看到，金门陈氏十三支派最晚一支迁入金门的时间是清季。民国之后，还陆续有其他陈氏民众迁入，1949年至今肯定也有陈姓迁入，可能由于比较零星，不成规模，居住地也比较分散，故未能成为某个新支派。或许，将来某个晚近迁入的陈氏家族人丁旺盛，聚族而居，形成新的聚落，金门第十六陈也就随之而诞生。

金门陈氏虽然有十五支派之多，但都是舜帝后裔。比较一致的看法，无论怎么辗转，都是从河南迁来。金门陈氏多个支派认为，其祖推溯至汉代，则为东汉的陈寔。陈寔，字仲弓，颖川许昌人，为太丘长。寔生纪、谌。纪，字符方；谌，字季方。纪生生群。三代均为东汉名士，一门和睦，讲孝悌，为当世所尊崇。金门陈氏，禀承颖川陈遗风，虽然派支分至十五，但世代宗族和睦，讲究孝道。

二、金门陈氏宗祠

宗祠，是置放祖先神主牌位、举行祭祀祖先典礼和其他庆典、同一宗族后辈子孙行礼膜拜的地方，也是族人议论宗族大事、表彰杰出族人的地方。当然，宗祠也是约束族人的场所，极个别的不肖子孙犯宗规族法，族人偶然也会选择宗祠对其处罚，以训诫全体族人，达到维护宗族名声和睦族的目的。一族之中，有族长，还有若干德高望重、子嗣男丁兴旺的男性长辈担任的长老。祭祀祖先典礼和其他庆典由族长、长老主持，议论宗族大事等也由他们主持。宗祠,对一个家族来说,是庄严神圣的。

宗祠的建筑常见的为三进。宗祠内的陈设,除了必不可少的灯号、供桌香炉、祖宗神主牌位龛之外,有的宗祠还有新建或历次翻修留下的记文。记文或勒于石碑,或刻木嵌悬于墙上。记文有的较短,有的较长。记文通常叙写兴建或翻修宗祠的意义、过程、时间。长的记文,常常还列有出资、捐款者姓名和具体的款项。宗祠还挂着若干历代留传下来的匾额,如"进士""举人""将军"之类,当代则增加了"博士"之类的新匾。

表2 1950年金门各乡镇陈姓人口数及其所占乡镇人口百分比表

乡镇名	乡镇人口	陈姓人口	陈姓占乡镇人口百分比
金沙镇	11912	2075	17.42%
金湖镇	8227	2848	33.31%
金宁乡	13947	580	4.16%
金城镇	19135	1912	9.97%
烈屿乡	7883	582	7.38%
全县合计	61104	7997	陈姓占全县人口13.09%

表2据叶均培《金门姓氏分布研究》第二章第二篇各乡镇、村庄数字,加以统计而成。叶均培君所记乡镇、各村人口数字的依据是1950年军管的户籍数字,应该是比较可靠的第一手材料。1950年之后各年,无论是人口数或姓氏人数有消有长,全县各大姓人口数占全县人口数的比例也会有变化,但是各大姓总占全县人口的比例不太可能发生太大的消长变化。

据叶钧培、黄奕展的《金门族谱探源》(金门县政府,

2001年）统计，金门全县共有宗祠165座（2001年该书出版时的数字），陈氏大小宗祠25座（见表3）。陈氏是金门第一大姓，占全县人口的13.09%，而宗祠数则占到15.15%。

表3 陈氏宗祠分布表

乡镇名	行政村	自然村	灯号或堂号	备注
金沙镇	何斗里	斗门北		
金沙镇	何斗里	斗门东		
金沙镇	何斗里	斗门南		
金沙镇	西园里	后珩		
金沙镇	汶沙里	东埔		
金沙镇	何斗里	高坑		
金沙镇	光前里	阳翟东北		
金沙镇	光前里	阳翟南		
金沙镇	光前里	阳翟南		
金沙镇	三山里	碧山		
金沙镇	三山里	碧山中		洋楼
金沙镇	三山里	碧山东北		
金沙镇	浦山里	营山		
金城镇	贤庵里	古坵		
金城镇	西门里	西门里	颖川堂、颖川衍派	大宗祠
金城镇	庵前里	庵前		
金湖镇	山外里	山外		
金湖镇	正义里	成功北方		北方祖祠
金湖镇	正义里	成功南方		南方祖祠
金湖镇	正义里	夏兴		

续表

乡镇名	行政村	自然村	灯号或堂号	备注
金湖镇	新湖里	湖前		
金湖镇	新湖里	塔后		
金湖镇	新湖里	新头		
金宁乡	湖浦里	埔后		
烈屿乡	林湖村	湖下		

陈氏各宗祠的灯号、堂号有"忠贤第""谏垣家吏部天官""浯阳世科第""太子太傅""给事中""上学堂""三省提学""南陈文贤家""忠贤名范""钦点县正堂""南陈户部主事""南陈文武世家",以显示其支派来自何地,但是各支各派的先祖,都可以追溯到东汉陈寔;陈寔是颖川人,封颖川侯,故金门陈氏也就基本自视为"颖川衍派"。各支各派迁入金门的时间,可考者早的可以追溯到五代,晚的则在清季。迁入地不外是漳州、泉州二府,泉州还可细分为晋江、南安、安溪、厦门等。

金门镇西门里陈氏大宗祠、金门金沙镇阳翟村祖祠大厅立柱,都分别刻有陈氏的昭穆:

志、克、卿、允、子、公、侯、伯、仲、延;

笃、庆、丕、先、泽、昭、穆、衍、祀、贤。

昭穆本指宗祠神主位序,始祖居中,左昭右穆。后来延伸为"行序""辈序",俗称"辈分"等义。一个家族繁衍数代数十代,可能出现祖辈年纪幼、孙辈年纪长的现象,明昭穆,即明其辈分,宗族辈分便不至于混乱。更重要的是经过昭穆的排列,即使族人分散,天南海北,也可认亲归宗。笔者祖籍烈屿湖下，湖下陈昭穆同阳翟陈，湖下陈疑也是阳翟的分支。二十多年前结识法国陈庆浩教授、六年前在中央大学结识陈庆瀚教授，虽然走散了不知多少代，说起来，一排辈分，大家都是同宗兄弟，确信无疑。金门宗祠中的昭穆，"睦族"的作用不可低估。

三、金门陈氏墓庐

墓葬生物学的意义自不待说，就宗族观而言，墓庐是子孙后代纪念先人、寄托哀思、尽其孝道的特殊建筑物或场所，上至王公，下至庶民，除非突如其来的巨大的灾难完全没有办法顾及，一个人去世之后，子孙都会为其下葬，留其墓庐，年年加以祭扫。墓庐的存毁，往往与家族的兴衰、战乱、自然灾害、宗族分支分派、迁徙有关，有的墓庐存留时间很长，有时间较短，长的千年，短的数载。金门陈氏墓庐存留至今，最为远久的已经接近千年，存留数百年的也不在少数，比较而言，在许多宗族中比较少见。为此我们参考陈炳容《金门的古墓与牌坊》（金门县政府，1997年）、黄振良主编《阳翟文史采风》（金门县金沙镇公所，2010年）制作"金门陈氏宗族宋明墓庐表"，除了所列十三处墓庐，由于时代久远，还有若干墓主及葬地方位大体可确定，墓庐虽然已经不存，每年陈氏后裔仍前往祭拜，均未列入表中。金门陈氏宋明墓庐，有的保存相当完好，例如明陈行素、陈贞、陈健三代，风风雨雨五六百年来，原貌基本不变。祖宗功德荫及子孙，子孙追踪祖德，眷眷之心可见。

表4 金门陈氏宗族宋明墓庐表

序号	墓主姓名字号	朝代和墓碑	墓主身份	葬地	备注
1	陈大灿（1073—1128），字光庸，改字国宝，号颍川	宋"陈公大灿"	承事郎	山柄山中，即美山山脚	阳翟六世祖。冬至祭扫
2	陈梮，字械甫文，号牧寮	宋"进士陈公既暨配王氏墓"	宋宁宗庆元二年（1196年）进士，翰林侍读	黄龙山南侧	阳翟八世祖。冬至祭扫
3	陈大育	"宋进士大育陈公暨恭人蔡王氏墓"	进士，御史	斗门村后	
4	陈八郎	宋"坑南陈氏祖墓"		石莲山	
5	陈乐翁，号竹林	宋"有宋陈氏始基开山祖墓"，落款"仍孙知州如松立石"		华岩山	
6	陈一龙（1217—1239）	宋		王山边	阳翟十世祖。十月二十日祭扫

续表

序号	墓主姓名字号	朝代和墓碑	墓主身份	葬地	备注
7	陈显，号海南	明"南海夜台"	洪武五年（1372年）壬子科经魁，知州	后园南滨海处	
8	陈大珪，字伯璋	明		太武山北坡山腰	阳翟前房桃十五世祖。十一月十五日祭扫
9	陈新镤（1440—1525），字覆轩	明"阳翟陈公洎苏谢宋氏等大明正丙子年仲冬吉日营"		前埔村郊	阳翟前房桃十六世祖。十一月十五日祭扫
10	惕斋公	明		英坑里尾	阳翟前房桃长房十七世祖。清明祭扫
11	陈行素，名光泽，字庆元；守素堂弟守素	明"弘治壬戌年志守素陈公陈门贞一李氏行素陈公慈惠吕氏墓"		阳翟金东电影院右侧	四人合葬墓。行素，阳翟中巷桃十七世祖。清明祭扫

续表

序号	墓主姓名字号	朝代和墓碑	墓主身份	葬地	备注
12	陈祯（行素子，陈健父）	明	正德间贡生，广东长乐县训导	后宅村旁黄龙山麓	阳翟中巷桃十八世祖。清明祭扫
13	陈健（陈祯子），号沧江	明	嘉靖五年（1526年）进士，知府	衣冠冢在东珩村南郊	阳翟中巷桃十九世祖。真墓在同安城北门岳伯坊。清明祭扫

阳翟六世祖陈大灿、八世祖陈蘸，后代子孙祭扫墓庐的时间都是冬至。唐宋时期，冬至是祭天祀祖的日子。皇帝在这天要到郊外举行祭天大典，百姓在这一天要祭扫先人墓庐，陈大灿、陈蘸时代较早，用的是冬至祭祖扫墓的唐宋习俗。阳翟前房桃十五世祖陈大珪、阳翟前房桃十六世祖陈新镂，卒于明前期，此时去宋不很遥远，祭扫时间由冬至稍稍变通为十一月十五日，也就是在冬至前后，仍然可以视作唐宋冬至祭扫的遗风。也就是说，金门阳翟陈氏，无论是整个宗族，还是各房、各桃，都没有例外。到了明后期直至清朝时期的后卒者，则改为通常采用的清明祭扫的习俗。阳翟陈氏冬至祭扫宋至明前期去世的先祖的风俗，一直保留至今，颇具研究意义。

无论是冬至祭扫，还是清明祭扫，都是一种家族的活动。六世祖陈大灿，八世祖陈新镂，是阳翟陈氏共同的祖先，阳翟陈氏的后人都得参与祭扫；各房、各祧的祖先，则由各房、各祧组织其族人参与祭扫。族人共同的祭扫，慎终追远，敬畏先祖，对后世子孙来说，也是一种尽孝的方式。

四、金门陈氏人物

金门科甲鼎盛，与陈氏宗族的贡献分不开。金门陈氏最早中进士的是北宋初年的陈纲。金门古代称浯洲，在民国四年（1915年）金门建县之前，其行政区划一直属于泉州府同安县，陈纲也是同安县历史上的第一位进士。南宋朱熹成进士之后的第一个官职是同安县主簿，浯洲为朱熹过化之地。朱熹过化之后，浯洲从此走向文化鼎盛时期，这或许没有疑问，但早于朱熹过化至少一百五十年，浯洲也即金门文教在整个同安县中成绩已经斐然灿然。而且金门阳翟陈氏中进士者接二连三，蔚为壮观。明清两代，陈氏后继者不乏其人，为此我们特参考叶钧培《金门姓氏堂号源流》（金门县政府，1999年）、黄振良主编《阳翟文史采风》（金门县金沙镇公所，2010年）制成"金门陈氏进士表"，以便省览。

表5　金门陈氏进士表

序号	姓名	所在村落	成进士年代	职官	备注
1	陈纲	阳翟	宋淳化三年（992年）	荆湖运使	阳翟三世祖
2	陈统（纲弟）	阳翟	宋大中祥符五年（1012年）	不仕	阳翟三世祖

续表

序号	姓名	所在村落	成进士年代	职官	备注
3	陈棫	阳翟	宋庆历三年（1043年）		
4	陈昌侯（统子）	阳翟	宋皇祐元年（1049年）		阳翟四世祖
5	陈良才	阳翟	宋重和元年（1118年）		
6	陈樀	阳翟	宋庆元二年（1196年）	翰林侍读	阳翟八世祖
7	陈大育	俟考	俟考		
8	陈健（祯子）	阳翟	明嘉靖五年（1526年）	知府	阳翟中巷桃十九世祖
9	陈基虞	阳翟	明万历十七年（1589年）	中宪大夫	阳翟信房前房二十世祖
10	陈昌文	古区	明天启二年（1622年）		
11	陈睿思	阳翟	清康熙六年（1667年）	内阁中书	阳翟中巷桃二十四世祖
12	陈桂洲	斗门	清乾隆七年（1742年）		

金门历代进士有50人、48人等说法，由于统计口径的不一致，也就造成数字的差异。即便是宽口径的统计，陈氏占全

部进士人数的 24%。如果扣除以漳州龙溪籍考取进士的蒋孟育、林焊，以澎湖籍考取的蔡廷兰，以新竹籍考取的郑用锡等，陈氏考取进士的比例就更高了。金门陈氏中举的人数就更多，仅阳翟陈就有 21 人（不含中进士者）。上文我们说陈氏人口占金门全县人口的 13.09%，这是 1950 年的统计数字，我们相信，由宋到清，金门陈氏占全县人口的平均值再怎么高，也不会比 1950 年统计的数字高出很多。也就是说，由宋及清，陈氏受到的教育程度在金门岛是很高的，科举功名的成绩也是很高的。

金门陈氏人物事迹没有经过很好的搜集整理，很多人的文集都已经散失，非常可惜。陈纲不仅是金门的第一个进士，也是开同（安）第一个进士。《全宋诗》第二册，收陈纲诗一首，题为《留题霍山圣公庙》，诗出《求古录·霍山中镇石刻》。这首诗也是现存金门人所做的最早的一首诗。

《同安县志》记载陈基虞性孝友，修桥铺路，筑堤修水渠，设义冢，惠及县民。陈基虞是明万历十七年（1589 年）进士，此科金门人同时中进士的还有蔡献臣、蒋孟育、黄秀华、蔡懋贤五人，人称"五桂联芳"。蔡献臣有《清白堂稿》传世，蒋孟育有《恬庵遗稿》传世。其实，陈基虞亦能诗。徐𤊹（1570—1642），字惟起，一字兴公，闽县（今福州）人。万历中期，与邓原岳、谢肇淛、徐熥、曹学佺等结诗社，重振闽中风雅。徐𤊹与陈基虞的友情长达数十年之久。万历三十四年（1606 年），徐𤊹到南京住了很长的时间，时陈基虞为南廷尉，徐𤊹离开南京时作《出龙江关与陈志华廷尉别》①。万历三十

---

① 《鳌峰集》卷四，陈庆元、陈炜点校本，扬州：广陵书社，2012 年。

九年（1611年），陈基虞为广东廉州太守，徐𤊹作《寄陈廉州志华》①怀之。万历四十二年（1614年），徐𤊹往漳州，过同安，访陈基虞，作《过同安访陈志华太守对雨夜话》一诗：

> 十载分携道路难，对君犹似在长乾。橐归南粤春云薄，烛剪西窗夜雨寒。官爵迁迟缘性懒，髭须白早为吟安。汉廷正尔需良牧，莫使尘生贡禹冠。②

此时陈基虞或因待选回同安，徐𤊹过访作此诗。诗的大意是说，自从万历三十四年（1606年）在南京结识，至今大约十年了，十年间说不尽人间的"道路难"。次联称赞基虞廉州太守归乡时旅橐萧然，有春云之薄，同时为基虞打抱不平。后二联大意说，既然迁官栖迟，不如吟诗自安，不过国家早晚还会重用你这样的"良牧"。对雨夜话，"吟安"，基虞当亦有诗。

徐𤊹之孙徐钟震（1610—?），字器之，亦能诗，有《徐器之集》。崇祯十二年（1639年），徐钟震往漳州，过同安访池显方孝廉。显方，字直夫，同安人，有《晃岩集》。过同安时，池显方留饮，陈基虞也在座，徐钟震作《同安访池直夫先生留饮夜话同陈宾门宪副作》：

> 停车相访近全村晖，新酿微香满竹扉。已得一区称窟宅。时谈晃岩诸胜。曾冷却三策射京闱，看残远屿霞光紫。剪却华堂烛影微。著述高名驰海甸，犹然潜伏佩荷衣③。

此诗重点是徐钟震与池显方夜话，陈虞基只是陪衬。即便

---

① 《鳌峰集》卷十八，陈庆元、陈炜点校本，扬州：广陵书社，2012年。

② 《鳌峰集》卷十九，陈庆元、陈炜点校本，扬州：广陵书社，2012年。

③ 徐钟震：《徐器之集·丹霞纪游》，崇祯刊本。

如此，诗题"同作"二字值得注意，就是说，当时不仅徐锺震有诗，陈基虞也有诗。如果论辈分，陈基虞为祖父挚友，高徐钟震两个辈分。

金门文人的藏书，几乎没有学人注意这个问题。陈基虞不仅能作诗，而且其家藏书丰富。万历三十四年（1606年），徐𤊹在南京辗转从同乡曹学佺那儿得到一部程大昌的《演繁露》钞本，徐𤊹将此本与陈基虞同赏，徐𤊹说："陈云其家有刻本，于中讹舛，可藉而校也。"① 没想到陈基虞家意然有刻本，徐𤊹非常高兴，以为可以取陈氏所藏本来校勘钞本之讹。徐𤊹是当时东南少有的大藏书家，能与徐氏讨论版本的人不多，能为徐氏校书提供参校本的更少。所以我们说，金门陈氏的藏书可能也不一般，很值得我们去研究。

金门陈氏，除了有功名的进士、举人、贡生之外，还有许多没有功名、没有大事业的人物，他们也有他们感动人的故事。本文要提到的这一位叫陈西楼，《同安县志》《金门志》找不到他的名字，我们怀疑西楼不是他的名，可能是字或号，也不知他是金门陈氏的哪一派哪一房。金门人对他可能没什么印象。但是，说起万历二十九年（1601年）辛丑会元许獬，金门人恐怕家喻户晓。这位陈西楼先生，就是许獬的外祖！金门珠（后）浦许氏家族，至许獬这一代，八世能诗，有丰厚的文化积累，到了许獬奋力搏击，一鸣惊人。然而，我们从许獬的《许钟斗集》和《丛青轩集》，却没能找到更多的材料来印证许獬在家族环境中成长的更多的材料，倒是许獬反复言及外祖陈西楼先生。陈西楼七十六岁之时，许獬为作《寿外祖陈西楼公

---

① 马泰来：《新辑红雨楼题记》，上海：上海古籍出版社，2014年，第107页。

序》，略云：

外祖西楼公，今年春秋七十六，老矣。忆少从群儿嬉公侧，公辄指目谓："是儿也，可异。"日置膝上，口授昔人所为诗若文也者。命之讽，讽毕，辄为之说曰，当日作者云何姓氏，爵里何似，此皆古先达人之有休声芳迹传于后，不落莫者也。孺子志之。时虽稺，不省为何语，然已能暗存其一二云。于是公益以二子为可与语。

间尝携出游，遇某水某阜，辄名之曰，此某水某阜；遇景物，则语以景物。岁时乡里歌鼓聚会，优或叙教前代事，则又与之语前代事。盖虽宴游嬉笑中，其不忘奖诲类若此。

稍长，从家大人学四方，其间或离或合不常，然无岁时不相闻。见必娓娓相慰劳，或诵昔人文字相劝勉如初。盖不肖獬之困州县试也久，居常负豪气，怏怏不能平。公往抚之曰："显晦，遇也；淹速，时也。孺子勉矣！良农能稼，宁不逢年？"獬闻言，稍自宽，愈益朝夕，淬无怠。①

这篇寿序讲了三件事。第一件，许獬孩童时和其他小儿戏嬉，西楼先生一眼看出许獬和其他小孩不太一样，常常抱他坐在膝上，口授古诗文，讲解给他听，让他记诵，还以这些古代诗文作家的名望加以激励。第二件，许獬稍稍长大，西楼先生常带他出游，让他认识地名、景物，增加他的见识，看戏，则讲戏剧的内容背景，增加其历史知识。第三件事，许獬困于州县试，西楼先生安慰并鼓励他，逢考很难场场皆胜，尤如农作

---

① 许獬著，陈炜点校：《许钟斗集》卷一，陈庆元主编：《台湾古籍丛编》第二辑，福州：福建教育出版社，2017年。

物，有丰年也有歉收的年份，因于州县试千万不能泄气。与此相关，还有一件事，许獬在西楼先生的勉励下，终于中举，万历二十六年（1598年），许獬首次北上春官，下第。下第之后，许獬从金门渡海到大轮山（在今厦门市同安区）读书，西楼先生也陪着他到了大轮山，类似今天说的"陪读"。下一榜，即万历二十九年（1601年）辛丑榜，许獬会试第一，廷试二甲第一名。古人陪子读书有之，陪孙读书或有之，陪外孙读书，而且是出门渡海陪外孙读书，可能非常之少见。所以我们说，许獬的成名，离不开珠浦许氏数代家族的文化积淀，但是如果没有外祖陈西楼先生对他数十年的教诲、鼓励，没有陈西楼先生亲自陪读大轮山，许獬成为会元是难以设想的。就科举功名而言，许獬得力于外家陈氏多矣！

  金门陈氏为帝舜苗裔。陈氏自中原及大陆各地迁徙金门已经一千多年，一千多年来，金门陈氏虽然分支分房为各派，从二十五座宗庙，从宋明先人墓庐及祭扫时间礼仪看，陈氏始终保留着祖上留传下来的睦族、孝道的传统不变，始终重视中原文化传统不变，这或许是金门陈氏千百年来繁盛的一个重要原因吧！

清代越南使节笔下的
孝感及其孝感孝子故事

陈益源

越南与东亚各国一样,都有讲求孝道的优良文化传统。随着中国儒家经典传播到越南,《孝经》在越南很早就被典藏、翻译与推广。中国通俗的"二十四孝"故事,在越南更是广为人知。因此要谈亚洲孝道文化,越南可以说是不容或缺的国度。

由于本人长期研究清代越南使节文献,曾注意到有不少越南使节出使中国途中,每每行经著名孝子乡里或相关地点,必有歌咏,例如张泽槐先生便曾选注越南使者过广西梧州、湖南永州时的咏舜诗十九首,可以从中窥见越南学者对舜帝、舜帝陵、舜文化的见解①;又如从清康熙二十五年到乾隆四十六年(1686—1781),也有阮进材等二十几位越南使节途经山东济宁仲夫子庙时,写下三十几篇歌颂子路的诗篇,并且立碑纪

---

① 文载《湖南科技学院学报》2014年第4期,第50~54页。

念。① 本文乃针对有意打造"中华孝文化名城"的湖北孝感而作，同时把越南孝道文化，和《二十四孝》所载孝感三孝子故事联结起来进行讨论，以供关心越南使节文献与中国孝文化者参考。

一、清代越南使节行经孝感的相关记载

孝感位于中国北方的湖北省，越南则是远在中国南方的国度，感觉上天南地北，殊不知两地之间，夙有因缘。这之间的联系，应归功于清代越南奉派到中国的燕行使节。他们老早就来到孝感，并为孝感留下了一些难得的观察与记录，值得我们加以留意。

根据越南燕行使节的记载，清代越南出使中国北京，由谅山入关进广西，经湖南至湖北汉阳，在后黎朝结束（1786年）以前"使舟过此，顺流东下，历江西、江南至扬州始起旱，经山东、直隶入京"，到了阮朝开始（1802年）之后，则改为"自汉口起旱，过武胜关，入河南，经直隶"入京。② 按：越南使节晋京的路线大致上是固定的，不容轻易更改，其常用路线有二条，先期为"经广西，道三湘，经汉阳而顺流东下，历江西、江南至扬州，再经山东、直隶入京"，后期更常走的是"经广西，道三湘，经汉阳而后北上河南，经直隶入京"，不过

---

① 详见《仲里志》、《济宁金石志》、越南北使诗文的记载和本人2017年1月的实地田野调查记录，将另撰文详细说明。

② 参见潘辉注《輶轩丛笔》，收入中国复旦大学文史研究院、越南汉喃研究院所合编《越南汉文燕行文献集成（越南所藏编）》，第11册，上海：复旦大学出版社，2010年，第95页。

偶然也会因应地方动乱或自然灾害而加以调整。① 也就是说，从19世纪起，孝感已成为越南燕行使节的必经之地了，可惜我们过去所知有限。以下利用已公开出版的《越南汉文燕行文献集成（越南所藏编）》和部分尚未公之于世的越南北使诗文史料，按越南使节来华的年代先后，勾稽其与孝感相关的记载。

清道光五年（越南明命六年，1825年），越南使节潘辉注（1782—1840）第一次奉命以甲副使身份陪同正使黄金焕如清谢恩，他在诗集《华轺吟录》所记载的行进路线"汉口起旱—汉阳道中—广水公馆晚住—过武胜关"，已和1802年使节黎光定"汉阳—信阳"、1813年使节阮攸"汉阳晚眺—瀇口道中—李家寨早发—武胜关"的路线完全一致。潘辉注的《汉阳道中》一诗自注云"黄陂、孝感二县，并属汉阳府"，诗曰：

千里平畴一望间，村墟绵邈树回环。聂津渡后还无水，刘店成时始见山。

阴翳桑麻摇使节，煜华庭院驻征鞍。数洲自古膏腴地，邮驿观风一解颜。②

据考证也是出自潘辉注笔下的《輶轩丛笔》，则另有一段散文述及孝感地区乃膏腴丰饶之地：

路行自汉阳，历三日程，俱平芜旷野，至孝感之小河司处，始见岗峦。尽汉阳以极德安之境，大抵廛宅稠密，

---

① 张茜：《清代越南燕行使者眼中的中国地理景观——以〈越南汉文燕行文献集成〉为中心》第二章第二节《燕行使者之交通路线》，复旦大学硕士学位论文，2012年，第12~16页。

② 引自潘辉注：《华轺吟录》，《越南汉文燕行文献集成（越南所藏编）》第10册，第249~250页。第四句下又有注云："聂津属黄陂，刘店属孝感。"

田野膏腴，荆湖风物之盛，自是恰好。①

同样是在1825年，越南另有一岁贡使部来华，其乙副使阮佑仁特地邀请了一位越南文士黄碧山（1791—?）随行。黄碧山撰有《北游集》，其中有一首《应山（县）道中》自注云"晓发自小河溪，山行峻阻，溪涧迂绕，林树丛杂，村坞萧疏"，诗曰：

> 行色匆匆十里塘，崎岖砂碛隐羊肠。炮台半插山腰里，旅馆多临曲水傍。
>
> 纤绕回溪清一派，巑岏绝巘碧重岗。几回停轿凭林树，徐递微风引夏凉。②

他在第一句下又有注云"行次十里或十五里，置一塘兵，塘边各起炮台"，对于孝感一带观察的角度与潘辉注略有不同。

清道光十一年（明命十二年，1831年），越南使节张好合（1819年中举）以甲副使身份陪同正使黄文亶来华瞻觐（贺道光皇帝五十寿），行经孝感时，曾写下《孝感田家》一诗：

> 草满东皋水满池，年年生计陇头知。朝濡细雨陪花径，夜擁寒烟散竹篱。
>
> 负耜牧来斜日后，悬灯人在绩麻时。酒姑未与西家乐，卧月□通半启扉③。

清道光十三年（明命十四年，1833年），越南使节潘清简（号梁溪，1796—1867）以甲副使身份使华，此行著有《金台

---

① 引自潘辉注：《辀轩丛笔》，《越南汉文燕行文献集成（越南所藏编）》第11册，第98页。

② 引自黄碧山：《北游集》，《越南汉文燕行文献集成（越南所藏编）》第11册，第317页。

③ 引自张好合：《梦梅亭诗草》，《越南汉文燕行文献集成（越南所藏编）》第12册，第165～166页。

草》(辑入《梁溪诗草》卷十二),鲜为人知,其中载有一首《孝感途中》(注云"孝感县属汉阳府"):

> 柳阴如水绿连塘,草色摇空一望长。飞雊乍冲荷叶湿,微风细起稻花香。
>
> 村头幽鸟啼深树,店口孤烟出短墙。刚喜今天含雨意,田翁荷锸看斜阳①。

清道光二十一年(越南绍治元年,1841年),越南使节李文馥(1785—1849)以正使身份如清告哀请封,他在《使程括要编》中记载进入孝感之后的路线为:……旧街铺(十里)—杨店(属孝感县)—(十五里)观音堂—(十里)刘家店(过河,应山县属)—(三十里)小河司—(三十里)邓家店(山路崎岖)—(十里)郭家店—(三十里)广水店—(三十里)东王店(北至武胜关,有虎,不宜早行)—(十里)武胜关(湖北、河南界)②。那年六月,他前后在孝感停留了四五天:

十二日 ……午至双庙公馆,中伕(午饭谓中伕)。暮至孝感,宿。

十三日 长送大员太平知府景鲲病故,亲往赠赐,是日仍停驻。

十四日 料理景鲲事,定以明日早行。

十五日 进行,未至对芦,中伕,申至小河司公馆,宿。

十六日 经小河至廓店,中伕,属德安府,未至广水

---

① 引自潘清简:《梁溪诗草》卷十二,云水斋刊本,越南汉喃研究院图书馆藏书,编号 A.2125。

② 引自李文馥:《使程括要编》,《越南汉文燕行文献集成(越南所藏编)》第15册,第110页。

塘宿驻，属应山县①。

可惜他那几天刚好忙着料理中国伴送官景鲲的后事，所以没有留下特别的记录，直到应山县才加了一段按语：

> 按：应山广水驿，即明御史杨公连（涟）乡，公五代祖，我南国人，随大军北回，留戍应城，后五代生公，登进士，天启间官左御史，劾魏公（忠）贤被害，后追封忠愍，立祠，故宅犹存，子孙犹盛，黎时多邀款，本国使扶轸阮公介（沆）常（尝）憩其宅。②

由于有许多文献史料都提过明末忠臣杨涟的祖先是越南河内嘉林县人，明朝永乐年间随军来到中国，因此历来越南使节行经应山时总是不忘重提此事，此处李文馥所言去过杨涟后代家的越南后黎国使当为阮公沆（1679—1732），而他确曾于清康熙五十七年（越南永盛十四年，1718年）出使中国，并写下《应山挽杨忠烈公诗》③。

清道光二十八年（越南嗣德元年，1848），越南使节裴柜（原名裴玉柜，1796—?）以正使身份出使中国，那年"秋潦未落"，未在汉阳起陆，九月十八日改从瀰口上岸，行经孝感，写道：

> 黄孝行尘山面面，沙河湾曲流清浅。（黄陂、孝感，二县名，均属汉阳府，一路沿山，中有沙河，一带湾回，

---

① 引自李文馥：《使程志略草》，《越南汉文燕行文献集成（越南所藏编）》第15册，第63~64页。

② 引自李文馥：《使程志略草》，《越南汉文燕行文献集成（越南所藏编）》第15册，第64页。

③ 诗载阮公沆：《往北使诗》，《越南汉文燕行文献集成（越南所藏编）》第2册，第25页。

水深才数寸许。)①

清道光二十九年（嗣德二年，1849年），越南使节阮文超（号方亭，1799—1872）以乙副使身份出使中国，行经孝感，写了一首《黄陂孝感山行》：

> 扁舟倦烟波，輶轩快鹏鸶。东南万派趋，西北浮云举。修岭域江湖，纤途贯原渚。当天入杳冥，向水浮岛屿。地当关塞交，朝朝变寒暑。林光淡月栖，行色骄阳曙。烟火聚溪峦，生意动禾黍。人人荆布风，家家土室处。质朴一山川，景物半荆豫。②

清同治七年（嗣德二十一年，1868年），越南使节阮思僩（1823—?）以甲副使身份，与正使黎峻、乙副使黄并一同出使中国，此行三人曾联名合撰一部《如清日记》，阮思僩个人又写了一部日记集《燕轺笔录》和一部《燕轺诗文集》。《如清日记》《燕轺笔录》都清楚地记载他们是十二月十三日住孝感县杨家店，十四日住小河溪，十五日离开孝感到应山县广水塘停住。《燕轺诗文集》中有一首《自小河溪水至邓家店》：

> 水枯石确路嶙峋，矮屋颓垣半旧新。冒土麦苗初得雨，倚崖松树远如人。当途山列双屏嶂，送客车无四角轮。最是红羊遭劫后，万家村落起重闉。（自孝感以后，居民皆筑城为固，盖累经天德捻匪踩蹯，故固为壁垒，自相守望，亦小寨团结之遗意也。）③

---

① 引自裴柜：《燕行总载》，《越南汉文燕行文献集成（越南所藏编）》第16册，第337页。裴柜另有一书名为《燕行曲》，内容与此相同。

② 引自阮文超：《方亭万里集》，《越南汉文燕行文献集成（越南所藏编）》第16册，第253~254页。

③ 引自阮思僩：《燕轺诗文集》，《越南汉文燕行文献集成（越南所藏编）》第20册，第97页。

难得的是，越南使节阮思僴等人于清同治八年（嗣德二十二年，1869年）返程，在六月十三日至十五日因大风不息受困在汉川县的河口，《如清日记》记载说："自沔阳州洋河口以往，汛水涨溢，堤条决溃，民田处处淹没，居人多于堤上移家避水。"①《燕轺笔录》还有更详细的社会观察报告：

> （十五日）……至汉川县城溾口津次停泊，舟路过处，居民于堤面移家避水，亘数十百里余，询之，云：顷者天雨旬日，堤内湖荡盛涨，无地可居。《地里述》言：汉川之地，田少湖多，水害之所由来也。畎浍距川，古之人所以急急于此。②

清同治九年（嗣德二十三年，1870年），越南使节范熙亮（1834—1886）以甲副使身份奉使燕京，六月初五日抵黄陂县双庙店，他注意到"自瀟口以北，筑城屯兵十余处，皆似新建，盖亦为洋人欤"，初六日歇孝感县杨店（记载县员为张之渊），初七日歇小河溪，初八日歇应山县广水塘③。他在孝感期间曾和次苏《孝感道晓发》二首：

其一

> 星淡银河一缕烟，风吹车慢五更天。村庄咿喔鸡声外，山树依微马首前。相送浃旬劳跋涉，临岐底意倍留连。信阳路上参差柳，回首斜阳每黯然。

---

① 引自黎峻、阮思僴、黄并：《如清日记》，《越南汉文燕行文献集成（越南所藏编）》第18册，第240页。

② 引自阮思僴：《燕轺笔录》，《越南汉文燕行文献集成（越南所藏编）》第19册，第259页。

③ 以上参见范熙亮：《范鱼堂北槎日记》，越南汉喃研究院图书馆藏书，编号A.848。实际上，在此一年半前，阮思僴即曾留意到："自溾口以北，筑城屯兵凡六处，皆重新建设，殆为洋人在汉镇，故有此尔。"

其二

一途山复涧,终日暑兼风。仙侣今分袂,游心若有蓬。蝉声拖恨急,柳絮识愁空。可惜经旬日,临岐乃太匆。①

清光绪二年(嗣德二十九年,1876年),越南使节裴文禩(号珠江,1832—?)以贡部正使身份出使中国,他此行与湖北护贡官杨恩寿(号蓬海,1835—1891)建立了深厚的情谊,彼此沿途唱和之作结集成《雉舟酬唱集》,在湖南长沙刊刻。裴文禩此行另有诗文集《万里行吟》四卷,其中有首《孝感道中》,内容如下:

五更北斗斜,仆夫整凤驾。片月有余光,照我车中坐。
晓来爱新晴,万里泾云破。远山青不了,行色韶阳迓。
人家荆布风,质朴存遗化。高陇植松柏,低田树禾稼。
二月桃花开,红翠影相射。烟景足宜人,春意多闲暇。
此地古黄国,今日一来过。②

此外二月二十一日,又有《次韵蓬海都转早发孝感午抵小河途中杂咏五律二首》:

太半春光转,征人犹在行。幽怀夜不寐,起视天将明。宿雨留残湿,轻云拨早晴。逶迤双剑佩,共带月华清。

蓬莱此去路,指点不曾差。碧合遥山树,红开夹道

---

① 引自范熙亮:《北溟雏羽偶录》,《越南汉文燕行文献集成(越南所藏编)》第23册,第59~60页。

② 引自裴文禩:《万里行吟》卷三,越南汉喃研究院的图书馆藏书,编号VHv.849/2。诗末自注云:"孝感即春秋黄国,后为楚所并。"

花。浮鸥一渠水，鸣鸟隔村霞。应记游仙日，春风兴靡涯。①

清光绪六年（嗣德三十三年，1880年），越南使节阮述（号荷亭，1842—?）以岁贡正使身份如清，他曾在杨家驿和"浙东自怡子"题壁之作，也曾和韵赠孝感县令孙冠三、孝感分防县事逊（孙）月梯，另留有《孝感道中》七绝五首：

其一

群山缭绕马溪东，日上春云散晓红。
好为田家装画幅，瓜棚雨后麦畦风。

其二

才隔江乡两日程，园林风物有余清。
参差榆棘场庐外，楚楚闲花不识名。

其三

一渠碧玉浸林扉，隔崖荷钱点尚稀。
去岁家山逢此度，轩裳客自玉京归。

其四

麦丘尽处是邮庄，童叟环瞻使节旁。
二八娥儿娇嫩甚，背人独倚柳阴凉。

---

① 引自裴文禩：《万里行吟》卷三。《越南汉文燕行文献集成（越南所藏编）》第二十一册收录的《万里行吟》只到卷二，无此内容；然而第22册所收《雉舟酬应集》，杨恩寿原诗题作《二月二十一日四更发阳甸日中抵小河驿途中杂纪》，有五律四首，裴文禩和作第二首末二句改作"到处生春色，吾知岂有涯"，且有第三、第四首如下："是邦闻战伐，遗恨十年多。回首余坚壁，逢今正息戈。凿耕忘帝力，保助识人和。阅历江山好，观风足采歌。""系马小河浦，流莺闹马前。长亭欲离别，昨夜忆周还。苦思难成和，浮生祇自怜。明朝值寒食，又到养花天。"第255~256页。

其五

蓝舆路转石桥西,丛树阴阴鸟乱啼。

倚枕不知成小睡,醒来已过小河西①。

以上,在清代道光、同治、光绪间五六十年内(1825—1880),先后有潘辉注等十一位越南使节行经孝感并留下二十余则诗文记载(途经孝感而未留下记录者不计),这些孝感诗文前期主要是对孝感途中所见丰饶土地与田园生活的描绘,后期有的则比较侧重对孝感时事地景与社会灾难的观察,重点虽有不一,但内容则同属珍贵,这些出自清代越南使节笔下的孝感书写,无疑是我们认识19世纪的孝感非常难得的资料。

二、清代越南使节笔下关于孝感孝子故事的诗作

不过,不免令人感到纳闷的是,上述行经孝感的清代越南使节们,既然来到了孝感,却怎么没看到他们有任何一位提及孝感地区著名三孝子(董永、黄香、孟宗)的故事和遗迹呢?个中缘由,实有待推敲。

在揭示可能的谜底之前,我们不妨再来看看清代越南使节笔下关于孝感孝子故事的诗作,借以证明这些越南使节是不会不熟悉孝感孝子故事的。

在众多的清代越南使节中,有两位与中国"二十四孝"故事关系最是密切,一位是李文馥,另一位是邓辉𤏸。我们以下就集中讨论这两位越南使节笔下与孝感地区著名孝子故事有关的书写作品。

---

① 引自阮述:《每怀吟草》,《越南汉文燕行文献集成(越南所藏编)》第23册,第59~60页。

清代越南使节李文馥，如前所述，他于绍治元年（1841年）奉使中国燕京告哀请封，曾行经孝感，而在此之前，他自明命十一年（1830年）下小西洋效力起，在十一二年之间至少有多达十一次的出国访问，足迹遍及菲律宾（吕宋）、新加坡、马来西亚（马六甲、槟城）、孟加拉国国、印度（加尔各答）和中国（含澳门），可谓"周游列国"。他这十一次的出国访问，第三次是到福建（1831年），第五次是到广东（含澳门，1833年），第七次（1834年）、第八次（1835年）都是到广东，第九次则是到澳门（1836年）。根据他自己所述：

> （明命）十六年，调工部员外郎；六月，以解送劫犯事，复管平字五号船之广东，著有《三之粤诗集》《仙城侣话诗集》及《演音二十四孝歌》；十二月，公回。①

按越南明命十六年，即清道光十五年（1835年），李文馥名义上是为了解送捕获抢掠于越南广南洋面的三名水匪回广东，在广州（即仙城）停留了接近半年。他提到这次出使撰有三本著作，前二种已收入《越南汉文燕行文献集成（越南所藏编）》第13册（《三之粤集草》《仙城侣话》），中国读者已不难看到；至于第三种（或名为《二十四孝演音》），乃中国"二十四孝"故事的喃文译本，现存者除了有绍治五年（1845年）刊本、嗣德二十四年（1871年）锦文堂刊本、成泰十二年（1900年）观文堂刊本之外，还分别被附载在《掇拾杂记》

---

① 语见李文馥：《公余自述记》，载于《李氏家谱》，越南河内湖口李族宗祠所藏1889年抄本。据李文馥手订《李氏家谱》的《家谱引》说"我李氏原贯大明国福建省漳洲府龙溪县西卿社二十七都"云云，可知他是中国移居越南的华裔第六代，可详参陈益源：《源自漳州的三份越南家谱》，《中原文化研究》2013年第3期，第104～111页。

《劝孝书》《孝顺约语》《骥州风土记》《诗文并杂纸》等书之中，在越南广泛流传。

《越南汉文燕行文献集成（越南所藏编）》第 13 册《三之粤集草》的编辑者（李慧玲）曾注意到：

> 书中所录最有特色的作品是李文馥的"二十四孝"系列，如《阅二十四孝故事感作》《二十四孝演歌引》《咏二十四孝诗序》等，李氏决心把这些"古之圣人贤人"的故事"演之土音"，以便"易于成诵"，从中可见他对中国文化的仰慕。①

不过，由于《二十四孝演歌》《咏二十四孝诗》的原作并没有完整收入《三之粤集草》，因此大家可能不了解：《二十四孝演歌》乃起因于李文馥的同行者杜俊大（曾任永隆省按察使）在那年十月于广州从《日记故事》中读到"二十四孝"，颇有感触，"惜未闻有演之土音，使妇孺皆得习而化之者"，故请求长于演音歌曲的李文馥将它们一一译成六八体的喃文，而《二十四孝演歌》在每则演音之前，仍先引述汉字原文，据李文馥《掇拾杂记》所载，录其中与孝感孝子有关的三则原文如下：

卖身葬父（第八则）

汉董永，家贫父死，卖身贷钱而葬。及去偿工，路遇一妇，求为永妻，俱至主家。令织缣三百疋乃回，一月完成。归至槐阴会所，遂辞永而去。

扇枕温衾（第十五则）

后汉黄香，字文强，年九岁失母，思慕惟切，乡人皆

---

① 语见《越南汉文燕行文献集成（越南所藏编）》第 13 册，第 231 页。

称其孝。躬执勤苦,事父尽孝,夏天暑热,扇凉其枕簟;冬天寒冷,以身温其被席。太守刘护表而异之。

哭竹生笋(第二十则)

吴孟宗,字公武,少丧父,母老疾笃,冬月思笋羹。宗无计可得,乃往竹林,抱竹而哭。须臾地裂,出笋数茎。持归作羹以奉母,食毕疾愈,盖其孝感天地也。按当时冬天无笋,今之冬笋,自此始有。①

李文馥在完成《二十四孝演歌》之后,曾请同行的二位越南使节杜俊大、陈秀颖(曾任承天府尹)过目、写跋,隔月(十一月)三人并且各作《咏二十四孝诗二十四首》系于演音之后。

李文馥诗曰:

无地可埋生我骨,有钱能赎克家身。世间安得仙姬在,千古令人哭一贫。(右咏卖身葬父)

只知我父宜衾枕,不许人间有夏冬。郡守当年旌表额,可曾九岁写真容。(右咏扇枕温衾)

泪入竹鸣天可听,笋当冬冷地能生。祇因一片情深处,任是无情也有情。(右咏哭竹生笋)②

陈秀颖写道:

卖身底事最伤心,寸草春晖泪不禁。三百缗成仙已去,至今人尚忆槐阴。(右咏卖身葬父)

冬可为温夏可凉,奇童深爱不寻常。知君早有刘良守,蔼蔼春风满一堂。(右咏扇枕温衾)

---

① 引自李文馥:《掇拾杂记》,越南汉喃研究院图书馆藏书,编号 AB.132。

② 引自李文馥:《掇拾杂记》。

雪布寒林四望遥，勾勾孝子正心焦。一羹天与平安乐，竹幸邻香万古标。（右咏哭竹生笋）①

杜俊大则云：

必信深心不问身，空中自有赎来人。世间只怕无诚孝，一孝能诚岂怕贫。（右咏卖身葬父）

一堂冬夏自春风，何幸黄家出异童。人病幼痴还壮惰，须眉倏忽便成翁。（右咏扇枕温衾）

天报平安雪里香，精诚一片久通神。玄冥长信龙鞭起，留与千秋孝养人。（右咏哭竹生笋）②

没想到，越南使节李文馥、陈秀颖、杜俊大三人联吟《咏二十四孝诗二十四首》之举，竟又得到当时在广州的中国文友谭镜湖（秋江）、梁钊（毅庵）的唱和，也随之续作《和李陈杜咏孝诗二十四首》。

南海谭镜湖和曰：

当时伤尽葬亲心，一望松楸倍不禁。最是消魂天上月，松阴移过又槐阴。（右和卖身葬父）

席可温时枕亦凉，胸中原自有纲常。飞来天语真难得，倚日灵椿庆一堂。（右和扇枕温衾）

忍听寒林呜咽声，此君怜尔笋频生。双亲得往平安国，多谢苍筤一片情。（右和哭竹生笋）③

南海梁钊亦咏道：

亲安为重此身轻，难得神仙也动情。一月缥成天上去，槐阴曾否订三生。（右咏卖身葬父）

---

① 引自李文馥：《掇拾杂记》。
② 引自李文馥：《掇拾杂记》。
③ 引自李文馥：《掇拾杂记》。

爱亲谁得似孩提，送暖嘘寒不暂暌。留得姓名天壤里，至今门阀与云齐。（右咏扇枕温衾）

泪尽心灰识至诚，天寒地坼笋方生。调羹奉母跻仁寿，成就千秋孝子名。（右咏哭竹生笋）①

类似越南使节李文馥、陈秀颖、杜俊大三人于广州联吟《咏二十四孝诗二十四首》的情景，嗣德七年（清咸丰四年，1854年）也曾在越南上演，那年夏天，邓辉熠（字黄中，号醒斋，广田博望人，1825—1894）与榴江书舍诗友"将古人原传二十四孝四字题签卜"，然后抽题，抽韵（上平声、下平声）吟诗，他抽得十二题，"当席得七言绝句十二首"，包括"卖身葬父（六鱼韵）"：

卖身葬父孝何如，偿债谁教一妇居。
三百缣成人不见，始知织女奉天书。②

当年其他诗友现场所吟"携归润色"，故未留下记录，早已失传。

三年后，嗣德十年（1857年），邓辉熠于广南省和荣县李祯（或作李文祯）手中得到《前二十四孝》（据称为"朱文公原编"）、《后二十四孝》（说是"高月槎先生别集"）二书，都是一诗一画，但他觉得"诗无佳句，画有可采"，于是"前后俱按上平声自依东至十二文，下平声自一先至十二侵，挨次拟撰"，得七言绝句四十八首，包括：

卖身葬父（八齐韵）

贷葬朝朝叹父兮，天教仙女降为妻。

---

① 引自李文馥：《掇拾杂记》。
② 引自邓辉熠：《邓黄中诗钞》卷二，嗣德二十一年（1868年）刊本，越南汉喃研究院图书馆藏书，编号 VHv.833/1。

偿工一月缣三百,别去方知俗眼迷。

扇枕温衾（十灰韵）

孝父深怀鞠子哀,冬温夏清一婴孩。

何哉九岁儿无母,却似三千读过来。

哭竹生笋（六麻韵）

冬笋无羹母病加,竹林报泣地抽芽。

数茎归作一杯食,堂北重开萱草花。①

又八年、十年之后,清同治四年（嗣德十八年,1865年）、同治六年（嗣德二十年,1867年）,邓辉𤐓两度奉使中国广东,就在1867年第二次到广东时,他随身带着《咏前后二十四孝》诗集,又"得善画者,图其事迹于诗之左,因别为集,颜曰《四十八孝诗画》",他甚至就直接在广州委请拾芥园主人梁惠存（南海县佛山镇人,五云楼梁逸堂从弟）替他刊刻出版《四十八孝诗画全集》等书。②

值得附带一提的是,中国"二十四孝"故事在越南的确十分流行,所以还有一位安丰训导郑辉简撰有《二十四孝五言诗》,其中与孝感三孝子有关者为:

---

① 引自邓辉𤐓:《邓黄中诗钞》卷三。

② 以上详参邓辉𤐓《东南尽美录》（《越南汉文燕行文献集成（越南所藏编）》第18册）、《四十八孝诗画全集》（越南汉喃研究院的图书馆藏书,编号AC.16和编号A.3104/c）;此外,亦可参考许端容:《河内汉喃研究院藏〈四十八孝诗画全集〉考辨》,《华冈文科学报》1998年第22期,第105～122页。又按:越南陈文理编有《北书南印板书目》（收书679种,全文附载于陈益源《越南汉籍文献述论》,北京:中华书局,2011年,第71～86页）,其中第16种即是《四十八孝诗画》,殊不知此书乃南人（邓辉𤐓）加工后的北书,又是在北国（广东佛山）代工刊印后而传回越南的。

董永（卖身葬父）

营葬贫无计，卖身贷得钱。织工偿债主，佳偶遇仙缘。

黄香（扇枕温襟）

童年知子职，襟扇奉温凉。太守门旌表，黄香万古香。

孟尊（泣竹生笋）

冬日思羹笋，林中跪哭求。须臾感孝念，义竹共芳流。①

至于把汉字《二十四孝》译成喃文者，除了李文馥《二十四孝演歌》之外，尚有越南皇子"和盛郡王"阮绵寓（仲延）亲定的《补正二十四孝传衍义謌》②。这些汉、喃《二十四孝》典籍，和汉、喃《孝经》一样，具体推动了越南孝道思想的普遍发展，影响所及，甚至还催生了越南喃文的《二十四悌传》《二十四悌新录》《二十四忠演歌》等著作。

结　　语

总之，越南历来对中国"二十四孝"故事确实是耳熟能详的，无论皇子大臣、文人雅士，乃至凡夫俗子都曾深受启迪。我们看了以清代越南使节李文馥、陈秀颖、杜俊大、邓辉烍等人为代表的"二十四孝"诗，便可确信他们对孝感董永、黄香、孟宗三孝子的孝顺事迹是极其景仰的。其中，董永故事在越南流传尤广，董永甚至老早就晋升为上等福神"忠烈灵光大

---

① 引自郑辉简：《二十四孝五言诗》，辑入《国音歌诗》，越南汉喃研究院图书馆藏书，编号 AB.455。"孟宗"作"孟尊"，系因越南避嗣德皇帝阮翼宗名讳例，故改。

② 此书附载于《孝经国音演歌》，成泰十二年（1900年）雅堂重印本，越南汉喃研究院图书馆藏书，编号 VNv.60。

王",在越南北宁、北江、兴安各省被立庙祀奉,香火不断①。

然而,当那么多的越南使节(包括李文馥在内)出使中国,有机会来到两湖时,每次航至洞庭湖随即远眺岳阳楼,一旦抵达武昌必登黄鹤楼,自汉口起程之后,走到黄陂县就会想去探访二程先生祠,去了应山县也随即又悼念起杨涟来,可是为什么他们行经孝感时,却反倒对出自孝感而名闻天下的三孝子绝口不提呢?

我想,有一个很关键的因素是:使路不由县治,停留时间太短。越南使节张好合在《孝感田家》一诗有注云:"孝感县属汉阳府,刘宋曰孝感,唐曰琼州,后唐曰孝感,其县莅所,非使程所过。"②李文馥在《使程括要编》也提到黄陂、孝感、应山:"此三县治所,使路不由,县官皆按辖道接关,委属供役耳。"③ 这些越南使节急忙赶路,未入孝感县城所在,无从深入了解孝感,负责接待的当地官员亦难尽地主之谊,导致他们既不闻孝感市南有董永墓,也不知黄香老家安陆即在云梦,虽然走过小河溪却不晓得孟宗原是孝昌人氏。所以,他们固然也很认真地观察过孝感,记录过孝感,为我们留下许多宝贵的诗文,但令人遗憾的是:他们也许根本就不知道董永、黄香、

---

① 详参越南汉喃研究院图书馆所藏《北宁省慈山府东岸县河鲁总各社神迹》(编号:AE. a7/1)、《北江省洽和县梅亭总各社神迹》(编号:AE. a14/5)、《兴安省快州府东安县各社神敕》(编号:AD. a3/2)等。兹特别摘引《北宁省东岸县河鲁总铁屏社"董永忠烈灵光大王"神迹》作为本文附录,以飨读者。

② 语见张好合:《梦梅亭诗草》,《越南汉文燕行文献集成(越南所藏编)》第12册,第165页。

③ 语见李文馥:《使程括要编》,《越南汉文燕行文献集成(越南所藏编)》第15册,第111页。

孟宗三名孝子是孝感人!

果真如此的话,那么今天孝感着力打造"中华孝文化名城"这一张城市名片时,可能还要不断加强《二十四孝》中董永、黄香、孟宗三名孝子是孝感人的宣传,熟知董永、黄香、孟宗故事的众多清代越南使节来过孝感而只字未提孝感孝子的情况,正告诉我们这项宣传的绝对必要。

附　录

北宁省东岸县河鲁总铁屏社"董永忠烈灵光大王"神迹

北宁省慈山府东岸线河鲁总铁屏社　神迹

汉献帝时壹位大王谱录（艮支部上等）国朝礼部正本

昔雄王山原圣祖启运膺图二千年余,雄王建国,青山万里,创雄都宫殿之基,碧水一泓,启圣帝明王之道,以度物济人,统十五部号之百粤为肇祖焉。

后儒有诗云:

初开南粤自泾阳,一统山河十八王。

十八世传千古在,亿年香火亿年芳。

却说时值雄图十八世,相传之末造天意告终。至后汉时,有董公讳重,配本郡人谢氏讳日,传家诗礼,累世簪缨,所谓当门而配。公课教士儒,乐行善事,好赈济人。公年近五旬,谢氏四旬零,而男子尚晚,后生下一男子(时甲午年正月十二日),相貌殊常,天资颖异,公乃命名曰永。为儿戏时,常陈俎豆。三岁可知礼义,闻学而知,听音而审。至五岁,母谢氏早没。及公长,事父能尽其孝敬,日夜不忘,晨昏不倦。至父年七旬,一旦殂落矣,公家贫力薄,思虑难周,何其孝也,公乃卖身葬父,以尽其孝心。丧事已讫,将身为奴,往至半路,见一妇人待之。见其人,有沉鱼落雁之容,有闭月羞花之貌,绝美无双。请结为夫妇,公不敢辞之。妇人不听,愿与夫君相助。公曰:"我今父死,家贫力薄,乃卖身葬父,葬事已讫,身去为奴,事情如此,某不敢与贵人相配。"妇人一心随之,公不得已应纳。二人相往,顷间到主家,主家遣以留丝织成绢得尽付回。妇人尽心织之,未满三旬,丝数织尽。主家谓曰:"此乃神力,非其人力也,来日付二人返回家。"二人辞谢返回家,至半路,妇人有辞谢公曰:"某乃天仙,非尘世也,见公孝心已尽,动至天宫,天帝遣某相助,今日已成,某有辞别去,不敢违命。"公谢曰:"此乃皇天助我,万代不忘。"言讫,仙人腾云而去,不见矣。公自此返回家,奉事父母香灯不绝,尽其孝心。时人乃以孝事著闻于内外,汉帝闻之,乃遣使召之。公奉命,即日与使还京都。公人拜命,帝谓曰:"见汝孝心,名播内外,故朕召之,许之官爵,封为节度使,保守南方境界。"公乃领命拜谢,即日领兵镇守南方。才得一年,公叹曰:"今日富贵荣显,而父母不在,而贤妻不在,何天之陋也!"公日夜思慕不已。公乃回京都,辞官纳职回家。公乃行礼谒祠堂,来日师弟备具行装,周游山水,追寻仙娘。才数年间,追寻不见仙娘,公叹息,乃作诗云:

  缘由仙境不由尘,纳职辞官为故人。
  经数年间心想望,得逢今日喜欣欣。

  诗罢,师弟于是返回京北道(古号武宁郡)嘉平县东究山,山上有一寺,名曰天台寺,群仙常在于此寺。公又往寻之，数日夜不见，又吟诗云：

  一山卓立众山随，金带萦回水渺弥。
  石色泉声无客对，竹情花意讶僧知。

诗罢，师弟又经过慈山府东岸县河鲁总铁屏寨，驻之。公见寨内地势萦纡，龙虎环抱，此山水一胜景也。公乃传群弟设营居之，开场教习士儒，寨中学习多信慕之。经数年间，士子不胜其数。一日，公乃设宴，召父老、士子、人民寨中来宴饮之。公乃谓寨人曰："我前人福厚，我主孝心，故皇天不负，或得显荣如此。寨中士子、人民宜效之，重我遗命。"公乃许黄金十笏，广买田池，以供祭祀。本寨人拜谢返回，忽见天地大作，黄云一片，如赤绢之形，自天直降于营前，忽见公身中飞出营门化矣（时年十月十二日）。人民大惊，行礼祭讫，乃设庙于此地以奉之。至宋太平间，遣侯仁宝等，将兵十万，分道来侵。时黎大行自将，大发精兵十万拒战，夜至宿于神祠，祈神阴扶讨贼，俟平加封上等。明日出战，贼果败走，其将仁宝等皆就戮，又获大将下奉勋送京师。凯还后，享将士，因谓曰："宋贼早平，亦赖神助。"遂加封上等福神，封董永忠烈灵光大王。

却说自此以后，皆稔著灵应，故多有帝王加封美字。迨至陈太宗时，元羌来侵，京城被陷。陈国俊奉命祈祷百神各诸祠，经一位大王亦显应阴扶，及平得马儿贼，太宗乃褒封美字一位大王，宁民护国翊运刚正感应保佑博合。暨至黎太祖起义，平明柳升，及得天下，太祖乃加封一位，普济刚毅英灵，敕旨敩铁屏寨重修庙殿以奉之。猗欤休哉！

奉开生化日与讳字于左：

  生日：正月十二日。正例礼用：上斋盘品果，下黑猪、秋酒、白员饼，唱歌即止。

化日：十月十二日。正例礼用：上斋盘如上，下随宜。

讳字：永字切禁。

洪福元年（1572年）孟春吉日

翰林礼院东阁大学士臣阮炳奉撰正本

永祐六年（1740年）仲秋吉日

内阁吏部再遵旧正本奉写

南洋华人先民礼俗的忠孝传承

——围绕着马来亚历史与民俗现象的重新确认

王琛发

中华历朝之所以探讨、诠释、制定、维护与推动礼制,原本就是为了能够维持宏观的社会稳定与文化传承,正如《左传·隐公十一年》说:"礼,经国家,定社稷,序民人,利后嗣者也。"礼的实践,结合着维持整体国家运转以及建构社会秩序的需要,形成社会规范,内涵教化天子以至庶民的责任。但是,礼的实践,一旦想要放诸四海皆准,客观上总会遇上地大物博而人情各异的地方习俗。而所谓地方习俗,又是因应着各地客观情境,源于各地人们长期经历各自的历史事态和环境演变,多方互动,演化出大众自发传承的地方生活习惯,由此才可能演变成落地本土的集体行为规范,而且表达出活泼的生命力。

从中华历史看,中国自先秦时代,已经形成一套对待"礼"与"俗"相互关系的本土经验概念。古人处理"礼"与"俗",尚且涉及王朝与诸封国的关系,亦即"诸夏"如何互相认同的问题,背景在如何维护与继续扩大互通有无、互补资源

南洋华人先民礼俗的忠孝传承——围绕着马来亚历史与民俗现象的重新确认

的共同体,确保所牵涉的不同地域与人民能保持互相联系,又能和而不同地稳定成长。《礼记·王制》早就意识到"凡居民材,必因天地寒暖燥湿,广谷大川异制,民生其间者异俗,刚柔轻重,迟速异齐,五味异和,器械异制,衣服异宜"。中华历朝对待"礼"与"俗",也正如《礼记·王制》做出上述观察以后的建议:"修其教,不易其俗;齐其政,不易其宜。"这是主张"礼"和"俗"二者可能互相结合以丰富地方民间活动的义理,甚至可能各行其是也还能互为呼应。以上文结合《礼记·曲礼》主张"入国而问俗"和"君子行礼,不求变俗",以及《周礼·天官》提到"礼俗以驭其民",等等,可发现古人自先秦时代处理"礼"和"俗"对话,是强调二者可以一体并存,认为"礼"不是一成不变,而必须要以当地的"俗"作为载体,才能以前者的内涵价值为导落实在地方,发挥具体效应,形成礼俗一体的教化与规范。

对照《左传·隐公十一年》,其文字谈到如何才是落实"礼"的内涵,是说:"度德而处之,量力而行之,相时而动,无累后人,可谓知礼矣。"这是主张"礼"和"俗"相遇,前者为了承其道理而非图存其形式,是有必要向"俗"让路。要做到"度德而处之",就要考虑以身作则,以维护传播与落实价值观的能耐;此外,"量力而行"则要考虑合乎时宜,"相时而动"才能符合大众客观生活;最后说"无累后人",就是制定或延续社会规范都必须预先要有周全设想,不能演变出许多弊病,延误后人。

《礼记·王制》的主张就在于它关注到礼和俗之间的辩证关系,"礼"要以"俗"为载体,通过"俗"彰显其教化,是从现实视角顾全各地人们不可能处在相同生活或文化习惯,甚至强调各地各邦各区域应该和而不同,能"修其教,不易其俗"推行，才堪称圆满。而上述《礼记·曲礼》提出的"君子行礼，不求变俗"，则主张朝廷延续和维护"礼"，最好能与各地的"俗"并行，能解释俗，以当地的"俗"为载体，把"礼"和"俗"价值观念统一起来。这在《礼记》或《春秋》的立场，就是由"知礼"而"尽礼"的过程。

这样一种思维方式和态度主张，也影响着今天的所谓华人民俗。传统的民俗面貌能否维续、如何呈现，其实受着历朝主张以俗载礼的态度和观念影响。历代王朝同意"礼"与"俗"可以并行互补，又主张更好发挥"礼"的生命价值之先决条件在于借助"俗"的生命力，是由于他们发现变易风俗的危机，有可能违背个别区域原来的历史文化渊源，由争议引发从中央到地方的内耗。历代王朝只要是主张"尽礼"，其本土到诸藩的地方文化就一定既是诠释自己符合朝廷儒家"圣教"的主流，又是呈现出多元面貌，真正的礼制大国必须是一个包容多元地域文化的国家。

秦汉以降，儒家被后人总结为四书五经的经典著作，其实影响每一代王朝对待"礼"和"俗"的观念，其大意并不如西方一些现代研究，重视观察"礼"和"俗"的"对立"，而是看重如何从"君子行礼，不求变俗"落实完成"礼"和"俗"的"对应"。也因此，讨论华夏传统对待"礼"和"俗"的观念，我们定要抓住儒家本身的传统作为参照，看到它们结合在一起，如何综合成为一套建构与解释个人、家庭、社会的观念体系。尤其，应当关切历代礼俗的价值观念往往表达在人们对家庭长辈、祖先文化的具体态度，亦即所谓"孝"的具体实践，以及其同理同情如何推己及人，表达为对待群体之"忠"与"义"。以俗载礼，尊礼内涵不离忠孝之道，不仅是思维方式，也是态度主张，一直影响着历史以来的华人礼俗传承。

南洋华人先民礼俗的忠孝传承——围绕着马来亚历史与民俗现象的重新确认

一、从以俗载礼到以礼化俗

根据上述认识去讨论当代东南亚各国华人民俗，不能忽略最简单常识——"东南亚"是个政治地理概念，是英国为着二战后在马六甲海峡与南中国海之间重新战略布局而建构的。① 就中国历史立场，此处地理位置处在历朝经营"南海"的主要范围，明朝诸种航海典籍中的"西洋"，也即是清中期到民国时代常称的"南洋"。历来下南洋先民以闽广两省籍为主，他们到达新土地前后，脑子不是空的，心中是承载着原乡"南海"印象，以及充满对祖辈思想文化习俗的记忆，其中且有很多先民在明末清初南下开拓，心理犹在坚持"春秋大义"。如斯历史背景，就造成越南有"明乡人"，马六甲青云亭1685年立碑的《甲必丹李公博懋勋颂德碑》也说当地华人领导李为经是"因明季国祚沧桑、航海而南行，悬车此国"。马六甲当时已经沦为荷兰殖民地，可是自李为经以后，马六甲初期历任华人领导，虽然接受荷人以甲必丹地位称之，认可为管理荷殖民地方华人社会的对话代表，可是还是全身穿着明装。由此看，从南中国海东面越南，到马六甲海峡中部马六甲港口，再到出印度洋的缅甸，各地华人长期坚持过穿着明装，使用意味等待新君上位的"龙飞"年号，岂属偶然？笔者本身过去一再游走于古文献，且有机会在当代南洋华人社会与他们的原乡进行比较田野调查，逐渐注意到《礼记》等典籍对朝廷政策乃至先民日常生活有潜移默化的影响。近年来，笔者在撰写论文或者接

---

① 吴振强：序，《东南亚史纲》，新加坡：青年书局，1966年，第1页。

受媒体访问,再而三反复引用《甲必丹李公博懋勋颂德碑》以及"龙飞"年号,原因就在文物传达先民的讯息,应予重视:礼俗的落地生根即衣冠南渡与开枝散叶,"忠""孝"不分地域,被认为是不变之常理。

当然,民俗现象涉及遥远漫长的社会变迁,让人难以追寻具体而完整的遗存文字或文物,其中有太多失落环节与细节。但同时不能忽视,南洋每一个小区域的华人村镇,其历史流传下来的聚落形态遗痕,以至日常生活小细节,肯定也提供一些蛛丝马迹。以南洋各地华人村镇信仰景观为例,群体建村总是普遍重复《周礼·考工记》"左祖右社"概念的民间化,亦反映着先民对待脚下土地的感情与主权意识。《礼记·祭义》原文说"建国之神位,右社稷,而左宗庙",以祖先象征文化历时性,以地祇象征共时性的领土,印证"国"之存在神圣与合理,感通鬼神;以后传统民间社会开发宗族村落或城镇,沿用相似理念,因地理环境所限,却不一定具体建立两座祠庙。但各地华人逢年过节祭祀祖先与当境土地神祇,毕竟还是当地存在华人社会的体现。像南洋各地一些乡团/宗族协力开发乡镇,就可能是在共同生活的土地上各自选址建造会馆/宗祠,分别设立先贤/祖先祠堂和土地祠的空间。共祀宗族祖先或多姓集体先人的祠堂,配制当境土地祠,即以自认为子孙的共同体为实现当地社会历史的载体,"祖"与"社"属当地开发群体共同所有,也是共同所祀,无疑也宣示当地的主权属于大家。①

---

① 王琛发:《从开拓印象到在地演变——开漳圣王信仰在清代英荷南洋属地的跨海网络》,载《闽台文化研究》2016年第4期,第76~78页;王琛发:《政治敏感与历史模糊:英殖威权影响下的槟城大伯公形象》,《闽台缘文史集刊》2017年第2期,第13~15页。

南洋华人先民礼俗的忠孝传承——围绕着马来亚历史与民俗现象的重新确认

近代南洋华人先民集体下南洋开拓，以群体形成当地新兴社会，是处在单靠法律规则无法维护稳定的年代。他们无从依靠明清两朝政府力量，必须以高度互信武装自治，除了艰辛开垦外在自然环境，还得警惕任何人兽侵犯。社会集体互赖生存，个人建构自身异地垦荒的生命意义，往往得依赖原乡"礼俗"的域外延续、传承与认同，形成相互间信守的社会契约。当大众接纳与传承祖辈的传统秩序观念以及由"孝"到"忠"的价值实践，这在集体互动当中能起到作用，就是到今天还有一个"华人社会"。

各地先民总是带着原乡记忆开拓异域，由继承祖辈礼俗演变出当地文化传承。如此，研究东南亚华人民俗就会遇到类似问题：总是需要考虑哪部分民俗现象源自原乡民俗演变？哪部分是大众到了南洋以后度德依时的新生事物？如此考虑南洋华人的诸种民俗或历史现象，确可引出诸多值得研究的新题目。而观察那些历史以来南洋人所谓"传统"者，往往又得注意，其表达常不离实践者以实践诠释的"忠""孝"观念。

二、虚拟前明共同体的真切认同

南洋田野调查，可能遇上过类似经验：各地很多民俗活动表面上似曾相识，当地父老对待一些询问也可能笑而不答，或者只是回应浮泛说法。甚至，在那些历史文化一再淹没和被改造的新村，还有些人民至今担心口述文字可能引来当政者报复。① 但是，这些乡亲父老内部谈论同一个课题，他们难得对外分享的知识，可能颠覆掉外边文字书写的全盘思考。

举例子，在马来西亚、印度尼西亚和泰国，各地许多华人先民的"大伯公""仙师爷"等在地英灵崇拜，已故地方人物由人化神，原本就是先民开发地方的历史见证。②《礼记·祭法》有说："王之制祭祀也：法施于民，则祀之；以死勤事，则祀之；以劳定国，则祀之；能御大菑，则祀之；能捍大患，则祀之。"南洋许多在地神明，其神道设教观念其实又是源自天地会对《礼记》的继承与认知；把地方先驱人物转化提升为境内保护神的传说，不单是由于老百姓对有功先人慎终追远、崇德报功，也反映着当地社会怎样看待他们脚下土地。可是，天地会在殖民势力范围宣扬与组织"反清复明"活动原本就是政治犯忌，可供历史考证的公开文献原本稀少，口述访问还会遇到会众遵守内部誓约的忌讳，况且大家对昔日的白色恐怖更是心有余悸。后人想要讨论各地南洋华人在地造神的历史文化渊源，地方人物笑而不答或回答模棱两可，固然不能满足研究需要，若研究者本身也未曾意识到早期南洋华人是有组织甚至有政治立场的开拓群体，也就更难以思考先民如何在当地维护传统礼制。

参考萧一山《近代秘密社会史料》其中刊载英国博物馆收

---

① 陈丁辉：《马来西亚紧急状态下的移民新村：布赖村》，载《怡和世纪》，新加坡：怡和轩俱乐部，第30期，2016年10月—2017年1月，第93页。

② 王琛发：《马来西亚客家人的造神现象与区域主权意识》，载王琛发：《马来西亚客家人本土信仰》，吉隆坡：马来西亚可加工会联合会，2007年，第67~82页。

南洋华人先民礼俗的忠孝传承——围绕着马来亚历史与民俗现象的重新确认

藏的洪门福德祠画像,其左右对联说"福地有尘风自扫,德门无锁月常关",显然有别于华南村头镇口福德土地庙无门无锁习惯,外貌呈现重门关紧,正象征里头有诸多秘密。① 以施列格编写《天地会》一书收录了十九世纪五六十年代在荷殖印度尼西亚搜获的洪门文件,互相对照萧一山收集英国殖民政府在南洋各殖民地搜获的材料,再考虑洪门内部诗词至今也是将"福德祠"联系"起义",可以发现洪门曾经延续先人死后化身土地神的神话传说。这些诗词中提到一位名叫"谢邦恒"的长老曾经帮助洪门五祖逃亡,洪门成立以后又在根据地的福德庙前边帮忙接引新丁、筹谋起义食粮,寿终后化现出其"本是南山一老翁"的本相,带领各路土地神。以后施列格《天地会》也提到各地洪门尊崇"义伯"。② 会党高层领导德高望重的老前辈,被人称为"伯"的,领着香主职务,负责主持会中各种仪式,包括处理重要人员升迁赏罚,又有资格评议协调各地龙头老大根据天地会延续历代王朝神道设教,会中长辈曾经带领大众到当地开疆拓土,死后化身保护地方的集体祖神,继续照顾党中结义兄弟与后代,神格当然高于会党势力范围以内一般福德祠土地神,可以走入家家户户厅堂接受香火,并且被认为有资格管理当地大小分区和街头巷尾土地神,由此便诠释了"我们"对当地的开拓主权。这样便把对长辈的孝敬之道化现为神

---

① 萧一山编:《近代秘密社会史料》卷一,国立北平研究院史学研究会,1935年,第40页。

② Schlegel, Gustave (1886年), *Thian Ti Hui, The Hung League or Heaven Earth League: A Secret Society with the Chinese in China and India*, Batavia: Lang & Co., reprinted by New York: AMS (1973), pp. 83-86, preface. p. xxxvii (introduction).

道设教,以逢年过节祭礼,确定继承长辈开发土地的主权。

但是,反清复明未成,明朝还没有新皇帝登基,所以即使各地"大伯公"仙逝后再怎样威灵普照,即使"大伯公"手下集体后人认为天地会特定概念下的"福德祠"应定义高于区域内任何土地伯公,并认为所有小土地神必须遵从反清复明的春秋大义,听任洪门"大伯公"调度,可是众位"大伯公"成神后依旧不敢僭越明代礼制,不能自封朝廷列入祀典的城隍,英灵只能继续延续生前的"大伯公"尊称。只是,他们的后辈子弟扩张开拓区,往往也会奉请自己所属会党分支的"大伯公"分灵当地,以大众集体祖神的身份,又兼具开发区土地保护神的地位,去管辖新开拓区各村镇土地公,如此就显示"大伯公"的地位有别一般土地神明。这就是在孝敬已故长辈的礼制上,也要同时体现出忠义之道。

清中叶以后,"大伯公"历史文献语焉不详、模棱两可,除了西方殖民者的史观建构给华人历史压力,为当地民俗信仰蒙上"去中华化"色彩,另外原因,则在于南洋华人先辈在清朝晚期迫于现势,不想来往原乡再受阻隔,并寄望联合清朝对抗西方殖民者。晚清南洋会党人物,为效忠祖先土地,多有暂时放弃反清恩怨,为清朝赈灾与战事捐款,不惜支持子弟参加中法战争和甲午海战,却更加隐藏"反清复明"历史。[①] 尽管清朝因此也力图统和华侨力量,驻英殖马来亚总领事张弼士曾在1909年给槟城"大伯公"送了"丕冒海隅"匾额,以官职反映晚清民族立场,高挂庙中央神位上方,可是,从英殖年代

---

① 王琛发:《桃园结义:南洋天地会对关帝信仰的继承、传播与影响》,收录在萧登福、林翠凤主编:《关帝信仰与现代社会研究论文集》,台北:宇河文化,2013年,第301~304页。

到马来亚独立,甚至本庙许多相关文字,几乎一个世纪避而不谈这块匾额,更不要说重视其典出于《尚书·君奭》,即"我咸成文王功于不怠,丕冒海隅出日,罔不率俾"。按孔传对上文的解说,是说"今我周家皆成文王功于不懈怠,则德教大覆冒海隅日所出之地,无不循化而使之"。

  类似研究迷雾,也发生在罗芳领创婆罗洲坤甸"兰芳公司"。现在网上到处可见"亚洲第一个共和国"之说,可是究其真实,源自希腊城邦国家制度的"republic"被翻译成"共和国",源自日本文人根据汉传古典寻找对应西文的词汇,最早是出现于江户幕府末期,由受到研究荷兰学的大槻盘溪建议,箕作省吾在1845年撰写《坤舆图识》使用此译名。① 但在日本直到在明治三十二年出版的《订增英华字典》中,日本语言对待republic一词依然存在着"众政之国""公共之政""合众政治之国""民主之国"等等理解。② 而中国文献当中,汪荣宝、叶澜在光绪二十九年(1903年)编写发行的《新尔雅》,作为中国最早介绍西方理念的新语词书,则把republic翻译成"公和国家",指出这是"举大统领以为代表,而主权全属人民者"。③ 可见"共和"使用定义直到清末尚未普及。而兰芳公司是否有使用"共和"二字,毕竟最早见于荷兰人对其制度形容,却难有任何内部文献可供佐证。

  即使婆罗洲华人先民的兰芳公司更早使用"共和",其实

---

 ① 斋藤毅:《明治のことは:东から西への架け桥》,东京:讲谈社,1977年,第114~116页。

 ② 罗布存德原著,井上哲次郎订增:《订增英华字典》,东京:藤本氏藏版,1898年,第896页。

 ③ 汪荣宝、叶澜:《新尔雅》,上海:文明书局,1906年,第9页。

反而证明他们带有"朝廷"意识,证实公司内部有好多人知书识礼,倾向儒家经典原意,采纳了"周召共和"的典故,意即在皇帝缺席的情势下,忠臣孝子在异地重建故国家园,以行天子之事。会党跟随传统的国朝体制观念,从设立意味公众体制的"公司"到所谓"建国",都是为了能够名正言顺奉某朝为正朔,否则便是游民流寇。这些兰芳公司先贤可能还读过《史记正义》的解说:"公卿相与和而共政事,号曰共和。"同一时期,1810 年,马六甲海峡北部社会领导胡武撰等集体在大伯公庙引用《书·皋陶谟》,为神灵献上"同寅协恭"牌匾以明集体意愿,这是皋陶在帝舜前对禹说的话,意即同僚不论何时何地都会恭谨事君,共襄政事,由此或可印证南洋各地华人的认同方向。可是,假如当前的后人不理解先民重视传统礼俗,也比较缺乏历史的常识,就容易混淆,也造成以讹传讹。

正由于现代人对民间称呼人事习俗涉及"孝"与"敬"不太敏感,不太重视这其中规范社会关系和人物定位的作用,因此更不可能理解南洋会党掌控开拓区,日常会按照华南家乡习惯,由孝敬父母而生出对父母长辈敬称,"伯"或"伯公"本是习俗南迁,另外还蕴涵着褒贬领袖人格与贡献的微言大义。至今,纵然有的研究者注意到兰芳后期部众退守现在马国色拉越,犹供奉着"罗芳"牌位,纵然罗芳伯梅州故乡学者如房学嘉教授有机会阅读到罗家族谱,许多后人以为罗芳姓"罗"名"芳伯",观念已经根深蒂固。可是,与兰芳同一时代的和顺公司领导称"谢结伯";《兰芳公司历代年册》明明很早记载,罗芳"伯"以后,兰芳公司历代总长叫江茂伯、阙四伯、宋插伯、刘台二、古六伯,其中尚可察,举凡有瑕疵或贡献太平凡的领袖,如古六伯之前的刘台二,以及古六伯之后历任领袖,都少了"伯"字称呼。① 这总不能解释成历代总长的父母都预知孩子以后会当领导,不约而同有别于一般人家命名习俗,预先让孩子名字自称为"伯"。若对照马来亚森美兰州的历史,当地惠州会馆原来归属洪门第三房分支海山公司,历任甲必丹的先人就有吴长伯、邓佑伯、黄三伯。② 可见地方社会延续原乡尊称长辈为"伯"的习俗,结合在施列格《天地会》提到的"义伯"尊称,可见相关会党对待人物称呼的微言大义。

20世纪中叶,遇上国际冷战格局、东南亚屡有排华反华思潮,那时一些有心人撰写有关南洋华人历史文化的书籍,即使是站在保护华人的立场,也多有粉饰、改造、避重就轻,或刻意误导的内容。就像许多后人编写槟城惠州会馆馆史,都不会提起原称"惠州公司"最早组织是结合"四邑"等乡会,壮大洪门第二房分支的"义兴公司",武装捍卫经济势力,也不会提起它作为会党曾经掌控当地河港交接海岸的地盘。③ 反而,会馆历次出版特刊,总是有千篇一律地诉说,提及会馆源于李亚兴先贤河边养鸭,收容同乡,以后捐赠私宅给同乡作会馆。④ 只有对照早就解禁的英殖早期档案,才会发现这些中文论述显得虚假。这样一段惠州群体的"官方版公开叙述",始

---

① 叶祥云:《兰芳公司历代年册》(1856年),载李欣祥:《罗芳伯及东万律兰芳政权》,北京:中国文化出版社,2014年,第177~187页。

② 王琛发:《惠州人与森美兰》,森美兰:惠州会馆,2002年,第91页。

③ Wong, C.S., A Gallery of Chinese Kapitans, Singapore: Dewan Bahasa Dan Kebudayaan Kebangsaan, Ministry of Culture, 1963, pp. 104-105.

④ 丘若峰:《槟城惠州会馆会史》,载刘果因主编:《槟榔屿客属公会40周年纪念特刊》,槟城:客属公会,1979年,第664页。

作俑者包括我的老师温梓川,其父亲温宗锦正是民国初年惠州会馆背后的会党领袖;① 还记得他曾说:"我们为了应付现在情势,刻意把数百人武装占码头接通开拓区的历史,写成大家河边养鸭,这将方便未来有人质疑,在不再敏感的年代有望复原历史。"但是,以后许多引用者都没看过19世纪槟城地图和其他相关会党的文献,不可能知道今天惠州会馆背后大沟渠曾经是运输河流,也不会晓得会馆过去原貌是门朝大河。以后是我自己在嘉应学院主办的"客家文化多样性与客家学理论体系建构国际学术研讨会"上进行题为《分裂的认同:重新解读19世纪槟城国际港口的客家社群》的主题演讲,引用了英殖民政府史料,承继老师遗愿,为他当年不便描写的史实翻案:李亚兴身为会党领袖,同乡们千里迢迢下南洋,聚族繁忙国际商港,在海岸与河道交接的水上运输要道岸边,难道只为了重复家乡村间养鸭生活?②

整个20世纪,南洋华人先后遇上西方殖民压力、日本南进、二战后的冷战反华氛围,再加区域种族主义抬头,东南亚华人普遍主观盼望内部稳定团结谋生,对外尽可能不要被人抓辫子,一般社会组织与报刊对社团历史语焉不详,不愿主动提起祖辈"反清复明",特别不愿提及祖辈间的会党内战与抗外事迹,也是情有可原。大家总是将原来连接着会党阵营的宗祠/乡会/行团/神庙,赋予"敦睦乡谊""排解纠纷""照顾贫病"等说法,数笔带过。只是,为了当前学术研究的需要,后人除

---

① 温梓川:《埋没了的洪门致公堂——兼述与槟城惠州人渊源极深的振汉社、联胜堂》,《星槟日报新年特刊》,1984年1月1日。
② 王琛发:《分裂的认同:重新解读19世纪槟城国际港口的客家社群》,《客家研究辑刊》2013年第1期,第130页。

了应该同情这些"情有可原",也应关怀真相,不让青史久成霉。

无论如何,即使文献有限,至少南洋"大伯公"等等当地乡土俗神的信仰现象,又或者开拓集体在具体地区延续"左祖右社"的信仰景观,加上地方上迄今流传的其他历史与民俗现象,足以佐证,南洋华人先民曾经集体想象自身是归属前朝的共同体。根据萧一山编《近代秘密社会史料》,互参南洋会党内部至今流传的《会簿》,可知在洪门入会仪式的初阶,新丁会随着扮演明军先锋角色的前辈虚拟前往根据地投军,提出"有忠心方可入庙,无义气何必烧香"、"顺天行道孝双亲,天意无私本同仁"等说法,以表追随祖先之孝,匡扶前明之忠。[1] 自明末清初,不同时期陆续南下的先民要参与原来开拓群体,往往加入会党;而会党入会仪式虚拟演练自愿投入明军参加起义,无疑在反复提醒先到者和后进者,一代接一代的"忠""孝"认同在于共同虚拟流亡海外、包围中原的明朝认同。一旦大众共同意识必须异地重构中华,以备反清复明,会党主导的地方主流理想也就会将先辈在南洋开拓主权的行为合理化和神圣化,感情是如斯真实。

另外,洪门入会仪式还要求新丁表态,问他们参加洪门"入的是什么会、信的是什么教",标准答案是"天地会"和"八卦教"。由此亦可见,在洪门入会仪式,焚香召请来儒释道三教神圣菩萨、会党历代英烈、"先前亡兄故弟"临坛见证各种问答,[2] 显示神道设教的中国传统文化理念,在系列问答过

---

[1] 萧一山编:《近代秘密社会史料》卷四,国立北平研究院史学研究会,1935年,第17~18页。

[2] Schlegel., op. cit., pp. 129-134.

程潜移默化地影响人心。尽管某些新丁可能是文盲,不懂得在《黄帝内经》早有过那系列"人以天地之气生,四时之法成""夫人生于地,悬命于天"的道理,影响深远,也不一定懂得阴阳八卦;可是打从他们入会那刻,以至他们以后学习会中事务,会中交接暗语总是通过背诵相关历史人事或民俗信仰的诗词,会内不外传的手势讯号又会涉及《河图》《洛书》,这一切都在点点滴滴渗透心灵的文化认同,包括规范个人对待社会和本身的定位。至少大家在问答中,还记得互相提点:"五行分父子,八卦定乾坤。克己又复礼,存心本在人。"①

更重要的是,洪门的入会仪式还要盘问新丁进会之前读书经历,答案居然是《孟子·万章》。新丁回应盘问,标准回答是说明本身要诵读《孟子·万章》到"洪水泛滥天下"为止。②虽说在场成员不一定人人念过书,这系列入会问答可以是例行公事的虚拟情节,但《孟子·万章》探讨包括天命君权、圣人风范、古代礼制、交朋结友、立身处世、大臣权责等议题,可谓儒家教化人心和实践社会建设的指导文献。以"洪"字对应繁体"汉"字,其字形正表达着"汉"失"中土"的意味,所以洪门借助入会仪式拜祭"洪门堂上历代宗亲",③其入会诗句宣扬"忠""孝"的理由显而易见。"汉"家虽失中土,却让《孟子·万章》泛滥天下,那就等于域外重建"中

---

① 萧一山编:《近代秘密社会史料》卷五,国立北平研究院史学研究会,1935年,第32页。

② 萧一山编:《近代秘密社会史料》卷四,国立北平研究院史学研究会,1935年,第324页。

③ 萧一山编:《近代秘密社会史料》卷一,国立北平研究院史学研究会,1935年,第2页。

华"，以"诸夏"包围清朝占据的中土。

由此可见，南洋华人会党势力主导各地群体的时代，各地方华人社会是以共同信仰、共同祖先、共同神明，共同价值观，乃至共同政治认同，塑造集体意识与社会形态。到英荷殖民者在19世纪末全面动用统治机器消除会党影响，到1896年，英殖马来亚霹雳州的华民护卫司还报告说，州内的近打谷，也就是当时世界最大锡矿产区，有70%华人是"秘密结社"的成员。① 英殖马来亚政府的立场，当然是指控会党势力影响殖民地稳定，必要灭之；可是从南洋华人政治角度，这确实反映当地大部分华人曾经长期生活在会党之中，持续认同在地虚拟、早不存在的大明王朝。英政府资料的真实度愈高，也愈意味当地华人自身有能力规范大众，遵守彼此认同的风俗习惯与社会公意。70%人都参与"秘密"结社，那30%不知道"秘密"的，大概只剩下妇孺或白痴，最担心华人"秘密"的肯定是殖民地政权。

殖民政府威权和现代国家权力先后取代会党对南洋华人的主导力量，然而华人会党世界至今依然以"反清复明"作为相互誓约主题，可见"反清复明"这个词汇久已超越字面意思，涵盖着从历史说法到当前象征意义，作为蕴藏民族意识和诸种传统价值观的符号意义，深入人心。

由此亦说明，南洋华人现有情况就是过去历史的接续，打从他们祖辈借助唐宋以来对南海丝路的认识走向南洋，大家在海路所经各处形成互相分散而又联系的各地群体，日常是与其

---

① Blythe, W. L., *The Impact of Chinese Secret Societies in Malaysia: A historical study*, London: Oxford University Press, pp. 258-259.

他民族生活在一起；然而，对于历史上熟悉南海水路的华南先民，眼前的"南洋"认识是交错着传承自祖辈的"南海"和"诸藩"印象，南洋实质上是祖辈以来经营谋生的熟悉故地。比起长江以北，南洋和华南不论气候和植物，相差较少；比起华南朝西翻山区进入云贵，南洋海路，既方便休停补给，也较易避开为患的虎狼。因此，明末先辈下南洋的心情极接近在中国本土穿州过府，退守大明江山边陲的军民的感觉。亨廷顿在"Who Are We"里边把"流散"解释为"跨国"的种族或文化社区，可是就明末华人而言，自古公亶父以来，开枝散叶、化异地为故乡是祖训，下南海也是为了尽忠尽孝，保守祖先努力过的一切。南洋初民和占领台湾的郑成功部队过去能私下声气相通，也是由于他们拥有一样心情、同样认同，认为自己身处南海依旧不离祖辈以来的生活范围。

三、维系祖先礼俗记忆重建中华

我们也许参照过许多中外学者对南洋华人的社会现象的解说，可是，也应注意先辈流传下来各种公开到不公开的活动，特别是一些仪式性质内容，各地华人大众传统可能另有一套诠释。如今某些当地政客诉说南洋华人是外来者，"外来移民"已经被政治操作破坏原本应有的中立意义，被有心人用来否定华人对待土地归属的感情与历史主权。而先民却自认本身是按照《礼记》传承原乡礼俗风尚，退守前明原来诸藩属地和南海周围土地，以祖先文化发掘地方资源开疆拓土、重构社会，这是"丕冒海隅"的说法，它在本质上到底算不算西方定义上的移民社会？重新看待早期南洋华人历史遗痕和现存文化传统，也许要带来另一方面的思想冲击。如果不晓得南洋华人过去曾有过有组织跨地区联系,过去社会的集体意识也在延续与演变,亦不知道当前社会依旧深藏某些犹如潜伏海流的不公开网络,只看到浮在表面的现象,如何可能不偏不倚完整解说南洋华人历史与现况?

不过,现实中,国际情势发展越到后期,华人越是不能在自己开拓的土地占有主导地位,也是事实。追根到底,南洋华人当初毕竟是从故乡带着历代积累的生产经验,斩荆披榛,以其他族群缺乏的先进技术开发地方经济,从事金矿、铁矿和锡矿开发,种植香料、甘蔗、菠萝等经济作物。但是在历史上从重商主义走向工业革命发展的国际市场,南洋华人是原产品生产者,不是掌握世界原产品市场和决定价格变化的购买者。依照新加坡黄存燊撰写《华人甲必丹》书后附录的殖民地档案,昔日洪门二房分支义兴公司与三房分支海山公司18世纪中叶在马来亚爆发冲突,前者公开面的惠州、四邑、潮州三乡团,以及作为后者公开面的增城、五邑乡团,各自屡向代表收购者势力以及拥有武装力量的英国殖民者申诉。① 即使各开拓区会党武装人数众多,使用着先进的毛瑟枪,但对比英殖大员瑞天咸爵士日记辑编 *Sir Frank Swettenham's Malayan journals* 1874—1876,英方只靠区区几人,就能奔走霹雳与雪兰莪,斡旋各方,以排解会党结合土侯混战和稳定秩序的名义,完成各地华人开拓区缴械、拆除哨站和边界关卡。② 由此可见,开拓群体的集体对外经济本质上难以摆脱依附时势,并受制于市场

---

① Wong, C. S., loc. cit.

② Burns, P. L., and Cowan, C. D. ed., *Sir Frank Swettenham's Malayan journals* 1874—1876, Kuala Lumpur, London: Oxford University Press, 1975, pp. 6-29.

需求与价格波动，也就只能在悲情中留取丹心、汲取教训。自那起，英殖在1874年就是借着扩大经济利益的承诺，借着为马来亚内战各方调解与平息内战，从此把马来亚纳入大英帝国，将开拓区华人定位为相对于"本土马来人"的"外来商旅"。

此后情形，可参考另一殖民地官员学者Blythe撰写的 *The Impact of Chinese Secret Societies in Malaysia: a historical study* 等书。英荷两国殖民政府一方面笼络会党各分支上层，让他们成为甲必丹、立法议员，一方面在19世纪80年代前后开始各种限制、改造华人组织的法令，最终造成今天的情况：传统的"公司"，成员之间相互以"义"对待，以武装自治维系政治共存与经济分享，而西方殖民地政府逐渐将它们改组或取缔，或改造与分割成为各种福利组织，使得原来庞大而公开的族群领导组织日渐退离地方政治主流，或转入地下演变为真正的"秘密结社"。取而代之的是殖民政府鼓励大众必须结合宗主国利益去发展地方经济，包括创立以法律保障私人投资风险责任的纯商业牟利"有限责任"机构，但中文翻译还是延续前人的"公司"一词。在华人先民原来概念，成员互尽社会义务的共同体管理机构，才是"公"之"司"；可如今，由"私人"拥有，只愿负担有限亏损责任的机构，取代着中文原意，也叫"公司"，已经是大家习以为常的事。① "公司"这个中译西文词汇异化的内涵会占有话语优势，足以证实19世纪以来西风东渐的强势不仅在船坚炮利，而在于削弱人们记忆，令后代难以善待祖先历史文化。

---

① 王琛发：《17—19世纪南海华人社会与南洋的开拓——华人南洋开拓史另类视角的解读》，《福州大学学报》2016年第4期，第69～70页。

南洋华人先民礼俗的忠孝传承——围绕着马来亚历史与民俗现象的重新确认

19世纪70年代以后，南洋会党处处受到西来殖民势力掣肘。那时候，英、荷、法殖民政府，已经逐步分别控制香港、印支、马来亚、婆罗洲、印度尼西亚、缅甸，它们为了现实对华利益，外交上只承认实质上唯一存在于中国的积弱清朝政府，不可能承认南洋会党真是明朝流亡部队。现在虽然难以寻找会党文献去说明会党领袖们如何处理新形势，但是从当时会党不是解散就是转入地下，以及至今印度尼西亚、菲律宾、缅甸等国洪门作为开放社会团体，在其他一些国家半公开，还在强调"反清复明"的传统、入会依旧虚拟投奔前明义军的仪式，可见他们面对情势比人强的局势，为了维护原有组织凝聚以及民族认同，还是一再集体虚拟想象着明朝，而且很明确意识到，生存在外来势力夺取的"前明土地"，更有必要延续华夏传统。

只是，也正是在19世纪70年代前后，南洋华人除了面对西方殖民压力，清朝作为外人唯一承认的中国政府，为求对外图强，也在积极笼络南洋华人；因此，当年南洋华人鼓吹民族文化的具体表达，往往表达为大众在"明"与"清"文化元素之间根据"时宜"取舍。一方面，大众承认清朝"奉天承运"暂时占据中原的事实；另一方面，大众也同意洪门立场在"顺天行道"，身负着待时回复汉冑的使命，但不见得盲目否定清朝体制尚在"奉天承运"的现实。地方社会因而可以接受乾隆朝以来南下的原乡新人，日常公开使用清朝历任皇帝纪年，剃头绑辫，身上穿着也如清代平民。甚至基于民族大义，会党众人也站在中华民族同仇敌忾立场，捐金支持清朝内地慈善、教育、赈灾，乃至捐款支持清朝变法强军，挺身对抗外侮；不少人也不介意自己由此换取清朝官位，方便回乡不受恶吏干扰。可是，同样一个人，一旦表态身为会党成员的另一面，他不会抗拒会中有"披发换明装"等仪式性动作,也熟悉成员相遇暗号包括许多互相勉励"反清复明"的诗词与手语。这方面现存的文化古迹,还可见于洪门义兴公司潮籍成员自18世纪末在马来亚半岛北部开拓的峇都交湾村镇。当地"万世安"古庙,供奉着明朝护国战神玄天上帝,重修碑记上边使用清朝"道光二十六年"纪年,神龛左联则说"上帝镇夷邦归清,照耀天下唐民",而附祀关帝神龛对联则要求"忠烈扶炎汉、神威镇大清"。信仰场所内外景象图文,堪以反映居民对自己、对英殖民政权、对地方土侯势力、对大清皇朝等等势力的立场,构建身在数方之间的关系。大众身处"夷邦"是既有前朝认同又意识到必须联合清廷,在遥远海隅也要共同捍卫"华夏"。①

又因华夏文化将万物起源与相互秩序都依据阴阳八卦之五行分类,认为八卦可以互相作用与推演解释之余,也强调唯有乾坤正位才能确保万物各安其位、各职其司、各展所能、生生不息,南洋很多神庙的门前大香炉,也常会刻上"天地父母"四字,说明乾坤伦常的存在与秩序是每个人类的生存缘起,以此作为开展华夏伦理道德论述的基础。南洋各地,神庙像"万世安"一般在碑刻上打着清朝年号,整体布局隐喻"反清复明"天经地义,并不少见。从马来西亚到泰南,一路北至缅甸各地,还常见到一些百年老庙,神像是左脚向前把脚趾翘上天,右脚向后把脚趾向地。现实中,这样的坐姿不见得舒服,几乎坐不稳。可是,神像造型,两手各有动作,坐姿左脚向前朝天而右脚后曲朝地,其整体动态的意象就在表明神明脚踏在

---

① 王琛发:《糖蔗、会党、许武安:潮州人开发峇都交湾的历史印象》,载许嵘智、黄挺主编:《海外移民与原乡文化:第九届国际潮学研讨会论文集》,广州:花城出版社,第341、347页。

大家供奉神明的新土地，即使两手忙碌，还是要拜天地，意即说不忘人秉天地父母生养之恩。

文化与价值体系传播，不见得一定需要文字，重要的是在整体场域氛围，先民神道设教的社会教化，更多是通过祭祀鬼神与祖先祭祀活动，综合表达，流传下来。南洋华人膜拜共同认识的家乡神明，一起举办从家乡延续到当地的信仰活动，基本功用在缩短个人对原乡心理距离，完成互相认同的凝聚力。往深一层说，华人传统节日、神诞或者婚丧礼祭祀活动，就是借由人们敬重神明与祖辈，联系着神明与祖辈所代表的历史、文化与价值观传承。庙祀传播神明在原乡的故事，又多出神明在当地显灵照顾信徒的诸种传说。说到最后，南洋很多庙宇都如"万世安"，神像双脚出现左前右后的姿态，是强调神明一致于人性，认识到没有天地就不可能有一切形态的生命。

这种观念，延续到洪门立足南洋的历史脉络，洪门将明清易代敌视为颠倒乾坤，反清复明即是要把被颠倒的再颠倒过来，所以在洪门切口，接续"天地父母"的回应句子便是"反清复明"。神庙门前祭祀天帝的香炉刻写着"天地父母"，既是对大众的文化提醒，也是一种政治暗示。

可见，南洋华人入庙拜神的所谓的民俗，背后有套规范。各地区可以供奉不同祖籍原乡神明，各方艺术表达手法可以不同，但有了规范，大家才能讲相同的话，做共同的事。从相同理路看施列格《天地会》中记载的洪门入会仪式的修身符，符式以"修""身""礼"三字构图，按施列格的观点，其神秘感应，当源于大众对《大学》"修身齐家"以及《论语·为政第二》"齐之以礼"的信心，认为其能产生神圣作用。① 会党入会请神基于"修""身""礼"，日常拜神崇尚天地父母，显然是有意识将神礼仪伦常神圣化与神秘化，深植人心，统合会众的道德归属。人们拜神时拜天地，神明两手忙碌也要拜天地，同一道理推展为内心立场，就是鼓励大众谨记维护四维八德、仁义纲常，重振乾坤。由忠孝仁义印证反清复明之符合天理人伦，所有人也就会把自己在新土地上参与集体社会生活视为天公地道、有情有义。

同样信仰思维还表现和落实在婚丧礼等家礼实践上。槟城博物馆有一张峇峇娘惹婚礼相片，曾被许多书刊和网页文章引用。峇峇娘惹华人有他们独特的语言和文化习俗，他们讲方言也能讲马来语，有些家庭祖辈总有非汉族血统，食餐习惯也是大量使用重口味香料，峇峇娘惹服装也与清代一般服装大不相同，更融入他族文化的特征。于是很多学术和旅游文字都喜欢强调他们属于华人的"化外"，甚至有人以峇峇娘惹为例说明应该政策性加速同化华人。可是，有很多相关峇峇娘惹的论述，足以反映论者忽略华人对待传统"礼"和"俗"的遗传记忆。

如果熟悉中国服饰史，可知东南亚并不产丝绸，所谓峇峇娘惹从华人传统穿束分离的丝质服装，根本就是凭着传统戏曲和庙宇雕塑形象再造，虚拟想象中的丝绸明装。只不过，当时许多上层峇峇娘惹家庭，总会人会在服装上装饰马来富人贵族才有能力的金银肩带、腰带、帽饰，就像现代人爱穿西方首饰，其中不乏现代所谓"土豪"心态。正如峇峇娘惹餐谱，如

---

① Schlegel, Gustava . , op. cit. , p. 223.

果把香料从主要内容分开，就会发现很多菜肴的原型来自华南乡下渔村的平民菜式，被加添上各种南洋乡野路边随手可得的香料。香料离开产地越远就越贵，先民到南洋吃得起，用以调制改造原乡食品，每逢祭祀祖先和神明要讲究种类丰富，背后心理意识毕竟还是源于儒家"敬如在"传统，为了"祭神如神在"，把最好成果献给祖先神明，可以视为先民宜时宜地变"俗"为"礼"的张举。

然则，从当地人到外来访客，也不是人人全然看不出南洋岁月演变出地方上想象的明装。民初梁绍文撰写《南洋旅行漫记》，其中《槟岛华侨的奇风异俗》提到，当地婚礼是以一批穿着"戏服"的儿童开路，后边随着一把红罗伞，然后"后面一个蟒袍绣服，头戴戏台上的状元帽，足穿金线顾绣的靴，脸上绯红，坐一辆开篷的马车，和他并肩而坐的一个妙龄女子，头戴凤冠，身披霞佩，阔袖宽袍，冕旒垂盖，五色斑斓，全身锦绣"。① 梁绍文批评说，新婚男女可能也在为着自己的衣装莫名其妙，可他毕竟还是敏锐地抓到模糊印象："细考究他们的习尚，总是明代以前的习尚，倘若我们将三四百年前远祖太公的遗像来参照一下，或者与此日槟榔屿的婚制服式相像。"② 其实，不要管坐在马车上的新娘子是否华人，打从她穿上凤冠霞帔入门祭祖起，到她当婆婆的那天，就轮到她自己教导不是汉族血统的媳妇记得晨昏烧香，这即是韩愈《原道》说过《春秋》之"礼"："诸侯用夷礼则夷之，夷而进于中国则中国之。"

实际上，最重要还是这套新娘礼服的穿着过程。男女双方在穿上婚礼服装之前，凌晨都在家里换上一套白色孝服行孝祭

---

① 梁绍文：《南洋旅行漫记》，北京：中华书局，1924年，第75页。
② 梁绍文：《南洋旅行漫记》，北京：中华书局，1924年，第75页。

祖,同时在祖先牌位前披发梳头,举行当地俗称的"上头"冠礼和笄礼,以确定双方如礼结婚。新人梳头完毕,准备在孝服外层穿上婚礼服饰之前,负责梳头的长辈就会在新人耳边悄悄说,长大成人结婚,应该毋忘身世,记得多生贵子打回中原。婚礼后,藏在喜服底层的素服,也得收藏起来,等到夫妇百年归老,如果届时"明朝"还没有光复中原,子孙就得让长辈再次"暗穿"婚礼时"暗穿"的孝服入殓,以便长辈灵魂可以交代列祖列宗,夫妇至死都不忘为先朝臣民父老戴孝。①

假如只抓住地方民俗现象的表象,看不到同样群体或个人呈现民俗现象的背景思想,很容易会单从表象重视娶"番妇"、讲"番话"等现象,忽略从结婚到丧葬的"礼仪"规范其实涉及文化与价值观渗透精神层面的心灵内化。如此可能亦难以解释,为何峇峇娘惹被一些论述想象为"化外",反而多在墓碑上坚持刻写闽广祖籍省县,还有特地刻上村镇地点以备子孙回归。实际上,南洋各地义冢,子孙为非汉族母亲竖立墓碑,是上书"皇明"或"皇清"。清代医治过慈禧和光绪的力钧,编写《槟榔屿志略》,就引用过多种前人文献,记载着"番妇"如何在丈夫殁后携儿带女回归华南故里,侍奉长辈,成为乡里的"节孝"典范。②

槟城福建人在光绪丙戌年订立《福建第三公冢规则》,是以超过七米宽的大块石头碑记,说明乡亲之间的生死约定,不论峇峇娘惹与否,是以尊重纲常、逢年过节祭祀先人,为死者

---

① 王琛发:《南洋华人婚礼——一场回不去的家国梦》,《中华遗产》2011年第7期,第138~149页。

② 力钧:《槟榔屿志略》卷七,双镜卢集字板排印,1891年,第4、5页。

尽孝,作为"圣教"之本。其第二十九条规定是说:"凡我闽省人等,娶别种妇女为妻妾,既遵我圣教,则能葬此冢地。如我圣教中人,有人异端者,则不能葬此冢地。若入异地之人,要葬时诈骗无报明白,后日被理事人察出,该坟该移埋于他冢。"

　　南洋华人终极性的认同感内化的场所,就在祠堂和义冢。会党入会要奉请儒释道三教神佛圣人见证歃血为盟,让共同体成员彼此成为拟血缘承诺亲人,客观上本就做到确保大众互相实践对待他人的义务,也为各人百年身后事着想。《礼记·祭义》说"君子合诸天道,春禘秋尝"。华人社会组织,不管是会党、渊源于会党结合的乡团/行团/宗亲会,或者从会党转型、演变、分支同类组织,各自设立祠堂供奉先贤神主牌,并在义冢设总坟,有组织进行清明、端午、中元、冬至公祭,也是明末初民留下的立场。正如上述马六甲《甲必丹李公博懋勋颂德碑》,提到李为经买地捐山,三宝山义冢乾隆六十年(1795年)《建造祀坛功德碑》也说集体"祭冢之举,迄今六十余年"。不管单身南来的先人是否拥有后人,南洋祠堂和义冢年年为一切有名无名的先人举行"春禘、秋尝",是模仿中国先贤祠/忠烈祠,将先人提升至社会集体祖先的英灵地位,确保没有一个开拓生产者会担心自己变成无主孤魂,让整个集体的后人由对家庭祖先"尽孝"转化出对集体历史"尽孝",成为一切先人共同的后人。每当祠堂天天晨昏上香,逢年过节念诵祭文祭祀先人,清明节敲打鼓锣抬着烧猪祭品上山拜祭总坟,原本没有关系的后人一道拜祭祀认识或不认识的先人,大家就会感受彼此同根同脉、共同一体的实在感。

　　来自峇峇娘惹社会的名人,有辜鸿铭和辜振甫伯侄,有在中法海战与甲午战争浴血奋战的林国祥六兄弟和他们的外甥伍连德,有马来西亚第一位为了维护华文教育被英殖驱逐出境的钟乐臣,以及他那领导马共抗日而牺牲的儿子钟小康。还有那位马国开国元勋陈祯禄,多代在马六甲土生土长以后,依然在自己墓碑上惦记福建漳州竹黄原籍。① 可惜,现在某些峇峇娘惹子孙,受着一些"学术"话语建构的文字影响,真是强调自己有别其他本土华人族群。笔者以一个峇峇后裔回顾祖先生活传统,只能担心这个亚社群受到误导,名副其实数"典"忘宗。

试用传统的"符号簇"理论说明,南洋华人先民秉承祖先礼俗观念,在日常生活之中的节日、神诞、婚丧礼等各种场合,集合一切能够表达华人传统礼俗观念内涵的各种元素,客观上是让大众一再感受与感应这些符号功能,由此形成重建华夏礼俗的印象氛围。借用斯图亚特·霍尔在《编码,解码》中的设想,其习俗表达,不一定要和原乡一模一样,甚至有些情况可能在原乡不存在,可是这一切礼俗现象也可以是价值观念的传播,其编码(encoding)就在于社会采用各种地方上方便的元素,以它们延续与重组本来深深影响大众的原乡祖辈记忆,传播"礼"与"俗"所包涵以及预期实现的价值观念系统;这其中能发挥作用的中介(mediation),则包括了大众不管在家在外听闻各类传说、投身的各种仪式、接受的各种文字或非文字媒体。过程中,全体社会成员则是通过集体在地寻找自我定位与互相认同,对眼前现象进行解码(decoding)。受众既是在脑海中承载着真实家乡记忆,又是集体虚拟出同出于家乡记忆而又更为理想的主导符号簇,当受众处在主导符号簇

---

① 郭仁德:《敦陈祯禄传》,吉隆坡:马来西亚华人文化协会,1996年,第172页。

的包围中，整个集体对信息解码的方式和过程，当然更符合编码时刻设定的预期。大家被灌输的基本社会意识，是相信只有复兴明朝或者恢复它象征的"中华文化"，维系着由"忠"与"孝"出发的大是大非，才能真正脱离一切与"清朝"符号相联系的民族苦难，实现四维八德的天下。

结　　论

观察南洋华人的"民俗"，尤其是婚丧、节日以及敬神祭祖的活动，很多时候会发现其来源是中国明末盛行的"礼制"与"习俗"，可以回到中国礼制文献与地方风俗记载，去发现其之所以实践的渊源。这也反映，当代南洋华人最早是有组织的，是以明末遗民在各地开拓的社会为基础，通过集体奉行明代礼俗，凝聚大众，延续传承民族集体思想。以后在清代陆续南下加入的先民，由于陆续在不同年代入乡随俗，加上这些清代先民很多本来是抗清失败撤退南洋的，他们虽然带来许多清季的民俗元素，却没能改变社会主流在没有明朝情况下虚拟的明朝认同，形成当地社会对明朝认同"礼失求诸野"的态势。由此演变出的地方礼俗，最终是经过社会集体反复演练的，这些礼俗再三提醒大众，他们集体流亡异乡开拓不等于化外，其精神意义在重建中华之神圣、等待反清复明之合理。

简要说，南洋华人继承原乡祖先辈流传的"礼"与"俗"，在当地开枝散叶、开花结果，以后呈现为当地习俗，其本来面目不能凭着个人想象"文化创意"，并非任何个人或群体天马行空就可以设计各种礼仪。南洋华人周而复始重复源于祖籍地的系列民俗活动，这些内容一再结合众人生活习惯，与每一个人的心情聚合感通，足以建构群体与他人"不共有"的对外区隔、对内认同,强化互相的亲情与凝聚力。由于大家没有政府保护、对内对外必须强化社会共同体,大众也就必须共同遵守集体认定"有根有据"的祖先礼俗文化。如此,才有更大可能影响前贤后进共同遵守礼俗的习惯规范,形成有利群体认同的符号簇,延续集体生命力在地生生不息。

《周礼·天官·大宰》总结古代政治,认为不论治理京城或边邑,形成民众稳定共同体的条件,不离八则:"以八则治都鄙:一曰祭祀,以驭其神;二曰法则,以驭其官;三曰废置,以驭其吏;四曰禄位,以驭其士;五曰赋贡,以驭其用;六曰礼俗,以驭其民;七曰刑赏,以驭其威;八曰田役,以驭其众。"可南洋各地历史实况,华人实力不占绝对政经优势,毕竟不可能完成上述全部"八则"。时代越接近现代,各地华人就越会发现本族群越陷入殖民者强势压力之下。等到东南亚各地经历二战洗礼,蒙受过日本短暂统治打击,再遇到新兴独立国家出现,各国主要民族的极端政客往往政治化当地华人的"移民"定位,推论华人"外来者"应该被排除。"八则"之中,华人要维护内部稳定与凝聚力,要能够全然从族群内部使得上力度,尤其维护原来体现在"忠""孝"的价值体系,不能不是集中在"祭祀,以驭其神"和"礼俗,以驭其民"。

回望过去,注视眼前,南洋华人延续原乡礼俗,先民的"礼"和"俗"自历史以来互相衍化互动、渗透混杂,适应社会整体在当地共同的历史经历,也确可为礼俗活动如何连接在具体民间生活,提供基础。正如马来西亚华人孩子小学入学习俗,即使东南亚现代学校体制不可能奉行儒家的释菜礼,很多华人家庭还是会带着孩子到宗教场所"拜孔子公",供奉芹菜、葱、蒜等蔬果,只不过他们不一定理解此风源自古时书塾开学祭孔的"释菜礼"。当人们走进神庙,可能还可以发现老神像

南洋华人先民礼俗的忠孝传承——围绕着马来亚历史与民俗现象的重新确认

坐姿左脚在前右脚在后，发现"天地父母"香炉，或者受到长辈劝告大众"拜孔子"或祭祀其他神明，这一切，源自民间自发奉行原乡礼制，即使没有朝廷规范或主导，具体实践既久，属于"礼"的规范也就可能混而成俗，形成当地华人自发追随的民俗，召唤着大众的文化记忆。而大众试图对于地方民俗与神话作出义理层次的解释，反能衬托出民俗活动对于凝聚与延续民族认知有重要意义。

不妨思考孙中山总结"华侨乃革命之母"的背景。就南洋华人的生活经验而言，兴中会那套"驱逐鞑虏，恢复中华"的纲领，本来就相契大众集体意识中挥之不去的"反清复明"；自称"革命党"引用《易·革·象辞》的"汤武革命，顺乎天而应乎人"，也无殊于会党腰凭或其他文献中原来常见的"顺天行道"。民国成立，虽然国民党不让洪门立案，出现切割关系的迹象，等到孙中山为了反对袁世凯，《孙中山全集》中留下 1914 年写给南洋地下会党组织的《致南洋新加坡洪门义兴公司转各埠洪门同志诸公函》，是说"与夫民国危急之情形，大略报陈，望诸同志固结团体，振起精神，再做革命工作"。[①]南洋各地的会党组织，即使当时已经有反感孙中山的，并不遵循孙中山接下去发出那封《各埠洪门改组为中华革命党支部通告》，[②] 他们也不是反对"中华民国"，还是会通过寻找黄兴派系合作等途径，支持革命。可知，南洋华人对"春秋礼义"的重视，有日常生活的熏陶，有生命实践的提倡，华人地方民俗

---

① 广东省社会科学院历史研究所等编：《孙中山全集》第 3 卷，北京：中华书局，1984 年，第 104～105 页。

② 广东省社会科学院历史研究所等编：《孙中山全集》第 3 卷，北京：中华书局，1984 年，第 140～141 页。

演变毕竟不离人们所重视的"礼",其中贯彻着主张实现"礼、义、仁、智、信"、"四维八德"的主体价值系统。

我们确有可能从有限的南洋地方文献和口述历史中,发现南洋华人社会的民俗现象并非数百年一成不变,而且会在长期演变中纳进许多地方元素,丰富其内容。甚至,在民俗的本土演变过程中,某些仅能在中国原乡实践的元素,也可能会由于时空因素差异而消失。可是,当地先民社会的民俗,不论如何改变,最终还是传承着原来礼俗背后的文化,并且是由文化元素的集合互动承载着教化目的的价值观,这样就是借重礼俗的演变完成后人集体对历代祖先的大孝,不变的是"慎终追远",以"慎终追远"维护纲常,延续祖先之道。

假如忘记了《礼记·王制》这套理念,不注重其思想如何影响民族历史以来的各地民俗演变,后人可能单纯借用些西方理念解释华人民俗。但是,请别忘记,人民的生活态度是根据自己理念形成,由历代实践演变出拥有自己解释脉络的传统,不是根据西方理论分析形成。

好家风须有好舵手

——以浮山陈氏书亭公支脉为例

陈华发

"颖水家声大,浮山世泽长。"这是莆田浮山陈氏族人通用楹联之一。上联说明本支陈氏家族古代聚居地颍川,祖德广远;下联赞誉浮山陈氏源远流长,世泽绵长。

浮山陈氏一脉始迁祖陈湟,字善宗,号光山,系汉代太丘长陈寔之后裔。陈寔出身寒微,但因德行而被小伙伴们拥护。他先后任郡督邮、功曹,深明大义,克己为人,"善则称君,过则称己"。他也成为远近宗师的名士之首,荀爽、贾彪、李膺、韩融、王烈、管宁、华歆、邴原等都曾向他问学。在担任太丘长的职位时,陈寔以德施治,仁爱百姓,邻县甚至有不少人要迁居到他管辖的地方。后来官府违法敛财,加重百姓负担,陈寔无法阻止,便辞官回家。因为陈寔以德服人、处事公正、与人为善的德行常常感召乡邻,时人"宁为刑罚所加,也不为陈君所短"。颍水陈氏在陈寔这位德行兼备舵手的领航下,行成了悠远的"颍川家风"。

陈寔与子陈纪、陈谌并著高名,时号"三君"。陈谌之后裔陈湟世居河南光州固始陈集乡浮光山,因唐末中州战乱,于唐中和年间（881—884）举家渡江南迁。陈湟先客居安徽宣州，又于唐光启三年（887年）迁入莆田。他对儿子说："闽之土地瘠，其人劳而不淫；山川秀，其人惠而好义。吾其处此矣。"遂卜居于仙游县枫亭东门。

入莆后的浮山陈氏，才俊辈出，自唐至清就有进士五十多人。陈湟的第七、八、九世孙三代五人科甲联芳，被誉为"三世五登黄甲"。浮山陈氏在枫亭繁衍生息，散枝开叶，播迁各地。其中一脉迁往莆田城关，依然绵延家风，达则广施德政，贫则独善德行。

一、书亭立德

出生于清末的陈书亭，便属于浮山陈氏迁往莆田城关这脉。延自书亭的曾祖父这一代，家门日渐寒微；到书亭父亲时，家庭更为清贫。书亭名泽，又名麟，书亭是他的字。他幼小聪颖，读书过目成诵。乡里学识渊博、修养有素的长者都很器重他，觉得这孩子长大必有出息。

书亭的父亲仅育其一子，父亲去世时，他才九岁。当时书亭极度悲哀，身体异常消瘦。母亲守寡抚孤，一边养育，一边教导。在封建社会，贫困家庭孤儿寡母之困苦伶仃，不言而喻。书亭虽天资优异，迫于生计只好辍学。他十三四岁出门学习手艺，多方挣钱供养慈母。这样子，日子慢慢有点盼头，母子俩渐渐能够自给自足。

书亭二十岁那年，娶妻林氏。因为多了一个贤内助，能够和他一起和悦贴心地伺候母亲，书亭由衷地高兴。想不到"树欲静而风不止，子欲养而亲不待"，母亲在他婚后四个月就离世。书亭每次与儿子展如说到这里，都痛哭流涕，泪满衣襟。

他对母亲的敬重与思念之情，越老越深笃。

书亭喜爱武术，劳作之闲暇常常练习射箭与击打。起初他不过作为业余爱好，而没想到后来派上了用场。原来，他父亲的堂兄弟维屏公在战争中牺牲，清政府赠予世袭"骑尉"之职。因维屏公没有后嗣，就让书亭承袭。书亭由此历任黄石、笏石、三江口、荷岭、平海等处汛官兼带四城楼精兵。他效先祖陈寔以德施治，仁爱百姓，足迹所至，兵民相安。

当书亭任黄石汛官时，当地发生一桩弟弟不满兄长多占祖产的案件。这个兄长托人送来百两金子，要他将其弟移到县衙究办。书亭深感此风不可长，就把这个兄长招来，严厉斥之，并且用"煮豆燃豆萁"的典故教育他，兄长大为羞愧。书亭把百两金子取出，命兄长赠与弟弟。一番调解之后，兄弟二人深受感动，领悟到"兄弟齐心，其利断金"的道理，再三拜谢。

不但如此，书亭天性乐善，凡地方公益事业都热诚赞助，诸如建义仓、筑沙田、修万寿桥、光化寺、造云瑞宫等等，他都热忱地牵头发起。解甲归田之后，他更是经常向乡里有些愚昧的人讲书说理，化解其无知顽固；向远近孤寡老人施助钱粟，帮他们度过难关。他古道热肠，数十年如一日服务百姓，造福桑梓。

书亭一脉原本家世显贵，簪缨相望，可到高曾祖父开始家道中落，家谱在迁徙中散失，祖茔也因无人管护而衰败湮坏。书亭深感忧虑，他着手编纂族谱，重修祖墓，穷尽心力做到尽善尽美。在他身上，显现了古人敬宗睦族之遗风。

书亭幼童时期体弱多病，他终身吃素。到了壮年，他又因为奔波劳顿，患上了腹痛的疾病。后来，他讲究静坐修养，身体逐渐强健，甚至到了古稀之年，行路都不用扶杖。

1920年农历六月，他因为潜心编纂族谱，思虑过度，腹泻之疾重发。大儿子瑞桓、二儿子瑞棻等人请来多位医生诊治，却总不见好转。三子瑞骥（字展如）时为福建陆军第一师军医，他得知父亲病情，连夜从南平延平军营请假回家。

经展如亲自诊治，悉心护理，书亭渐渐就痊复。八月，为公心切的书亭又与同道中人共同修葺太平山义冢（旧时收埋无主尸骸的墓地）。他每日徒步上山监视工程，由于积劳厌食，元气渐亏。农历十月初三，他腹痛旧疾重发，只能躺在床上，任何药物都没有成效。初十午后三时，这位慈祥老人溘然长逝。

三子展如得知父亲病危，星夜奔回。可是到家时，父亲已去世了两个时辰。展如痛不欲生。居丧期间，他回忆父亲一生行迹，热泪盈眶，挥笔写就《书亭公哀启》一文。

展如下定决心，要以父亲以德安民、服务桑梓、热心公益的言行为榜样，张扬正义、造福百姓。

二、展如献身

书亭之三子瑞骥，字展如。古人名与字分开，称谓自己时，为表示谦逊而自称名；称谓对方时，为表示礼貌而称其字。因展如勤廉、博爱、无私，时人与后人皆称其字。

展如出生于1891年10月23日，自小聪慧伶俐，酷爱读书。其时家中虽不富裕，书亭公仍然节衣缩食供他就学。展如不负父亲期望，在辛亥革命第二年，以优异成绩考入位于天津的陆军军医学校。21岁的他成为中华民国成立后该校招收的第一批（第九期）学员之一，意气风发。

这所军医学校说来大有来头。她是旧中国唯一的军医大学，也是当时全国设备最好、师资力量最强的医科大学。其创办于 1902 年袁世凯天津小站练兵时，称"北洋军医学堂"；1906 年改归陆军部管辖，更名为"陆军军医学堂"。1912 年中华民国成立后，更名为"陆军军医学校"。

1917 年，陈展如从军医学校毕业后，分配到福建陆军补充第一师第一团任军医；1918 年，业务精湛的他升任福建陆军补充第七团副军医官（三等军医正）、福建督军公署军医课课长、福建陆军医院内科主任；1919 年之后，又历任福建军第一师第一旅第一团副军医官、第一师军医院内科主任等职。1922 年，年仅 31 岁的陈展如升任福建陆军补充第一师正军医官（二等军医正）兼军医院院长。

当时正值军阀混战，军政腐败，民不聊生。陈展如目睹此情境，忧心如焚，他深知"党国"腐化，拒不加入国民党。任职期间，他回忆书亭公的教导，深切感受军阀的腐败，与自己造福百姓的理想相距甚远。1923 年，不甘随波逐流的展如效仿先祖陈宽，毅然辞官退伍。

（一）旧祠行医

他返回故里后，准备开设医院，以偿其"救死扶伤，服务桑梓"之夙愿。可是要盖一座新医院，以其当前之积蓄，根本是天方夜谭。于是，他只能筹划先租一处。经过四处选址，觉得城关刺桐巷（大度街）崇功祠最为理想。

说起这座崇功祠大有来历，这里是莆田县首任县令、颍水陈氏后裔陈迈的故居。因其治莆功伟、仁政爱民，后人尊其为颍水陈氏入莆始祖。崇功祠除了奉祀陈迈，还供奉着莆田颍水陈氏历代祖先的灵位，因年久失修，至光绪年间已然破败。展如之祖如书亭公组织族众进行修缮，恢复原来古典面貌。

崇功祠占地面积 800 多平方米，庭院空阔，厅房宽敞，诸多房间长年空置，而且地理便利，是开办医院的绝佳位所。当展如小心翼翼地向族长提出租赁崇功祠办医院的设想时，族长大为支持，说："此时战乱四起，平民贫病交加。办医院乃治病救人，功德无量，吾先祖必感欣慰，九泉之下当会庇佑此举。"

展如大喜，不日雇工匠将各厅房稍作区隔装饰，就在供奉陈氏先祖的灵位的神龛前，安设诊台及手术设备。一段时间后，"展如医院"择日开业，开莆田私立西医医院之先河。

展如以先贤陈迈为榜样，以精湛的医术治病救人。他医风严谨，医德高尚，对病人毋论贫富亲疏，均一视同仁，精心诊治，治愈众多濒危病人。如有重病病人不能来院就诊，不论严寒酷暑还是三更半夜，只要病家来请，他都能随请随到，全无名医架子。

对确实贫困者，他常常或减或免诊金药费。对那些一时手头紧缺或长期诊治的病人，则先看病取药，费用挂账，待年终再结账。此举既方便于人，又使病人得到及时诊治，避免拖延致使病情加重甚至死亡。

旧时常有天花、鼠疫、霍乱等瘟疫行，死者甚众。每于疫病流行之前，展如就在崇功祠大门贴出通告，提醒百姓防疫，并免费施种疫苗，减少疫病传染。每逢瘟疫流行，来此接种者络绎不绝。

（二）仁术济世

陈展如身材稍胖，为人和蔼。他接受外来西方医学和西方文化的影响，但举止言行之间表现对传统文化的尊崇。不论寒暑，他的穿着一直是传统的长衫。中国传统"悬壶济世"的道德精神，始终贯彻于其行医行程之中。

福建省作协原主席郭风1917年出生于莆田城关，当年，他本人和家人患病都是展如先生救治，作为受惠者，他心中一直暗自感激。郭风还是幼小时，祖母患肺结核病，整日咳嗽不已。当时郭风的父亲英年早逝，家境清贫。展如医师到他家诊病，往往不肯接受出诊费。郭风自幼体弱，也常患感冒或扁桃腺炎，亦多由展如医师医治，诊费药费均极低廉，疗效显著。小时候的郭风，常常在莆田城区的城墙巷、大度路以及文献路等处，遇见陈展如匆匆出诊的身影。他穿着长衫，自携医疗袋，急匆匆地行过街巷，路上总有一些行人向他致意，不管妇孺老幼，都对他十分尊重，"态度十分虔诚"。

抗日战争期间，是陈展如医师名声最响亮，在群众中威望最高的时期。1939年5月，陈展如主动出任莆田县抗敌自卫团第二后方医院院长，团结吴牧林等一批开业行医的医生以及自己的学生，组织救护队，训练战地救护各项要领。同时多方筹集药品，以备救护之需。不过，在此期间，展如医院仍然开业，展如先生还亲自出诊。那时，郭风已结婚，妻子患上某种妇女病，亦请他治疗，经其妙手而回春。

在抗战初期，日寇的飞机几乎每日侵犯莆田，低飞丢下炸弹。在这个不设防的县城，警报一响，市民只能避至城郊树林中。有时，一日要"逃敌机"二三次。天气酷热，许多市民、儿童因而生毒疮或中暑，至展如医院就医者络绎不绝，他和助手应接不暇。当时，郭风的臀部也长了毒疮，每日至医院换药，都看见展如医师亲自为许多病者擦洗脓汁，忙得满头大汗。

吴重庆是中山大学哲学系教授、博士生导师、享受国务院特殊津贴的专家。其父吴玉森出生于1921年，读过私塾也教过私塾，进了三年半新式学堂后，以当年莆田全县第一的成绩考上福建省立仙游师范学校,本科毕业后在乡间创办多所小学,无意中从军抗日,复员后担任首任乡农会主席,"四清"时因言论获罪回村,1982年"平反",平时乐于也善于扮演调停各类乡间纠纷的"乡绅"。

吴重庆在《孙村的路——后革命时代的人鬼神》一书中,附录《乡土社会的"小写历史":革命前及革命时期的孙村》一文。该文原汁原味地记录对90岁高龄但记性奇佳的父亲吴玉森进行系统访谈的内容,真切感人。在访谈中,吴玉森谈及童年患重病无钱医治,几乎残疾,后经陈展如大义施救的感人至深的往事。

1936年夏季,15岁的吴玉森随父母从乡村搬到县城,生活窘迫。房租起先是每月5元,后面涨到8元。他父亲从城里挑茶叶到沿海乡下卖,挣些钱日用;他母亲给人家洗衣衫贴补家用。这年暑假,他耳朵开始痛,后来牵连到整个右胳膊都肿痛。一个名为九细的土医生为他开了一帖青草药方,可是越涂越肿。母亲就带他去教会办的圣路加医院(今莆田医院前身),医生看了,认为这是无名肿毒,无法治疗。医生还说:"这右手得使大票(花大钱)锯掉!"少年吴玉森想:手锯了也就成了废人,生不如死。他连药都没取就跑出去。

回来的路上,母亲牵着他,伤心欲绝,边走边哭。这时遇着一个50岁上下的人,他停下脚步,关切地问:"这位婶妈为什么一路哭啼啼?"母亲就一五一十地把遭遇告诉他。这人听后,牵起少年的手说:"就是你吧?!不然,一起来试一下,能不能治好,我也不敢保证。"于是,他带着母子二人走进路边的"展如医院"。进了医院,他们才知道,原来他就是大名鼎鼎的陈展如医生。这时的展如医院不大,一共就四五个医生,为患者进行西医治疗。

展如医生诊断后，为他打了针，开了些药片，并交代服用方法。母亲问他多少钱，展如打量一番二人，说："不要紧，你这也是穷人，等治疗好了再讲。"从此，吴玉森每日都去展如医院打针取药，记得共去了13趟。有一个晚上，手臂终于出脓了。第二天，他再去找展如医生。展如医生按了一下伤口，就挤出一粒粒像海蛎一样的东西，竟然总共挤出了42粒，胳膊出现了三处伤口。展如医生往伤口中塞进黄药水浸的纱布，也不知塞了多少。

接下来，吴玉森每天去换药，换了一个礼拜。前前后后，这病看了二十多天，终于痊愈了。最后到医院结账，一共十元零三角。展如医生说："就算十元整好了。要是有钱的人，要收他十倍还不止。"吴玉森读六年级时，恰好和展如医生的三子陈文雷同班，偶尔也会到他家里玩耍。展如医生居然记得他，还关切地问他胳膊的情况。

莆田籍老干部胡国龙，20世纪80年代任福建省东湖宾馆（国营企业）董事长、党总支书记，1991年8月离休。60多年过去了，一件事情在他脑中记忆犹新。20世纪30年代，他在私立励青初级中学念书。有一次，他发高烧停课在家，整整一个星期高烧不退，大便不通。其时他家庭经济极度困难，无钱求医，父母急得团团转，只好用一些土方治疗，可是毫无作用。

在那个旧社会里，乡邻亲戚多是贫困人家，谁都帮不了谁，父母眼睁睁地看着胡国龙全身发烫，卧在床上不停地呻吟。在这个紧要关头，学校班主任张元书先生询问同学，得知他的境况，即反映学校领导。其时，陈展如担任励青中学董事会成员，也兼任校医。

当学校领导向其求援，陈展如二话不说，马上派其助手林景文医师奔赴距县城八华里的莘郊村,为胡国龙诊治。一连奔波十多天,为其打针、灌肠。经过的诊治调理,胡国龙痊愈,得以继续上课,顺利完成学期考试。

在治疗期间,展如医师获知他家境贫寒,不但不收医疗费、医药费,连"马金"(医生下乡出诊的车马费)也分文未收。胡国龙父母极为感恩,专程进城向陈展如感谢救命之恩。其时陈展如不在家,其夫人非常和气地安慰其父母。这事迹一时在全村传为佳话,村里人大为轰动,都说展如医院是真心救死扶伤、济世救人的平民医院。

行医数载,"展如医院"声誉鹊起。陈展如高尚的医德医风和精湛的医术,在莆田家喻户晓。离城二三十里的农村,如常太、渠桥、华亭等地,每天都有病人进城到展如医院诊治,足见驰名之广。受救病人深感其恩,纷纷送匾额以颂其德,医院内金匾如林,现仍存有"妙手回春""华佗再世""国手""良师"等等。

(三) 馨德传扬

旧社会男女多于十六七岁就定亲结婚,陈展如在上军医学校之前,也依父母之命、媒妁之言娶杨氏为妻,令人痛心的是,杨氏产下儿子文奎四个月后,因病去世。展如其时在军医学校念书,该幼子就过继给其二哥抚养。

展如从军医学堂毕业那年,父亲书亭公欲为之续弦,问及续配条件,其时他思想极为开明,对父亲说:"无论门第出身,不问生辰八字,唯贤惠是求。"旧时富裕人家的小姐多缠足,展如却附上一个条件:必须天足。农家女林顺仪因此嫁入陈家,与其结为琴瑟之好。林顺仪生肖属狗,陈展如生肖属兔,根据旧俗为相克之相,他亦毫不忌讳。

随着医院的发展，租赁崇功祠的旧院区已远远无法满足日益增多的患者。再者，家中人口也逐年添加，逼仄的老房子无法安顿一家十多口人。陈展如于1929年在距崇功祠不远的城墙巷购得一块宅地，拟建筑办公居住两用的宅院。该宅院经有西方建筑知识的工程师设计后，投入施工。

陈展如全身心奔波于救助病患，建筑宅院事项主要由夫人林顺仪协调处理。"与善人居，如入芝兰之室，久而不闻其香，即与之化矣。"林顺仪虽出身农家，平素受展如博爱言行感染，待人处世和气大方。工程虽曰承包，但工人常被包工头拖欠工资，每遇困难，都向她求助，她从不吝惜。逢年过节，林顺仪又会另给工人回乡路费。工人为其恩德所感动，在施工过程中精心细作，从不偷工减料。因此，这座莆田首座中西结合的建筑质量上乘，工艺精美。

1932年，宅院如期完工。这里既是展如一家的住所，也成了展如医院的新院区。整个宅院占地798平方米，分主附楼、前庭和后院三部分，功能合理，环境优雅。竣工临行前，工人又特制作一台大菜橱答谢陈家，这菜橱质地坚牢，一直沿用至今。

旧时乡俗重男轻女，生女不计丁口，亦无学名，更不让其上学读书。而陈展如主张男女平等，林顺仪生有五女五男，他一律培养上学读书，并无重男轻女之念。

陈氏宗族每年元宵节，都会在"崇功祠"举行盛大的社祭活动。社祭是一种古老的传统民俗及民间宗教文化活动，通过民俗仪式向先祖与神灵致以敬意，祈求国泰民安、宗族兴旺。这个时节，也是每年家族聚会，商议宗族大事的日子。一年元宵，社祭之后按旧俗要把祭拜祖先的供品牲礼分给各家各户。此时只能男孩来领，而且领取的是家中男丁的份额。

陈展如认为旧俗不妥,说:"现在时代都变了,女人和男人地位平等。"他提议女孩子也可以来取牲礼,而且按全家人口领取份额。这个开风气之先的提议,得到宗族长辈首肯。展如进而倡导男孩女孩一律登族谱,统一登记学业前程。此举得到家族长辈的支持,一时开新家规之先,在莆田传为美谈。

陈展如为人敦厚,孝亲睦友。新婚之后,父亲让他其携带媳妇赴任,他坚决不肯,把媳妇留在家中,侍奉老迈的父亲。1920年6月,父亲到了古稀之年,年老力衰,染上重疾。其两位哥哥极力延医调药,却未见效果。父亲卧床不起,眼看生命垂危。展如闻讯,急忙请假,自驻扎在南平延平的军营星夜赶回。他经过亲自诊断后,取药诊治,在床头侍奉汤药一个多月,父亲的病得以痊愈。

陈展如的两房兄长虽已各自分户独立,但因仅靠手工做鞋为生,收入低微,生活艰辛,他经常资助他们,尽力培养侄子和外甥。他对子女非常慈爱关怀,但是课读甚严,常以"不求金玉富,唯愿子孙贤"勉励子女求学上进。子女做错了事,他从不责打,而是从古人典故和先哲事迹入手,晓之以理,动之以情,使子女幡然悔悟,奋发图强。

开业五六年之后,展如的收入渐增,友人劝其置田庄商铺以遗子孙。展如说:"遗子千金,不若授子一技,怀有薄技在身,胜似良田千顷。子孙有能,留财无用。子孙不肖,坐食山空。"因是,除了建筑那套办公与居住两用的宅院外,他的行医所得,全部用于培养子女和侄辈求学读书。

在供应后辈学习的花费上,他从不吝啬。20世纪30年代,长侄文英就学北平协和医大,他交代贤妻逐月按时汇寄一切生活学习费用,历时8年,从未间断。据顺仪家常收支账簿登记,就支出文英学习费用累计银圆6000余元以及"万国储蓄券"4000元。其他如文樵、文奎诸侄,以及林成、林宣等内弟求学费用,均不吝解囊。以至陈展如去世时,家中没有多少余钱剩粮了。

(四)爱国尽职

在家时,陈展如教导子女吟唱《义勇军进行曲》《打回老家去》等爱国抗日歌曲。他多次亲率子女到设在文峰天后宫前的"救国献金台",从十六岁的长子到尚在怀抱中的幼儿,八九人排成一列,逐个上台投放"救国献金",身临其境地教育儿女精忠报国,培育他们"精诚团结、共御外侮"家国情怀。此举,也深深地感染了周围的群众,大家纷纷登台献金,尽一己之力拯救民族于危难之中。

戴垣谟是1931年拜陈展如学医,中华人民共和国成立后担任城厢区医院门诊部主任,当选为福建省人大代表、莆田市政协常委等职。据其介绍,陈展如的学生有林锦文、林万里、杨祖燕、黄启新、戴湘谟、蔡生标、陈一瓒、洪锦洪、王琛瑚、陈景福、蔡树蕃等十多人。除了林锦文和戴垣谟始终留在陈展如身边做助理外,大部分学生学成之后,分赴各地开办私立诊所,以西医救死扶伤。如杨祖燕在梧塘镇开业,黄启新在西天尾开业,林万里在黄石镇开业;陈一瓒在泉州永春卓埔开业;洪锦洪、王深瑚二人在三明行医,陈景福则在县精神病院当医生。

在愚昧落后、疾病肆虐的旧社会,陈展如播撒医学科学,为莆田乃至福建西医的发展,做出不可磨灭的贡献。

学医先立德。陈展如常常教导学生爱国爱民,鼓励学生参加抗战救亡。学生们在其言传身教之下,争先恐后奔赴国难。蔡生标参加中共领导的游击队,却被国民党反动派杀害,悬首于鼓樵楼门洞口；戴溯模在抗日战场上奋勇杀敌，光荣地为国捐躯；林万里毅然入伍，参加台儿庄大会战等多次战役。在莆田留守的学生林景文、戴垣模，在其教导下亦成长为莆田一代医德高尚的名医。

陈展如为人清廉正气，不阿权贵。20世纪20年代末，他得知同窗好友、金兰义兄苏儒善即将出任莆田县长时，专程前往苏宅，对儒善说："兄今从政任职莆田，弟今后即便街头相遇，亦不再相招呼，望兄勿怪。"

从医十多年，陈展如亲眼看见国民党倒施逆行，贪污腐败，对此深恶痛绝。回乡之后，他"处江湖之远"却满怀爱国忧民之心。对国民党政府对外奴颜婢膝、对内排斥镇压异己的行径大为愤慨。特别是目睹蒋介石对日寇不抵抗，拱手让出东三省，使祖国大片山河相继沦陷的境况，他极为悲愤，常在医师公会、宗族聚会等公开场合，慷慨激昂地纵论国是，抨击时政，大力宣传抗日言论。

其时陈展如也与进步人士多有接触，思想更为民主、深刻。青年郭风和几位同乡合办文学刊物《铁鸟之群》，宣传抗战救亡之大义，与陈展如思想接近，有了更多的交集往来。他曾多次听展如医师指责国民党假抗日、不抗日，大好江山被侵占，人民处于水深火热之中，而后方政府却大发"国难财"。

陈展如抨击时政、号召抗日、追求民主的进步言行，不免为当政者所闻，也招来国民党权贵的切齿嫉恨。时任莆田县县长吴某在地方政要会议上扬言："展如散布对政府不满言论，一定要收拾他！"当时砺青中学校长林达周与会，闻之骇然，他会后亲自登门急告，力劝展如缄口。而展如不改初衷，依然在公开场合仗义执言、慷慨陈词。他因而被贪官权贵视为眼中钉，从此埋下祸根。

1939年冬，陈展如奉调赴抗日前线。其时，他由于操劳过度，诸病缠身，而家中妻子也身怀六甲，即将临盆，膝下子女成群，均未成年。亲朋劝他申请留在后方，他说："国家有难，匹夫有责。大丈夫当战死沙场，以马革裹尸回。"

是年冬至清早，陈展如离妻别子，告别十里相送的父老乡亲，到军政部军医署驻闽浙办事处（位于浙江省金华）报到。想不到，一双罪恶的黑手这时正悄然向他招去。1940年5月，这位硬骨头的知识分子的典型人物、凛然正气的爱国民主人士，被国民党权贵暗杀于浙江金华石枚泉郊外，年仅四十九岁。

三、顺仪承志

陈展如的受害，并没有压垮这个坚韧的家庭。其夫人林顺仪化悲痛为力量，继承丈夫遗志，为着光明的未来而奋斗。她暗中帮助进步人士，掩护地下党开展活动。陈展如的故居，也就成为莆田地下党联络站，成为与国民党反动派进行抗争的秘密场所。

其子女受父母的熏陶，也投入革命洪流之中。时闽中地委委员，闽中游击司令部参谋长、莆田县委书记康金树，在莆田涵江区陈长城同志家中，介绍其子陈文彬同志参加革命，并安插他到涵江银行工作。后来，陈文彬又介绍妹夫林开坻参加工作，林开坻以中山中学教师的身份为掩护，一起进行地下革命活动。

这时，位于城墙巷的家成为莆田闽中特委地下交通站、地下党员联络站，时闽中特委书记黄国璋、林汝楠多次隐蔽在陈展如故居，研究探讨莆田的革命工作。在革命时期，一些枪支药品也是偷偷地存放在他家后屋，经过隐蔽包装后，运送到山区给游击队使用。

行文至此，不能不详细介绍陈展如的夫人林顺仪。林顺仪祖居莆田县笏石镇贝津村，世为耕农。清光绪年间，祖辈因不堪豪族逼迫，举家迁居城厢北郊，为人种菜看园度日。林顺仪出生于1898年11月4日，居姐弟四人之长。她勤劳聪慧，薅草牵耷，针黹女红，莫有不能。及嫁入陈家，因陈展如排行老幺，家人就称其为尾婶。

林顺仪孝待翁姑，敦睦邻里，相夫教子，极尽妇道，亲戚邻人无不夸赞其贤惠，公婆因得此巧妇而欣慰不已。林氏入门之后，陈展如再无为衣食琐事而烦恼，得以专心行医济世。

展如在世时，略有积蓄，尽可能用于资助侄子、外甥学业。林顺仪极力支持，每次支出汇款，均由她操办，笔笔清楚，从无间断。展如有个二姐嫁到莆田塔兜，她经常叨念着："人家都说舅舅好，我说还得阿姈好。"

1940年陈展如牺牲后，家无余粮，祖无遗产，遗下未成年的嗷嗷待哺的十口孤儿，家中生计毫无着落。好心的邻里亲戚有的说把这个儿子抱养给他人，有的说把那个女儿送出去。林顺仪咬紧牙关，谢绝了他们的好意，强忍悲痛独擎将倾之大厦。她奋力维持家业，含辛茹苦劳作生产，养猪种菜、理发缝衣、修屋改灶，凡是力所能及，莫不亲自为之。

她遵循夫君遗志，对子女课读极严。凡事百般节省，唯学费优先，责令子女读书，以求上进。子女十人不负厚望，个个学业突出，业绩骄人。

她念及爱夫遗骸流落他乡，时刻想着奉回家乡，落叶归根。而当时闽浙两省多处沦陷，道路不通。1946年春，虽然抗战胜利，但道路还是时通时断，她不顾关山阻隔，只身前往金华市石枚泉镇,将爱夫遗骨奉回安葬。

林顺仪秉性刚强,不畏强暴。1947年,福建省保安第一团团长胡季宽派人逾墙开门,强行占住城墙巷宅院。胡季宽性情残暴,曾活埋共产党员无数。其曾在赣南任职,当地一提及胡氏姓名,小儿都不敢夜啼。

林顺仪岂容这种败类堂皇进住家园,她以死抗争。胡季宽想不到一个寡妇如此刚烈,于是妥协,声称只在主楼一楼和前院活动。林顺仪就在后院及二楼装小门以隔离,不准其擅入。胡母病死,欲在一楼厅堂设灵堂供祭,林顺仪断然拒绝,据理力争。胡自知理亏,打消了这个念头。

1949年寒春,一个国民党军队的伤兵路过,跟跄而行,几欲跌倒,沿街诸户皆泼水,拒绝他在家门口歇息。林顺仪怜悯他沦落异乡,伤病在身,饥寒交迫,允其在门厅暂栖。尽管当时家中余粮无几,仍喂他一碗稀粥,并给他一条棉被御寒。第二天早晨,伤兵病重逝世。邻里都说林顺仪自作自受,招来晦气。她却说:济人危难,不让他倒毙荒郊,如果真有鬼神,他应当不会当怨鬼,我心中也就没有遗憾,这又有什么晦气!

林顺仪本不识字。中华人民共和国成立后,政府号召"扫盲"。时林顺仪已53岁,她积极参加扫盲识字班,夜夜秉烛,勤读不辍。及至高小毕业,因无更高年级升学而辍。她因此能够读书看报,更多地了解国家政策和世态百相,眼更明,心更宽了。

1951年,林顺仪乡下老家贝津村的青年林玉藻,患胃病无钱医治,一任病魔肆虐,形同枯槁。一个成年人,体重竟然不足50斤。家人用木板抬着奄奄一息的他,从乡下送到城里的圣路加医院。医生诊视之后,要求立即缴费动手术,而手术费对这户人家无疑是天文数字。家人无奈,准备抬回。一家人在林顺仪父母家稍作歇脚，啼哭不已。林母不忍，前来告知顺仪。

顺仪得知此情，赶到圣路加医院，对陈国熙院长说："如果院长肯减免费用为其手术，我愿负担所有护理费用。此人如能救活，善莫大焉！"陈院长深为感动，说："你一寡妇人家，自身已极其困难，尚肯尽力救人，我自当鼎力相助！"陈国熙于是收治林玉藻，并亲自主刀。术后，他仅收取一点手术耗材费用。林文藻出院后，林顺仪将他带到家中，用稀粥喂养调理。调养四月有余，他竟然病愈，自行步行回家，乡里都称为奇迹。林玉藻后来出任村生产队会计等职，结婚成家，至今健在。他常常告诉后人说："如果不是顺仪阿姑，就没有我今天。"

1952年的"三反五反"运动中，有人诬告二子文彬在解放初接管福建省银行时匿藏黄金。工作组派多人逼迫林顺仪"坦白"。知子莫若母，林顺仪任其高压诱骗，岿然不动。她说："我一妇道人家，尚知'口说无凭'。你们就在我家掘地三尺，若得一钱，我与文彬同罪。"后来查证，陈文彬确为清白，冤屈得以昭雪。工作组诸人对林顺仪深为敬佩。

新中国成立初期，驻扎在莆田城区的解放军尚无营房，战士们借住宫庙，条件极为简陋。作为老地下交通员，林顺仪主动将宅院提供给驻军首长居住。首长很为感动，要付其房租，她深明大义，不收分毫。部队首长自此入住陈家，直至1969年调防山西。

部队首长搬离期间，由于相关部门疏于管理，房屋被小偷破坏，家中许多器物、家具失窃，其中大多是陈展如的在世时购买的。古稀高龄的林顺仪极为痛心，遍找有关部门"讨说法"。她据理力争，迫使赔偿损失。

这个当口,莆田县革委会也乘首长搬离,擅自凿墙开门,安排"领导同志"居住。陈家宅院东临某印刷厂,该厂也趁这个时期法制混乱,紧贴陈家宅院围墙建设厂房。厂房窗户大开,家中起居饮食等隐私尽在窥视范围之中。不仅如此,印刷厂还在距陈家水井不远处筑建污厕,污染饮用水源。

"文化大革命"结束后,革委会依产权退还住房。林顺仪引用城市建设条例和环保条例,多次与相关部门交涉,使印刷厂堵塞厂房窗户,封闭厕所,并出资修复水井,同时确定两家界墙。1982年,84岁高龄的林顺仪还依据政策,与街道办事处交涉,讨回在"文革"中被占的陈家大度祖厝房产。同时向法院起诉,讨回被街道干部盗卖的祖厝巷道等,维护陈家合法权益。自此,林顺仪告诸儿女说:"我已将你们父亲手建的房屋,完整无缺交与你们。你们也各已成家立业,吾已无憾无愧与你们父亲相见于九泉之下。我现在老了,希望你们珍惜,不要再让它遗失了。"

1990年,侄儿陈文奎的孙子祖坚学业有成,欲出国留学,费用不菲。时各户家庭始得温饱,无多积蓄。林顺仪毅然决定,将桃巷本房的旧屋交给文奎出售,并立下遗嘱,卖房所得款项,指定用于祖坚出国进修之需,不许移作他用。

年逾九十,林顺仪还能读书看报,经常写信与分散在外子女孙辈沟通沟通音信,教育他们为人处世。她从书报中了解时事政策,思想极为开明,常以自己读报心得教育勉励子孙清廉为政,服务人民。

闲暇之时,林顺仪也作诗自娱。其中一诗曰:

中年失舵孤舟摇,孤寡无依江中飘,

唯盼儿女快长大,个个成才慰九霄。

含辛茹苦数十年,重振门楣意志坚;

继承夫志重担挑,诗礼传家世代延。

诗句为其咏志自勉,也是她承志扶孤,诗礼传家的风范写照。

1994年1月29日,享年96岁顺仪老人逝世。她临终前仍思维敏捷,言语清晰。十户儿女婿媳,除在境外来不及回来以外,不论远近,均侍奉在侧。这位性情坚强、风骨优雅的老人——看着床前子孙,含笑仙逝。

四、故居遗碑

使人感到欣慰的是,展如医师的十位子女,都在新中国成立后进入大学深造,且个个成材,成为著名教授、医生、工程师、经济师或新闻记者,为莆田文献名邦再添佳话。

西方有一句很流行的谚语:培养一个贵族需要三代人。那么,培养一个好家风也需要三代。第一代积累声望、德业;第二代接受良好教育,以身作则;第三代接受良好而深厚品质的熏陶,风度自然而然深蕴于内,流露于外。由此可见,好家风须有好舵手。

在陈书亭、陈展如、林顺仪两代三位家风"掌舵人"的引领下,陈展如的十个女儿均卓尔不群,他们全部从事技术、医疗等类工作,在各自的工作岗位上成为技术型专家,做出突出的贡献。长子陈文山系海疆大学文学士、台湾时事新闻社总编辑,次子陈文彬系暨南大学商学士、福州市华福公司总经理,三子陈文雷系福建医学院病理生理教研室主任、教授,四子陈文波系福建温泉大饭店总工程师、高级工程师,五子陈文森系冶金部第二勘查局局长、总工程师;长女陈文琴系中国环境出版社高级编审、美国《世界日报》记者,次女陈文萧系福建省立医院内科主任医师、全国"三八红旗手",三女陈文笙系南京市第四十七中学副校长、高级教师,四女陈文弦系第四军医大学博士生导师、耳鼻喉科主任,五女陈文簌系上海机械学院教师、香港日宝公司总经理。

其中五子陈文森、四女陈文弦和三媳林荔香,更是专业超群,成为享受国务院特殊津贴专家。令人赞叹的是,这个家庭的第四代人长江后浪推前浪,在海内外各个领域开花结果,取得骄人业绩。所谓"积善人家庆有余",此足以告慰展如先生在天之灵。

陈家宅院,今人多称陈展如故居,位于城墙巷的妈祖行宫古迹文峰宫之前。这座饱阅沧桑的宅院,集名人故居、优秀近代建筑、民国卫生史迹、红色革命史迹和历史文化遗迹五种历史价值为一身,犹如一座历史与精神的丰碑。

此宅地原为古凤山寺于明万历年间建造的藏经阁南院,后来藏经阁被火毁,这里辟为果园。之后果园几经易主,1929年因卫生事业和家庭生活的需要,陈展如购得此地筑建。故居前庭右侧有古井一口,井碑"慧泉"为明太守陈王庭于万历丁酉年手书。此井水清味甘,从未枯竭,为当年凤山寺僧饮水来源。井边为故居西墙。墙高四米五,墙基砌以大块毛条石,高达两米。据《莆田县志》卷十八《建设志·城池篇》记载,该墙系宋太平兴国八年(983年)兴华军莆田知军所建的子城之一段。后来莆田县城扩建,该段城墙衍化为凤山寺围墙。这也是这条古巷称为城墙巷的由来。

陈展如故居,是莆田第一座钢筋混凝土框架结构的民宅,建筑风格别致。主楼仿欧洲风格设计建造,吸收了欧洲住宅风格的某些特点和优点,如室有大窗户,高空间,室内既宽敞又明亮。在这住院内,顶棚镂刻的水泥花纹、线条、装饰,以及柱头水泥浇注的花纹、装饰,大多是莆田传统民间吉祥图案,精美、脱俗。整座建筑融西洋气、民国风、兴化味为一体,为莆田的民居建筑文化增添色彩。2013年,福建省住建厅、文化厅将其公布为"福建省优秀近现代建筑"。

唐武德二年(619年),莆田置县,擢颍水陈氏后裔陈迈为县令。陈迈治莆伊始,一边操劳建城设署,一边认真处理军务与政务。陈迈仁治、严治并举,使全县治安状况日趋改善,道路日趋畅通。他重视农业,兴修水利,发展生产;又立学堂,发展教育,令琅琅书声遍布各地,为"文献名邦""壶兰雄邑"奠定了基础。

其实自汉代以来,就有中原陈氏入莆定居,莆田陈氏衍脉众多,素有"十八陈"之说。而首任县令陈迈,无疑是入莆人士中影响最为深远的一位。明弘治年间(1488—1505),莆田各派各支陈氏族人一致议定,不管何时入莆,不论派出何处,都把陈迈尊为入莆始祖,以此纪念陈迈功绩。他的故居,也被奉为"崇功祠",春秋二祭。这是民间对先贤表达崇高敬意最为质朴的方式。

原闽中游击司令部参谋长、莆田县委书记康金树衷心地希望,"展如医院"有许多好的革命优良传统,许多好的医德、医术、医风,像这样历史悠久的名医院,可以作为教育后人的卫生基地之一。作为莆田闽中特委地下交通站、地下党员联络站,这里也可以办成一个革命纪念会馆,以教育后人,激励来者。这是今人对先贤表达崇高敬意最为贴切的方式。

孝道 App

陈世哲

一、孝道的产生和完善

孝道是世界上最古老的"应用软件"。它是古代一些精通中华民族历史文化,关注治国方略和社会维稳的聪明的大学者,汲取了舜帝始创的孝的原始经验和朴素的治家治国精神,参考了孔孟等人的理论,设计和开发出来的一套实用而有效的操作系统。这套系统原先主要提供给统治阶级和诸侯贵族使用。除了阐明忠孝的理念、目的和意义,就是一系列如何贯彻执行忠孝精神的方针政策以及具体措施和表达形式,由此产生了各种各样的操作程序,发明了各种祭祀仪式、奖罚办法等等。于是形成孝道。顾名思义,就是忠孝理念的标准、规则和执行方式。

统治者和软件设计师后来发现,该软件实在管用,而且不但是朝廷和贵族,全国各地民间的家族甚至普通家庭也管用。

不单是上流社会有权举行庄严的祭祀，民间也可以。于是，在以宋代理学家朱熹为代表的孝道专家和软件设计师的推动下，全国各地农村纷纷大建宗祠，并根据本地的实际情况和条件，自己制定了各具特色的祭祀礼仪和家训家规家法，从而整合出族规族法、乡规民约。而家庭，大概就是国家级孝道 App 的终端用户吧。就这样，孝道 App 使用了几千年，几亿人都用惯了，很少人说它不好。因为不管是皇上还是穷人，他们都是出生于自己父母的家庭，从小就会背家训，天天自觉给父母跪拜，懂得君君臣臣父父子子夫夫妇妇兄兄弟弟的定位和孝道规则，就如天和地的关系一样。人各有命，说不定某个穷小子长大后，竟然成了皇帝！比如，朱元璋等靠农民起义取得政权的古代穷苦农民。他们深知孝道 App 的好处，不会因为改朝换代而将之抛弃，否则，将会天下大乱。即使是元代和清代的外族统治者，也是如此。著名学者金观涛在其名著《兴盛与危机》中所论的中国封建社会超稳定结构，充分证明了孝道在其中所扮演的超级稳定剂的作用。可见孝道是强大而中性的。

二、孝道的躺枪与消亡

孝道是善良而单纯的，但是，它又很脆弱。孝道特别害怕病毒，归纳起来有两类病毒，一是外来入侵病毒，二是自身滋生的病毒。入侵病毒首先是来自西方异教，携带者乃居心叵测的传教士。

太平天国运动的命运就是一例。那些农民起义的领袖神经兮兮地去信基督。他们竟然不认父母，荒唐宣布只有上帝才是父亲，叫作天父。即"谓惟天可称父，此外，凡民之父，皆兄弟也；凡民之母，皆姊妹也"。他们违背了以孝道为基础的伦理纲常。到了后期,这些"兄弟"一方面丧心病狂地自相残杀,一方面又虚伪地向上帝祈求赎罪。他们从小接受的孝道教育,已经崩溃。十三年后,他们终于失败了。而将他们消灭的,除了清军,竟然还有先前把基督"博爱精神"传授给他们,最终却用洋枪将他们统统射杀的洋鬼子。

其次,是辛亥革命。因大爆发于辛亥年,故名之。当时大清帝国因腐败无能病入膏肓,以孙中山为首的革命志士为了挽救中华民族,向西方民主国家寻找救国方略。他们忘了西方所谓的民主国家都是先前的异教徒的后代,这些民主国家穿着民主自由人权的外衣登场了,骨子里却是个贪得无厌无恶不作的殖民主义者。虽然辛亥革命者的初衷和献身精神值得肯定,但你只要看看北洋政府那些不断更换的大总统,身穿西洋军服,留着洋人的八字胡子,派头十足的肖像,你就可以预知,他们上当了!将来可能事与愿违。果然辛亥革命最后也共和不了,因为他们不了解中国的国情。

西方列强所谓的"民主自由人权"病毒会不断变种,其目的就是入侵别国的民族价值观基因,使之变成合乎自己的价值观的民族,直接威胁到孝道的存在。人人都民主自由啦,爹妈都管不了啦。还有人权呢,这就更搞笑。以美国为例,子女病了,他们的病历父母是无权查看的,他们的学习成绩,父母也不能过问,你若强要,即是违法,因为宪法规定保护个人隐私。子女十八岁后,就必须自立,父母无须负责。若在中国,谁家的父母受得了?所谓的孝道 App,就等着卸载吧。

到了五四新文化运动时期,为了"救亡",仍然病急乱投医,开始全盘否定传统伦理道德。他们说,中国之所以落后挨打,都是"孔家店"的错。他们认为儒家思想一无是处,连汉字都应该改为拼音字母。遑论孝道,连鲁迅先生在他的《狂人日记》中，都痛斥传统伦理"吃人"。

第二类，极端病毒。它往往隐藏在人类的内心深处，不管是被外来刺激激活唤醒，还是滋生于本体，都会从光明走向黑暗，会六亲不认。而对极端病毒最缺免疫力的，大多数是涉世不深的青年。他们往往激情万丈而不深思再三，只管冲锋而不顾左右，以为远景光明却不知一路陷阱。

极端病毒的构成相当庞杂。先说第一种形态，它具有辛亥余绪、五四遗风，又有当下崇洋媚外、一切以西方价值标准的"普世价值"为指导。由它所激发的政治运动，一开始都把矛头对准它们所认为的封建制度、封建思想和封建遗存。由于孝道与封建社会长期共存，尽管它只是一种中性的治国治家的应用软件，与派性无关，但是它仍然受到攻讦。

程度不同的是，从辛亥革命到五四运动和新文化运动，大都局限于大城市，而中国的孝道文化却基本上存在于广大农村，所以伤得不重。第一次国内革命战争时期，采取农村包围城市的战略，革命军所到之处，发动农民群众闹土改，提出"打土豪分田地"的口号，于是乎，在很短的时间内，把地主和乡绅统统打倒在地。然而，乡里孝道的传承和各种祭祀仪式，千百年来均由地主富农乡绅主持，农村孝道文化的普及工作，也由他们承担。当他们被消灭后，孝道也就难以为继。至于"文革"时期破旧立新，全国各地农村，祠堂被砸，祖宗的灵位和肖像以及族谱被烧。地主乡绅的后代被斗，所有的古装戏剧团（其中有许多剧情是宣扬孝道的）被取缔，偷演"黑戏"的剧团头头有的甚至被处决。孝道基本消亡了。

破败的祠堂，村民们谁也不敢去住，几乎所有的乡村祠堂反而成了安置上山下乡知青之所在。2014年，我为了策划《昔日知青点》大型专题摄影展，独自驱车八千公里，走遍德化县戴云山区每个乡村，拍摄四十多年前泉州知青来此插队居住过的老厝，才发现这一现象竟然普遍存在。

极端病毒的第二种形态，滋生于孝道体制内的阴阳失调，虚火上升。在它最走火入魔的时期，其典型特征就是最危险的"满口仁义道德，满肚子男盗女娼"。在古代社会，极端病毒也制造了不少悲剧。明洪武元年（1368年），朱元璋颁布了表彰节孝行为的法令，强调民间若有节孝的动人事迹，一定要及时上报朝廷，"若里老人已奏，有司不奏者，罪及有司"。至于节孝先进个人的名额，上不封顶，统统可以树立贞节牌坊。在这方面，泉州恐怕最为杰出。自古以来，泉州东街通往城外东岳山长仅三四公里的古代官道上，竟然有七八十座雕刻精美的花岗岩贞节牌坊。可见古代泉州争做节孝英雄的烈女为数不少。直到20世纪50年代，泉州城出了个喜欢旧城改造的庸官，下令将这些珍贵的"贞节牌坊一条街"历史遗迹全部拆除。这种极端病毒在遵奉孝道的人特别是妇女的心目中投下可怕的阴影，在社会上造成极坏的影响。可见，在孝道自身的历史发展过程中，也并非一帆风顺。它有反对派、阳奉阴违者、极端添乱者。

老子《道德经》曰："大道废，有仁义；智慧出，有大伪；六亲不和，有孝慈；国家混乱，有忠臣。"短短几十个字，精准地揭示了人类历史就是在矛盾冲突和对立统一的过程中不断前进的。而其中的"六亲不和，有孝慈"则道出了当孝道体制内"自发病毒"发作后，必然就有人出来强调"孝慈"，正如有一首歌唱道"常回家看看"，就是希望年轻人外出打工，不要把父母忘了。

三、孝文化的复苏和仪式的变异

中国进入改革开放的新时代，曾经躺枪上百年，被当成封建迷信、封建糟粕的孝道文化，开始得到正面的评价。这个孝道App，它是由上而下，又由下而上，全面指导国家政权和百姓之间以及家族内部如何维系和谐稳定和发展的极其聪明的操作系统。而从它诞生以来的几千年漫长的岁月中，该软件的设计者也对它进行过多次的修补漏洞、升级和更新，以适应时代的变化。

改革开放以来，随着政府政策的逐步放宽，中国城乡无数曾经被摧毁的宗祠又先后得到修复，老百姓又可以放心地在这里烧香磕头，祭祀祖先。然而据我所见，能够读懂在"破四旧"运动中幸存下来的，没有标点符号的文言文祭词者，已经屈指可数。古老的孝道App中所规范的各种仪式好多已经失传，那些族谱被烧尽的宗族的年轻后裔，如今已经不知三代以上的祖先的大名。他们现在只管跟着长者烧香、磕头、祈祷、折"金纸"、烧纸钱和放鞭炮。当流传几千年的传统祭祀活动成了民间的习俗，只要你记得住哪月哪日是哪位祖宗的祭日，清明、普度等节日，观音娘娘、土地公、帝爷公、法祖公、阿爷公、广泽尊王、苏夫人姑等诸神的生日或祭日，人们仍然会备好各种食物供品，虔诚地来到这里。

但是仪式却发生了令人大跌眼镜的变化。且说殡丧和做功德的仪式，那才是充分体现当代孝道仪式异化的奇葩场合。在泉州一带经济发达的沿海农村，这些仪式的排场成了土豪们竞相炫耀忠孝实力的嘉年华。他们可以一口气请来好几个道士或和尚，又请来本地最专业的纸扎艺术团队，为逝者扎起超大型的豪华纸制牌楼。牌楼中有许多纸扎的房间和厅堂、卫生间、车库,里边安放着纸糊高档家用电器、轿车等,还有传达室和保安。倘若逝者生前喜爱桑拿和卡拉OK,那么还要有桑拿浴室、KTV包厢和服务小姐……总之,这些东西包括一大堆冒充美元、港币或人民币的冥币,是要运到殡仪馆烧了,然后让逝者带到阴间享受的。至于送殡队伍,前面是几十辆豪车,后面是所有可以请得到的中西乐队、民间什音、笼吹、南音演唱、拍胸舞、踩高跷、迪斯科、霹雳舞、比基尼美女、惠安女和藏族女的铜管乐队、陕北腰鼓、山西唢呐、云南芦笙……应有尽有。更离奇的是孝男们自己无泪,却雇来几个专门代哭的"孝男",一路痛哭前行,如果真的哭得撕心裂肺,鼻涕一大把,还可以拿到大红包……这就是当今的孝文化奇观。

四、人口结构的变化及孝道的迁就

要让孝道仪式得以执行,都必须有相应的空间和平台。然而,在中国社会大力推进城镇化建设,家庭结构以及人口流动发生质变的当下,这些仪式却毫无用武之地了。城镇化把好多乡村拆了,农民们都搬到新盖的高楼大厦居住,政府把这些高楼叫作安置房。有些农民原先的老厝占地面积很大,加上后来新盖的楼房,甚至可以一下子赔得十几间套房。父母一套,子女各一套就足够了,剩余的套房或卖掉或出租,一下子变成千万富翁,大有翻身得解放,重新做主人的派头。然而,当祭祀的日子到了,人们才发现,从前老家祖厝的那个大厅堂是多么重要!而今,他们连个摆供品烧香磕头跪拜的像样地方都没有了,祖先的遗像找不到合适的地方悬挂,安置大楼把一个家庭分解成好几个不同电梯的住处,原先的和睦相处变成孤独一隅。

　　于是人们开始反思，怀念起那已经消失的老家古厝。这种怀旧现象，不单是现在那些被城镇化的农村，还可以追溯到改革开放前期的偏远山区。前些年，我在德化山区调查留守老人的情况。我发现这些老人几乎与我同龄。半世纪前，我们去上山插队时，他们也是年轻的小伙子。在我重新见到他们时，才了解到他们之前也曾经在城市生活了几十年。原来，改革开放初期，他们都到城市打工去了，子女就留给父母看管，于是产生了第一代留守儿童和留守老人。等到他们在城市站稳脚跟，有了房子，为了子女的教育，他们就把子女连同父母搬到城市居住，这样，小孩去上学，老人当后勤，青年去打拼，家庭的最佳组合。过了十几年，爸妈七八十岁了，他们怀念家乡，死也要死在老家，于是他们又回到山村，留守家园。如果病了，儿女都在遥远的城市，工作很忙，回山里照顾爹妈成了他们最大的负担。

　　我曾经到过雷峰镇海拔1300米的上寨村，那里的人口最多的时候有700多人，后来仅存40多人。第一代农民工送走了第一代留守老人，变成了第二代留守老人。他们在荒芜多年的自留地重新种下蔬菜，在庭前屋后养些鸡鸭，之外，就是天天坐在家门口，眺望远山。如果他们身体健康，这日子也许是城里人所羡慕的陶渊明式的生活，但当他们病了，卧床不起，又有谁来照顾，谁来孝顺？这就是当下中国农村存在普遍的问题。

　　传承了几千年的起源于农耕文明的孝道文化，到了新时代，还行得通吗？若想知道，只有到现实生活中调查。

五、大数据时代与孝道App的重新定位

孝曾经教导后代：父母在，不远游。在科技和经济发达的今天，儿女可以对父母这样说："爸妈，今天早上我要去美国，明天就回来。"不但是这样，你也可以这样说："爸妈，你们退休了，家中有我在，你们尽情地跟旅行团去远游，玩个痛快吧，我买单！"这不也是孝的一种表现吗？时代不同了，科技发达了，人们富裕了，生活变得如此多姿多彩。所以，我们应该与时俱进。既要传承孝道中永恒的精神，又要链接现代社会大数据时代日新月异的发展。

现代版的孝道App必定是数字化的，而非线装书上的古文。它应该是适时升级，及时更新。首先，我们要弄清现代版孝道文化的特征是什么？

孝道文化在华夏文明几千年的历史长河中，一直是平缓地流淌的。它的内涵在不断地丰富，博大精深。但是到了近代，在靠近入海口的时候，它却面临巨大的，犹如钱塘江大潮般的汹涌澎湃的冲击。这冲击就是外来文化和价值观的冲击，其中有希望和我们拥抱的，有不怀好意的，更有企图逆流而上，摧毁我们的。我们维系千年的价值观和社会形态，包括孝道文化的价值观和外在形态开始变化。

孝道从远古时期的服务于统治阶级，发展为今日服务于亿万人民。我们已经进入大数据时代。社会服务器的总机设在中央，所有终端用户的数据瞬间即可获得。世世代代，几乎没有哪个国家的民族能够像中国人那样，父母毫无保留地溺爱儿女，儿女义无反顾地孝敬父母。虽然儿女们也许已经不知孝道为何物，但是，他们总要尽力让父母晚年生活幸福。这就有必

要以另外一种形式和措施,继续把孝文化传承下去的原因。

既然人民大众行孝的最终目标是让人人都老有所依老有所养,老有所学老有所乐,老有所医老有所终,那么,完善的医保制度,养老院和老年健身设施,均应列入国家的公益事业。单纯依靠个体行孝的时代已经过去,养儿防老的传统观念已因独生子女政策的后果而变得困难重重。用了几千年的孝道App,如今应该融入社会保险制度和慈善制度的App中。它是无形的,但也是有形的。

传统的孝道仪式大大减少了,但它却以更加有效的方式服务于大众。我们甚至可以立法,规定子女对父母的义务和每年回家探望父母的起码次数。

那些分布在全国各地的大大小小的祖先陵园、宗祠祖屋,那些规模浩大的海内外宗亲联谊会聚集中华大地,举办国际性宗族姓氏的祭祖大典(比如舜帝、黄帝、炎帝每年都有的祭祀大典)以及地方上的传统祭典,将何以为继?我认为,这些项目和形式可以列入国家或地方的非物质文化遗产保护名录,由历史学家和专业人士设计各种适用于不同场合的仪式,并有专业的表演团队提供专业服务。这样,既规范了各民族传统祭祀文化的表现形式,又节约大量开支,方便祭祖团出行,又避免出现各地宗族后裔因不了解传统祭祀文化而随心所欲,胡编乱造,伤风败俗的现象。

我们完全可以将这一切有益于民族团结,家国和谐的传统孝道文化和仪式大全,编成教历史教材,供后人研究借鉴。那么,人们何愁孝道消亡,百姓何愁将来老去?